Grundwissen Soziale Arbeit
Herausgegeben von Rudolf Bieker

Band 11

Annemarie Jost

Gesundheit und Soziale Arbeit

Ein Lehrbuch mit Beispielen aus allen Lebensphasen

Unter Mitwirkung von Birgit Frahnow, Marina Ney und Norbert Pütter

Verlag W. Kohlhammer

Alle Rechte vorbehalten
© 2013 W. Kohlhammer GmbH Stuttgart
Umschlag: Gestaltungskonzept Peter Horlacher
Gesamtherstellung:
W. Kohlhammer Druckerei GmbH + Co. KG Stuttgart

ISBN 978-3-17-022251-9

Vorwort zur Reihe

Mit dem so genannten „Bologna-Prozess" galt es neu auszutarieren, welches Wissen Studierende der Sozialen Arbeit benötigen, um trotz erheblich verkürzter Ausbildungszeiten auch weiterhin „berufliche Handlungsfähigkeit" zu erlangen. Die Ergebnisse dieses nicht ganz schmerzfreien Abstimmungs- und Anpassungsprozesses lassen sich heute allerorten in volumigen Handbüchern nachlesen, in denen die neu entwickelten Module detailliert nach Lernzielen, Lehrinhalten, Lehrmethoden und Prüfungsformen beschrieben sind. Eine diskursive Selbstvergewisserung dieses Ausmaßes und dieser Präzision hat es vor Bologna allenfalls im Ausnahmefall gegeben.

Für Studierende bedeutet die Beschränkung der akademischen Grundausbildung auf sechs Semester, eine annähernd gleich große Stofffülle in deutlich verringerter Lernzeit bewältigen zu müssen. Die Erwartungen an das selbstständige Lernen und Vertiefen des Stoffs in den eigenen vier Wänden sind deshalb deutlich gestiegen. Bologna hat das eigene Arbeitszimmer als Lernort gewissermaßen rekultiviert.

Die Idee zu der Reihe, in der das vorliegende Buch erscheint, ist vor dem Hintergrund dieser bildungspolitisch veränderten Rahmenbedingungen entstanden. Die nach und nach erscheinenden Bände sollen in kompakter Form nicht nur unabdingbares Grundwissen für das Studium der Sozialen Arbeit bereitstellen, sondern sich durch ihre Leserfreundlichkeit auch für das Selbststudium Studierender besonders eignen. Die Autor/innen der Reihe verpflichten sich diesem Ziel auf unterschiedliche Weise: durch die lernzielorientierte Begründung der ausgewählten Inhalte, durch die Begrenzung der Stoffmenge auf ein überschaubares Volumen, durch die Verständlichkeit ihrer Sprache, durch Anschaulichkeit und gezielte Theorie-Praxis-Verknüpfungen, nicht zuletzt aber auch durch lese(r)-freundliche Gestaltungselemente wie Schaubilder, Unterlegungen und andere Elemente.

Prof. Dr. Rudolf Bieker, Köln

Zu diesem Buch

> „... so gesehen ist Gesundheit (bzw. genauer gesagt, der Weg zur Gesundheit) gleichbedeutend mit dem Weg zu einer größeren bzw. größtmöglichen Autonomie." (Uexküll & Wesiack 1988, S. 611)

Ist Gesundheit tatsächlich ein zentrales Thema für die Soziale Arbeit?

Das Gesundheitsthema berührt zahlreiche Arbeitsfelder im Sozialwesen; und im Gesundheitswesen selbst ist die Soziale Arbeit unverzichtbar, ihre Perspektive steht gleichberechtigt neben der Zugangsweise anderer Berufsgruppen. Dies soll im vorliegenden Buch aufgezeigt werden. Zugleich möchten wir deutlich machen, wie im Zusammenwirken mit anderen Berufsgruppen die genuine Perspektive der Sozialen Arbeit im Gesundheitswesen zur Geltung kommt.

Den Schätzungen des Berufsverbandes (DBSH) zufolge arbeiten etwa 20 % der SozialarbeiterInnen im Gesundheitswesen im engeren Sinne, andere Schätzungen liegen sogar mit 25 % noch höher (Lützenkirchen 2005). Daher ist es sinnvoll, das Bachelorstudium der Sozialen Arbeit curricular so zu gestalten, dass Gesundheits- und Krankheitsfragen behandelt und die wichtigsten Kompetenzen entwickelt werden, die im Arbeitsfeld Gesundheitswesen benötigt werden. So soll das vorliegende Buch dazu dienen, diesbezügliche Lehrveranstaltungen in Bachelorstudiengängen der Sozialen Arbeit zu begleiten. Es ermöglicht aber auch Studierenden und Praktikern, sich im Selbststudium grundlegendes Wissen und methodische Fähigkeiten für Tätigkeiten im Gesundheitswesen anzueignen und Wissensbestände fortlaufend zu aktualisieren. Dieses Buch kann insbesondere auch dazu anregen, die eigene Arbeit im Gesundheitswesen und deren Rahmenbedingungen zu reflektieren, ein professionelles Rollenverständnis zu entwickeln und hierbei die spezifische Perspektive der Sozialen Arbeit zu stärken.

Da Gesundheitsarbeit in fast allen Handlungsfeldern des Sozialwesens zum Tragen kommen kann, wird in diesem Buch jedoch nicht nur die Arbeit im Gesundheitswesen selbst thematisiert; wir möchten darüber hinaus verschiedene Möglichkeiten der gesundheitsbezogenen Sozialarbeit in anderen Handlungsfeldern aufzeigen. Bei der Gesundheitsarbeit im Sozialwesen geht es insbesondere um

- das Erkennen gesundheitlicher Risiken und Benachteiligungen,
- eine ganzheitliche Gesundheitsförderung,
- die Stärkung der Selbstsorge und der Selbstbestimmung in Gesundheitsfragen
- und die Unterstützung von Gruppen und Aktivitäten im Gemeinwesen.

Um sich hierfür professionelles Rüstzeug zu erarbeiten, ist es von Bedeutung, sich grundlegende Definitionen, Zusammenhänge und gesundheitswissenschaftliche Theorien anzueignen. Zugleich gilt es Möglichkeiten zu erforschen, wie Soziale Arbeit im Gesundheitswesen und Gesundheitsarbeit im Sozialwesen konkret ausgestaltet werden kann. Das vorliegende Buch vermittelt in praxisnaher Form zentrale gesundheitswissenschaftliche Grundlagen, eine kurze Einführung in die

Begrifflichkeiten und Untersuchungsmethoden der Epidemiologie (der Disziplin, die sich mit Ursachen, Folgen und Verbreitung von Gesundheit und Krankheit in der Bevölkerung befasst) und einen Überblick über die Grundprinzipien der Sozialen Sicherung, um dann – am Lebenslauf orientiert – konkrete Formen der gesundheitsbezogenen Sozialarbeit in exemplarischer Form aufzuzeigen. In diesem Zusammenhang werden auch ausgewählte medizinische Grundlagen und neurobiologische Erkenntnisse vermittelt. Die biografische Gliederung dieses Buches soll hierbei besonders deutlich machen, wie sich Verletzlichkeiten und Widerstandskräfte in der persönlichen Lebensgeschichte herausbilden und verändern. Auf dieser Grundlage wird deutlich, wie gesundheitliche Probleme in späteren Lebensphasen mit Beziehungserfahrungen, Lebensstilen und sozialen Konstellationen der Kindheit und Jugend zusammenhängen können und wo vorbeugendes Handeln ansetzen kann.

Zusammengefasst bestehen die Lernziele darin, ausgehend von einer Reflexion der Konzepte „Gesundheit" und „Krankheit" bedeutsame Einflüsse auf die Gesundheit der Zielgruppen zu erkennen und Methoden kennen zu lernen, um gesundheitsfördernd und rehabilitativ wirksam zu werden und die Selbstsorge und Selbstbestimmung, die Wahrnehmung von Rechten und die Teilhabe erkrankter Menschen zu unterstützen. Dies setzt auch eine Reflexion gesellschaftlicher Rahmenbedingungen und eine eigene Standortbestimmung voraus. Bei den gesundheitswissenschaftlichen Grundlagen spielen Erkenntnisse aus sehr unterschiedlichen Fachdisziplinen eine Rolle. Dies erfordert immer wieder Perspektivenwechsel und Flexibilität. So soll jedoch die Fähigkeit angeregt werden, am konkreten Beispiel verschiedene Perspektiven zu integrieren, um auf dieser Grundlage – im Dialog mit den Klienten – zu möglichst ganzheitlichen Interventionen zu gelangen.

Zugleich werden zentrale, wissenschaftlich fundierte Informationsquellen erschlossen, die es dem Leser erlauben, online und in Papierform aktuelle gesundheitswissenschaftliche Daten und Informationen zu erwerben und bei Bedarf aufzufrischen.

Aus Gründen der Lesbarkeit haben wir nicht an jeder Stelle bei Personen oder Berufsbezeichnungen sowohl die männliche als auch die weibliche Form ausdrücklich genannt. Gemeint sind aber in der Regel bei der männlichen oder bei der weiblichen Form beide Geschlechter.

Cottbus, Januar 2013 *Annemarie Jost*

Inhalt

Vorwort zur Reihe 5
Zu diesem Buch 7

Teil I

Grundlagenwissen: Gesundheit und gesundheitliche Versorgungsstrukturen

1 Gesundheit, Krankheit und Gesundheitsförderung aus Sicht der Sozialen Arbeit 13
2 Einige epidemiologische Grundbegriffe und deren Bedeutung: Die Gesundheit in Deutschland 24
3 Soziale Sicherung und Gesundheit (Norbert Pütter) 30
   3.1 Das System der Krankenversicherung 31
   3.2 Anbieter 33
   3.3 Selbstverwaltung 36
   3.4 Föderale und sektorale Aufgabenverteilung 40
   3.5 Öffentlicher Gesundheitsdienst 42

Teil II

Gesundheitsorientierte Sozialarbeit der Lebensalter

1 Gesundheitsorientierte Sozialarbeit mit Schwangeren und Säuglingen .. 44
   1.1 Schwangerschaft 44
   1.2 Praxisbeispiel: Gesundheitsorientierte Sozialarbeit in der Schwangerschaft 48
   1.3 Die Bedeutung der frühen Kindheit für die psychische Gesundheit . 49
   1.4 Das Netzwerk Gesunde Kinder 52
   1.5 Frühe Regulationsstörungen und Hilfen für Eltern von Säuglingen 53
2 Gesundheitsorientierte Sozialarbeit mit Kindern und Jugendlichen – ausgewählte Beispiele mit dem Fokus der Krankheitsprävention 59
   2.1 Suchtprävention 59
   2.2 Kinder kranker Eltern und die Zusammenarbeit zwischen Gesundheitshilfe und Jugendhilfe 67
   2.3 Essen und Essstörungen im Jugendalter 72

2.4 Immunsystem, Allergien und Infektionskrankheiten............ 77
    2.4.1 Allergien.. 79
    2.4.2 Infektionskrankheiten 80
    2.4.3 HIV (Humanes Immundefekt Virus) und AIDS (Acquired Immune Deficiency Syndrome) 81

3 **Junge Erwachsene mit intellektueller Beeinträchtigung – Soziale Arbeit als Unterstützung von Gesundheitskompetenz (Marina Ney)** 85
  3.1 Die Lebenslaufperspektive als Erklärungsbasis für den Erwerb von Gesundheitskompetenz 86
    3.1.1 Erklärungsansätze der Lebenszeitepidemiologie 86
    3.1.2 Erklärungsansätze zur Entstehung von Intelligenzminderung und Behinderung................ 87
    3.1.3 Sozialisationstheoretische Erklärungsansätze 93
    3.1.4 (Lern-)Psychologische Erklärungsansätze 94
  3.2 Gesundheitliche Ungleichheit bei jungen Erwachsenen mit niedrigem Bildungsstatus................................ 96
  3.3 Gesundheitskompetenz und Kompetenzerwerb............... 101
  3.4 Gesundheitskompetenz als Ressource für Aufgaben im jungen Erwachsenenalter – eine Fallbetrachtung..................... 108
    3.4.1 Zur Zielstruktur junger Erwachsener 108
    3.4.2 Fallskizze 109
    3.4.3 Der Handlungsansatz „Begleitete Elternschaft" 113
    3.4.4 Alternative und ergänzende Handlungsansätze 116
    3.4.5 Zur Evaluation und Qualitätssicherung................ 119

4 **Das mittlere Erwachsenenalter mit dem Fokus: Soziale Arbeit im Gesundheitswesen** 122
  4.1 Die Bedeutung von Herz-Kreislauf-Erkrankungen für die Soziale Arbeit 123
    4.1.1 Medizinische Grundlagen: Arteriosklerose 123
    4.1.2 Der Schlaganfall................................... 125
  4.2 Vermittlung weiterführender Hilfen (Norbert Pütter) 127
  4.3 Ergänzende Aspekte zur Gesundheitsaufklärung (Fokus Schlaganfall) 134
  4.4 Prävention 136
  4.5 Vertiefung: Unterstützung bei der Krankheitsbewältigung und Salutogenese 137
  4.6 Soziale Arbeit und Krebserkrankungen am Beispiel: Brustkrebs... 140
  4.7 Sozialrechtliche Rahmenbedingungen (Norbert Pütter) 143
  4.8 Stress und vegetatives Nervensystem 149
  4.9 Burnout... 154

5 **Gesundheitsthemen im Alter** 158
  5.1 Multimorbidität: Die Arbeit mit Menschen, die gleichzeitig von unterschiedlichen Gesundheitsstörungen betroffen sind 160

5.2 Menschen mit Demenz 165
5.3 Die Pflegeversicherung. 170

6 Soziale Arbeit am Lebensende als wichtiger Bestandteil würdevoller Sterbebegleitung im Sinne von Palliative Care (Birgit Frahnow) 173
   6.1 Sterben, Tod und die Institutionen des Sterbens 173
      6.1.1 Sterben im Krankenhaus 175
      6.1.2 Sterben in einer Alten- oder Pflegeeinrichtung........... 176
   6.2 Weil Sterben auch Leben ist – Menschenwürde und Lebensqualität................................. 177
   6.3 Der sterbende Mensch................................ 180
      6.3.1 Sterben als besondere Belastungssituation 180
      6.3.2 Bedürfnisse bzw. Wünsche Sterbender................. 181
   6.4 Hospiz und Palliative Care 182
      6.4.1 Die Hospizbewegung............................. 182
      6.4.2 Konzept der vier Säulen hospizlich – palliativer Arbeit 184
      6.4.3 Multidisziplinäres Arbeiten im Team.................. 186
      6.4.4 Palliative Sozialarbeit............................. 188

7 Vierzehn Thesen zum Schluss 192

Abkürzungsverzeichnis...................................... 196

Literaturverzeichnis 198

Die Autoren 207

Stichwortverzeichnis.. 208

TEIL I

GRUNDLAGENWISSEN: GESUNDHEIT UND GESUNDHEITLICHE VERSORGUNGSSTRUKTUREN

1 Gesundheit, Krankheit und Gesundheitsförderung aus Sicht der Sozialen Arbeit

„Nach landläufiger Auffassung ist gute Gesundheit durch regelmäßiges Körpertraining, vorzugsweise von schweißtreibender Art ..., durch weitgehend vegetarische Ernährung, Vermeidung von Stress, Abstinenz von Suchtmitteln und Schutz vor Industriechemikalien zu programmieren. Genau das sind jedoch die Bedingungen, unter denen große Teile der Menschheit zu allen Zeiten gelebt haben. Menschen in bäuerlichen Gemeinschaften haben sich täglich mit ... Landarbeit abgegeben, sie haben wenig oder kein Fleisch gegessen; sie haben keine Suchtmittel genommen; sie hatten keine Stechuhren zu bedienen ..., und ihre Umwelt war frei von ... Pestiziden, Lebensmittelzusätzen und Luftverschmutzung. Warum sind sie dann mit 35 Jahren gestorben?" (Sagan 1992, S. 14)

Was Sie in diesem Kapitel lernen können

Die *Gesundheit* wird von zahlreichen Faktoren beeinflusst, wobei körperliche und psychische Aspekte und Umweltfaktoren in einer komplexen Wechselbeziehung stehen. Einerseits wird zunehmend gesundheitliche Eigenverantwortung gefordert, andererseits ist es gerade aus Sicht der Sozialen Arbeit bedeutsam, Zusammenhänge von sozialer Ungleichheit und Gesundheit zu verstehen und zu kommunizieren. Im Hinblick auf *Krankheit* und Behinderung räumt die Gesellschaft den Ärzten ein Definitionsmonopol ein. Für die Soziale Arbeit ist es dennoch hilfreich, gängige Klassifikationssysteme zu kennen und kritisch beleuchten zu können. Mit Blick auf zentrale Dokumente der Weltgesundheitsorganisation (WHO) wird weiterhin die Gesundheitsförderung thematisiert. Hierbei zeigt sich, dass diese nicht nur die Aufgabe eines gesellschaftlichen Sektors – des Gesundheitswesens – ist, sondern eine gesellschaftliche Querschnittsaufgabe.

Man spricht von einem *bio-psycho-sozialen Modell* der Gesundheit. Oder, um die Formulierung von Uexküll & Wesiak (1988, S. 607) zu benutzen: „Gesundheit muss ... auf drei Ebenen definiert werden, die sich gegenseitig voraussetzen und ergänzen: Auf einer Ebene der Vorgänge, die innerhalb des menschlichen Körpers ablaufen, auf einer Ebene der individuellen Wirklichkeiten und auf einer Ebene sozialer Systeme." Für manche Fragestellungen wird man sich eher auf eine dieser Ebenen konzentrieren, ebenso spannend ist es jedoch, die Wechselbeziehungen zwischen den Ebenen zu betrachten. Auf der Ebene der individuellen Wirklichkeiten spielen die Vorstellungen von Gesundheit und Krankheit, die in der Bevölkerung verbreitet sind und somit vermutlich auch Sie als LeserIn beeinflussen, eine bedeutende Rolle. Die gängigsten Gesundheitskonzepte von Laien definieren:

1. Gesundheit als Nichtkranksein
2. Gesundheit als körperliche Fitness (diese Vorstellung wird besonders von Männern hervorgehoben)
3. Gesundheit als intakte soziale Beziehungen (dieses Konzept wird eher von Frauen vertreten)
4. Gesundheit als Funktionstüchtigkeit (seinen alltäglichen Aufgaben und Aktivitäten nachgehen können, was besonders bei älteren Menschen im Vordergrund steht)
5. Gesundheit als psychisches und soziales Wohlbefinden

(Naidoo & Wills 2010).

Die bekannte *WHO-Definition der Gesundheit* setzt bei dem subjektiven Wohlbefinden im sozialen Kontext an und bezeichnet Gesundheit als *Zustand des vollständigen körperlichen, geistigen und sozialen Wohlergehens und nicht nur als Fehlen von Krankheit oder Gebrechen*. Aber ist dabei das Gesundheitsgefühl eines Menschen tatsächlich gesund? Beruht es auf gesundem Selbstvertrauen und einer guten Körperwahrnehmung oder auf der Verdrängung von Schwächen, einem Druck, jung, gesund und dynamisch zu wirken, und einer Kaschierung sozialer Konflikte? Und ist andererseits Gesundheit bei einer so anspruchsvollen Definition und einer im letzten Jahrhundert rapide angestiegenen Lebenserwartung überhaupt noch möglich? Fühlen Sie sich nach dieser Definition wirklich gesund?

In der WHO-Definition wird von einem Zustand gesprochen, so dass die zeitliche oder genauer gesagt die *biografische Perspektive* weniger in den Blick gerät. Gerade das persönlich erworbene Potential spielt jedoch neben den biologisch gegebenen, ererbten Voraussetzungen und dem gesellschaftlichen Kontext eine ganz bedeutsame Rolle. Genau diese Entwicklung der persönlichen Widerstandsressourcen und Entfaltungsmöglichkeiten soll mit der am Lebenslauf orientierten Gliederung des vorliegenden Buches in den Blick geraten. Hierbei werden auch immer wieder die Möglichkeiten der *Selbstsorge* thematisiert, weniger jedoch als geforderte Eigenverantwortung für die Gesundheit, sondern vielmehr als eine biografisch erworbene gute Beziehung zu sich selbst, in der sich die lebenslangen Beziehungserfahrungen mit anderen spiegeln. Eine gute Beziehung zum eigenen Körper erlaubt es, genauer hinzuspüren, Signale für Überforderung und Gefährdung ernst zu nehmen, rechtzeitig Auszeiten zu nehmen und bei Erkrankungen therapeutische Hilfe anzunehmen, diese Hilfe dann – soweit möglich – zu nutzen, um wieder zu gesunden und die eigenen Lebensziele zu verfolgen. Bei guter

Selbstsorge kann Krankheit auch als Chance erlebt werden, das Leben neu auszurichten. Diese Innensicht auf die Gesundheit ist jedoch nur eine mögliche Perspektive, sie wird in den Gesundheitswissenschaften und in der Medizin durch unterschiedliche objektive, von unabhängigen Beobachtern erhebbare Messgrößen ergänzt. In diesem einführenden Kapitel werden Sie – ebenso wie in vielen Zusammenhängen der Sozialen Arbeit – zwischen verschiedenen Perspektiven auf die Gesundheit wechseln, mit dem Ziel, im Fortgang dieses Lehrbuches, im weiteren Studium und in der praktischen Tätigkeit zu immer komplexeren Syntheseleistungen zu gelangen.

Die *Lebenserwartung* von Neugeborenen in Deutschland beträgt derzeit den Angaben des Statistischen Bundesamtes zu Folge für Männer mehr als 77 Jahre und für Frauen sogar über 82 Jahre (Internetquelle 1). Bitte überlegen Sie kurz, womit diese im letzten Jahrhundert rapide angestiegene Lebenserwartung zusammenhängen könnte, und werfen Sie dann einen Blick auf die Tabelle 1!

Tab. 1: Einige Ursprünge moderner Gesundheit und Lebenserwartung (modifiziert nach Sagan 1992, S. 292)

Gesellschaftliche Faktoren	Familiäre Faktoren	Persönliche Faktoren
Größere wirtschaftliche Sicherheit von Familien	Bessere Bedingungen für Schwangere und Eltern	Höheres Geburtsgewicht, weniger Schädigungen vor, während und nach der Geburt
	Familienplanung	Geringere Geschwisterzahl
Fortschritte der Medizin in Diagnostik, Prävention und Therapie	Wahrnehmung von Untersuchungen, Behandlungsmöglichkeiten und Schutzimpfungen	Größere Immunität
		Bessere körperliche Fitness und höhere Wachstumsrate
Bessere Nahrungsversorgung	Mehr Fürsorge und bessere Ernährung	
Größere physische Sicherheit und Schutzmaßnahmen am Arbeitsplatz	Priorität von Gesundheit und Sicherheit	Unfallverhütung, bessere „Lebensfertigkeiten"
Höhere Produktivität und mehr Freiräume	Kommunikation und intellektuelle Anregung	Mehr Autonomie, Verantwortung und Selbstachtung, höheres Bildungsniveau
Bessere hygienische Verhältnisse	Geringere Exposition gegenüber Erregern	Vermeidung und Überwindung von Infektionskrankheiten
Soziale Sicherungssysteme	Bessere soziale Netze	Reduziertes Stressniveau Bewältigung kritischer Ereignisse
		Größeres subjektives Wohlbefinden

Wenn man bedenkt, von wie vielen Aspekten Gesundheit und Lebenserwartung abhängen, dann wird verständlich, wie wichtig es ist, den Blick zu weiten. Beim Engagement für die Förderung der Gesundheit ist es von großer Bedeutung, sich darüber klar zu werden, auf welchen Ebenen man ansetzt. Vor allem sei an dieser Stelle bereits betont, *dass man nicht unkritisch den Einzelnen für gesundheitliche Probleme verantwortlich machen sollte*, oder – um es mit Schwarz & Singer (2008, S. 22) zu formulieren: Es lohnt „die Individualisierung der Verantwortung für Prävention im zeitgeistspezifischen, ideologischen Kontext" zu hinterfragen.

Zu bedenken ist darüber hinaus, dass die Menschen unterschiedliche *genetische Veranlagungen* besitzen. Weiterhin können – wie die Atomreaktorenkatastrophe in Fukoshima gezeigt hat – plötzlich erhebliche zusätzliche Gesundheitsrisiken entstehen, bei denen Naturgewalten und Risiken moderner Technologien ineinandergreifen. Deren Folgen werden auch noch zukünftige Generationen beeinträchtigen, wenn es beispielsweise durch ionisierende Strahlung zu einer Schädigung der Keimzellen kommt.

Zugleich weckt die rasante Entwicklung der Molekulargenetik und Biotechnologie jedoch neue Hoffnungen. Es entstehen neuartige Therapie- und Präventionskonzepte, die direkt bei den genetischen Voraussetzungen ansetzen oder sich im Bereich der Epigenetik darauf beziehen, welche der gegebenen Gensequenzen tatsächlich abgelesen und somit wirksam werden. Es gilt, die Möglichkeiten und Grenzen neuer Technologien kritisch auszuloten, sich hierbei über ethische Grundpositionen zu verständigen und Diskussionsprozesse in möglichst vielen gesellschaftlichen Gruppierungen anzuregen, damit nicht einseitig Interessengruppen die Leitlinien im Umgang mit neuen Technologien bestimmen.

Während einerseits die Lebenserwartung in Deutschland ansteigt, werden andererseits in Zusammenhang mit dem Wohlstand neue Risiken erzeugt; *das sozialökonomische Modell* stellt die Zusammenhänge zwischen den gesellschaftlichen Verhältnissen und Krankheiten dar (Waller 2002, S. 31 ff.). Hierbei spielen die Produktions- und Arbeitsbedingungen, der Konsum, der Verkehr und die ungleiche Verteilung von Ressourcen eine wichtige Rolle: Erwähnen möchte ich an dieser Stelle die zunehmenden wirtschaftlichen Ungleichheiten in der Bevölkerung, den Zwang zur schädlichen Beschleunigung der Arbeitsvollzüge, die mit dem Verkehr in Zusammenhang stehende Umweltverschmutzung, Lärmbelastung und Unfallgefahr, die Verführung zum Konsum von zu vielen, schädlichen und ernährungsunphysiologischen Produkten (Alkohol, Nikotin, zucker- und fettreiche Ernährung) durch die Werbung und die Zunahme prekärer Arbeitsverhältnisse. In Zukunft werden durch die Antibiotikagabe in der Massentierhaltung und durch die häufige Verwendung dieser Medikamente in der Medizin vermutlich Infektionen durch antibiotikaresistente Keime noch weiter an Bedeutung gewinnen.

Die unterschiedlichen Einflüsse auf die Gesundheit beeinflussen sich in vielschichtiger Art und Weise: Sozialökonomische Faktoren und umweltbedingte Verhältnisse stehen in Wechselwirkung mit Lebensweisen und Lebensstilen, diese wiederum werden mitgeprägt von individuellen Faktoren wie Alter, Geschlecht und Erbanlagen. Im nachfolgenden Schaubild werden die unterschiedlichen Einflussebenen grafisch dargestellt.

Gesundheit, Krankheit und Gesundheitsförderung aus Sicht der Sozialen Arbeit

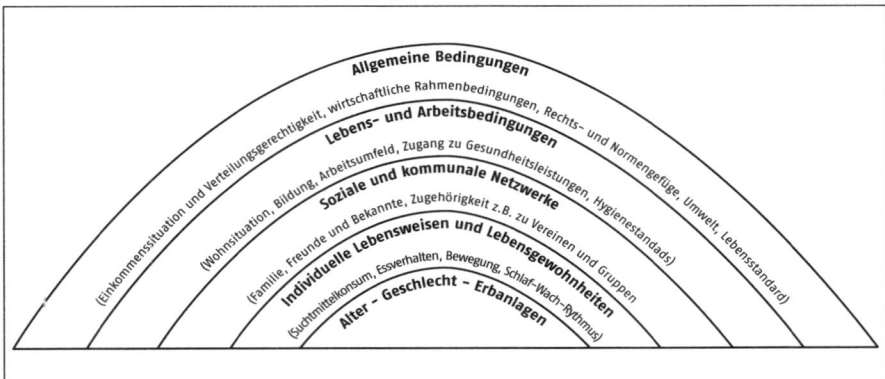

Abb. 1: Einflussebenen der persönlichen und Bevölkerungsgesundheit (modifiziert nach Franzkowiak et al. 2011)

Gesundheit ist in unserer Zeit ein sehr hoher Wert, sie ist fast zu einer *Ersatzreligion* geworden. Befreit von religiösen Zwängen und autoritären Strukturen sind wir quasi allein gelassen mit unserem Körper. In diese Bresche „springt" eine wissenschaftliche Weltsicht, gepaart mit ökonomischen Interessen, die suggeriert, Gesundheit sei berechen- und beherrschbar, es gäbe für alle Bereiche objektive Leitlinien, an die sich der Einzelne, unterstützt von Experten, nur zu halten brauchte. Es entstehen „Gesundheitszwänge", Alltagshandeln wird in zunehmendem Maße daraufhin beleuchtet, ob es gesundheitliche Risiken erzeugt; und die Ansprüche an den Einzelnen, die eigene Gesundheit zu fördern oder zu erhalten, wachsen. Raucher und Übergewichtige werden geächtet, mehr und mehr Vorsorgeuntersuchungen müssen wahrgenommen werden, und die Behandlungsmöglichkeiten bei Gesundheitsstörungen wachsen exponentiell. Risikofaktoren, die selbst noch keinen Krankheitswert haben, werden im Vorgriff auf die damit verbundenen Gesundheitsgefahren behandelt (z. B. medikamentöse Senkung erhöhter Blutfette, Nahrungsrestriktionen bei Übergewicht). So sind wir bereit, persönlich und gesamtgesellschaftlich sehr viel in diesem Bereich zu investieren: 2009 schätzte das Statistische Bundesamt den Anteil der Gesundheitsausgaben am Bruttoinlandsprodukt auf 11,6 %, wobei natürlich – wie ein Blick auf die Tabelle 1 deutlich macht – nicht ganz klar abzugrenzen ist, was überhaupt Gesundheitsausgaben sind. Die Ausgaben der gesetzlichen Krankenkassen für Krankenhäuser bilden hier mit 60,1 Milliarden Euro (2011) einen großen Einzelausgabenblock, die Gesamtausgaben für Krankenhausbehandlungen liegen dabei noch höher – bei knapp 80 Milliarden Euro; für Medikamente wurden 2010 ca. 34 Milliarden Euro allein von den Krankenkassen ausgegeben, Tendenz steigend.

Aber *ist Gesundheit grenzenlos „machbar" und finanzierbar*? Wo wird die Gesundheitswirtschaft zum Massenbetrug, indem sie den authentischen Bezug zum Körper verstellt und in jeden Lebensbereich hineinregiert? Sollten wir – beginnend mit der Präimplantationsdiagnostik bis hin zur Intensivmedizin am Lebensende – alle sich bietenden Möglichkeiten ausschöpfen oder eher Prioritäten setzen? Wo sind die Grenzen und wer entscheidet hierüber? Und sind wir als Solidargemeinschaft bereit, für die „Gesundheitswirtschaft" einen immer höheren Preis zu bezahlen oder sollten wir vom Einzelnen eher verlangen, Vorsorge zu betreiben und sich an Gesundheitskosten zu beteiligen?

Zu bedenken ist bei der Betonung der Eigenverantwortung jedoch, dass sich bei der Gesundheit erhebliche *soziale Unterschiede* zeigen und man daher gerade von denjenigen besondere Anstrengungen verlangt, denen weniger Möglichkeiten zur Verfügung stehen, sich gut zu positionieren. Gesundheit und sozialer Status hängen eng miteinander zusammen. Die Gesellschaft wird gängigerweise in verschiedene soziale Schichten eingeteilt, wobei Bildung, beruflicher Status und Einkommen die wichtigsten Unterscheidungsmerkmale bilden, welche wiederum in enger Verflechtung mit sozialer Unterstützung, Lebensstilen, Selbstwertgefühl und persönlichen Kompetenzen stehen. Bildungsstand und Einkommen haben einen erheblichen Einfluss auf die Gesundheit; auch die berufliche Sicherheit, die Position in der beruflichen Hierarchie, der soziale Rückhalt am Arbeitsplatz und Arbeitslosigkeit beeinflussen: Ausgeprägte Stressreaktionen sind dort zu erwarten, wo hohe Belastungen (z. B. Zeitdruck) mit wenig Kontroll- und Entscheidungsspielraum und Monotonie gepaart sind und wo fortgesetzt hoher Verausgabung keine angemessene Belohnungen (Gehalt, Wertschätzung, Arbeitsplatzsicherheit und Aufstiegsmöglichkeiten) gegenüberstehen (Schwartz et al. 2002, S. 129 f.). Ein Mann aus der Berufsgruppe der Manager mit universitärer Ausbildung kann beispielsweise damit rechnen, etwa sieben Jahre länger zu leben als ein ungelernter Arbeiter, und die höchste Kindersterblichkeit haben Kinder aus Familien mit Vätern, die als an- oder ungelernte Arbeiter ihren Lebensunterhalt verdienen (Naidoo & Wills 2010).

Zu hinterfragen sind hierbei auch die Erklärungsmodelle, die man heranzieht, wenn die gesundheitlichen Benachteiligungen analysiert werden: Geht man eher davon aus, dass die Chancenungleichheiten das Ergebnis (selbst zu verantwortender) ungesunder Lebensweisen sind oder macht man die individuellen Biografien, den Zugang zu psychosozialen Unterstützungsmöglichkeiten und die materiellen Möglichkeiten verantwortlich? Oder sieht man die Chancenungleichheit eher als Ergebnis eines Selektionsprozesses, bei dem nicht in erster Linie die soziale Situation die Gesundheit beeinflusst, sondern vielmehr eine bessere Gesundheit die Chancen des sozialen Aufstiegs erhöht? Eindimensionale Erklärungsmodelle greifen hier sicherlich zu kurz.

Die vielschichtigen Wechselwirkungen zwischen individuellen, sozialen und gesellschaftlichen Faktoren im Zusammenhang mit der *sozialen Ungleichheit und möglicher Diskriminierung* werden in der aktuellen gesundheitswissenschaftlichen Literatur häufig thematisiert, hierbei spielen insbesondere die folgenden Aspekte eine Rolle:

- Der sozioökonomische und politische Kontext – d. h. die gesellschaftlichen Rahmenbedingungen, die auch das Wertesystem umfassen.
- Die sozioökonomische Position der einzelnen Menschen innerhalb der Gesellschaft und die strukturellen Bedingungen, die diesbezügliche Ungleichheiten bedingen und aufrecht erhalten – d. h. die hierarchische Verteilung von Macht,

Gesundheit, Krankheit und Gesundheitsförderung aus Sicht der Sozialen Arbeit

Sozialprestige und Zugang zu materiellen und immateriellen Ressourcen. Wesentliche Unterscheidungsmerkmale sind hierbei Einkommen, Bildung, berufliche Stellung, soziale Schicht, Geschlecht und ethnisch/religiöse Zugehörigkeit.
- Weitere Einflussgrößen, die mit der Position des Einzelnen in der Gesellschaft zusammenhängen: Materielle Lebensumstände (z. B. Wohnung, Nahrungsversorgung, Kleidung), psychosoziale Lebensumstände (z. B. Lebenskrisen, belastende Ereignisse, soziale Unterstützung), Verhaltensweisen (Nikotin- und Alkoholkonsum, Ernährung, Bewegung) und das Gesundheitssystem und seine Erreichbarkeit.

Eine wichtige Einflussgröße, die quer zu diesen Ebenen liegt, ist der soziale Zusammenhalt in der Gesellschaft, der wiederum mit der Verteilungsgerechtigkeit in Verbindung steht. Die international vergleichende Gesundheitsforschung konnte diesbezüglich aufzeigen, dass gerechtere Gesellschaften auch gesündere Gesellschaften sind.

Bei der Auseinandersetzung mit ungleichen Gesundheitschancen berühren wir die Kernaufgabe der Sozialen Arbeit, bei der Gesundheitsarbeit besonders benachteiligte Bevölkerungsgruppen zu berücksichtigen und Emanzipation und Teilhabe zu befördern.

Gesundheitsförderung ist angesichts dieser vielschichtigen Einflussgrößen nicht nur die Aufgabe eines gesellschaftlichen Sektors – des Gesundheitswesens – bzw. der sogenannten „Gesundheitswirtschaft" (Haben Sie sich eigentlich über diese Formulierung bereits gewundert?), sondern eine *gesellschaftliche Querschnittsaufgabe*. Hier setzt die viel zitierte *Ottawa Charta* an, ein grundlegendes Dokument, das auf der ersten Internationalen Konferenz zur Gesundheitsförderung 1986 in Ottawa verabschiedet wurde (Internetquelle 2):

„Gesundheitsförderung zielt auf einen Prozess, allen Menschen ein höheres Maß an Selbstbestimmung über ihre Gesundheit zu ermöglichen und sie damit zur Stärkung ihrer Gesundheit zu befähigen. Um ein umfassendes körperliches, seelisches und soziales Wohlbefinden zu erlangen, ist es notwendig, dass sowohl Einzelne als auch Gruppen ihre Bedürfnisse befriedigen, ihre Wünsche und Hoffnungen wahrnehmen und verwirklichen sowie ihre Umwelt meistern bzw. sie verändern können. In diesem Sinne ist die Gesundheit ein wesentlicher Bestandteil des alltäglichen Lebens zu verstehen und nicht als vorrangiges Lebensziel. Gesundheit steht für ein positives Konzept, das die Bedeutung sozialer und individueller Ressourcen für die Gesundheit ebenso betont wie die körperlichen Fähigkeiten. Die Verantwortung für Gesundheitsförderung liegt deshalb nicht nur bei dem Gesundheitssektor, sondern bei allen Politikbereichen und zielt über die Entwicklung gesünderer Lebensweisen hinaus auf die Förderung von umfassendem Wohlbefinden."

Hierbei werden insbesondere fünf zentrale Handlungsbereiche hervorgehoben:
1. Entwicklung einer gesundheitsfördernden Gesamtpolitik
2. Schaffung unterstützender Umwelten zur Gesundheit

3. Entwicklung gesundheitlicher Kompetenzen in der Bevölkerung (u. a. gesundheitsbezogene Informationen und Bewältigungsstrategien im Umgang mit Krankheiten)
4. Stärkung gesundheitsbezogener Gemeinschaftsaktionen (soziale Unterstützung, Gruppen- und Netzwerkbildung)
5. Neuorientierung der Gesundheitsdienste (jenseits der medizinisch-kurativen Betreuungsleistungen stärker präventive Ausrichtung und Verbesserung der Zugangsmöglichkeiten zu den Diensten).

Die Inhalte der Ottawa Charta machen besonders deutlich, wie wichtig die Soziale Arbeit bei der Gesundheitsförderung ist. Gesundheitsfördernde Handlungsstrategien erweitern die Kompetenzen der Menschen und befähigen sie als Einzelne oder als Gruppe, ihre gesundheitlichen Interessen durchzusetzen (Empowerment), auch geht es um das Vermitteln und Vernetzen und den Aufbau und die Pflege von Kooperationen. Die oben stehenden Ausführungen zeigen ebenfalls, dass bedeutsame Einflüsse auf Gesundheit und Lebenserwartung bereits in der Schwangerschaft und der frühen Kindheit wirksam werden und dass sich die *Gesundheitsarbeit im Sozialwesen über die gesamte Lebensspanne* erstreckt. Heranwachsende brauchen die Chance, Selbstwirksamkeitserfahrungen zu machen, damit aus Handlungsmöglichkeiten auch tatsächlich Handlungen werden; es gilt, sie zu souveränen Handlungen zu befähigen und allen Heranwachsenden, insbesondere auch denjenigen, die durch Behinderungen eingeschränkt sind, Mitwirkungs- und Gestaltungsmöglichkeiten zu eröffnen und sie bei der Planung und Durchführung von Maßnahmen von Anfang an einzubeziehen.

Bei der Weiterentwicklung der Grundgedanken aus der Ottawa Charta spielte in den Folgekonferenzen unter anderem der sogenannte *Setting-Ansatz* eine wichtige Rolle. Mit dem Begriff Setting sind dauerhafte Sozialzusammenhänge gemeint oder konkreter formuliert: Lebensbereiche, in denen die Menschen regelmäßig einen großen Teil ihrer Zeit verbringen (z. B. Schule, Arbeitsplatz oder Stadtteil). Beim Setting-Ansatz werden niedrigschwellige Interventionen im Lebensumfeld der Zielgruppe durchgeführt, die die beteiligten Menschen nicht nur informieren und schulen, sondern auch einbeziehen und befähigen, die Bedingungen und Strukturen in ihrem jeweiligen Umfeld gesundheitsförderlich zu gestalten. Hierbei geht es beispielsweise um „Gesunde Schulen", gesundheitsfördernde Betriebe oder um ansprechende und sichere Bewegungsräume im Stadtteil oder im weiteren Sinne um Gesunde-Städte-Netzwerke. Durch gelingendes gemeinsames Handeln und praktizierte Solidarität entsteht soziales Kapital: Das Vertrauen in soziale Beziehungen und unterstützende Netzwerke, auf die man sich bei weiteren gemeinsamen Lösungen stützen kann.

Ein etwas anderes Verständnis liegt dem epidemiologischen Setting-Ansatz zugrunde. Dieser Begriff wird nicht ausschließlich auf Sozialräume bezogen. Es wird davon ausgegangen, dass Zielgruppen identische risiko- und gesundheitsfördernde Faktoren besitzen, die nicht zwangsläufig an bestimmte Orte gebunden sind. Die Gesundheitsförderung kann demnach auch biografisch, sozial oder institutionell ausgerichtet und für Personen mit besonderem Hilfebedarf relevant sein.

Eine umfassende Diskussion verschiedener Setting-Ansätze in der Gesundheitsförderung führen Halkow & Engelmann (2008), nachzulesen unter der Internetquelle 46.

Die Weltgesundheitsorganisation (WHO) hat die Commission on Social Determinants of Health *CSDH* etabliert, die sich zum Ziel gesetzt hat, die soziale Ungleichheit in Gesundheitsfragen zu erforschen und Maßnahmen vorzuschlagen, dieser Ungleichheit entgegen zu steuern (Internetquelle 87). Hierbei werden drei leitende Handlungsprinzipien definiert:

- Die Bedingungen des täglichen Lebens zu verbessern – das bedeutet die Umstände, in die Menschen hineingeboren werden, in denen sie aufwachsen, leben, arbeiten und altern
- Die ungleiche Verteilung von Macht (sowohl auf der Mikro-Ebene der Haushalte und Arbeitsplätze als auch gesamtgesellschaftlich), Geld und Ressourcen auf globaler, nationaler und lokaler Ebene anzugehen
- Soziale Ungleichheit zu messen und sichtbar zu machen, das Wissen hierüber zu mehren, Akteure auszubilden, Initiativen zu evaluieren und das öffentliche Bewusstsein zu stärken.

Auch von der Commission on Social Determinants of Health wird betont, wie bedeutsam es ist, die Menschen in ihrem Lebenslauf in den Blick zu nehmen und hierbei eine besondere Aufmerksamkeit auf die Schwangerschaft und die Kindheit zu legen.

Gesundheit bedeutet zum einen subjektives Wohlbefinden und zum anderen individuelle Belastbarkeit und körperliche, seelische und soziale Leistungsfähigkeit. Sie wird also einerseits maßgeblich durch das Bezugssystem des Betroffenen und seine subjektiven Krankheitstheorien bestimmt sowie andererseits an der Leistungs- und Arbeitsfähigkeit und an objektiven Untersuchungsergebnissen festgemacht. *Medizinische* Untersuchungsergebnisse beziehen sich hauptsächlich auf Schädigungen und Funktionseinbußen, das heißt auf die Gegenbegriffe zur Gesundheit: Auf *Krankheit und Behinderung*. Hier räumt die Gesellschaft den Ärzten ein Definitionsmonopol ein. Die Medizin kennt über 30 000 Krankheiten (Schwartz et al. 2003, S. 26), die in internationalen Klassifikationssystemen geordnet werden, das bekannteste dieser Systeme ist das *ICD 10*, die 10. Revision der internationalen Klassifikation der Krankheiten (Internetquelle 3), das die zentrale Grundlage der diagnostischen Einordnung liefert und auch zur Kostenabrechnung mit den Krankenkassen verwendet wird. Hier spielen bei der Einordnung die Krankheitsursachen, Symptome (Krankheitszeichen) und Krankheitsverläufe eine ganz wichtige Rolle. Im psychiatrischen Bereich existiert noch ein weiteres Klassifikationssystem, das DSM IV-TR (in Kürze wird es als 5. Revision herausgegeben: DSM V).

Chronische Krankheiten und Behinderungen werden jedoch nicht nur durch die Schädigungen und Funktionseinbußen bestimmt, sondern maßgeblich auch durch ihre sozialen Folgen. So wird z. B. eine Verletzung, die zur Versteifung des linken Ringfingers führt, einen Pianisten ganz anders beeinträchtigen als einen Mathematiker. Um den Gesundheitszustand eines Menschen umfassender beschreiben zu können, wurde insbesondere im Zusammenhang mit der Rehabilitation Behinderter ein anderes Klassifikationssystem entwickelt, die *ICF* (Internetquelle 4) – die internationale Klassifikation der Funktionsfähigkeit, Behinderung und Gesundheit. Diese basiert auf einem bio-psycho-sozialen Modell der Gesundheit und ist sowohl ressourcen- als auch defizitorientiert. Klassifiziert werden hierbei *Struktur-* oder und *Funktionsschäden*, Beeinträchtigungen von *Aktivitäten* und die Einschränkungen der *sozialen Teilhabe (Partizipation)*; auch *Umweltfaktoren*, die den Lebenshintergrund des Betroffenen bilden, sind integraler Bestandteil des Konzeptes: Hierbei geht es einerseits um die unmittelbare persönliche Umwelt des Betroffenen und zur Verfügung stehende Hilfsmittel, andererseits aber auch um gesellschaftliche Aspekte wie z.B. gesetzliche Rahmenbedingungen oder soziale Netzwerke (siehe Tabelle 2). Umweltfaktoren und *personenbezogene Faktoren* können einen positiven oder negativen Einfluss auf die Behinderung ausüben. Die Klassifikationssysteme ICD 10 und ICF bilden die Grundlage für (international vergleichende) Studien, in denen Daten über Personen und ganze Bevölkerungsgruppen erhoben werden und Behandlungs- und Rehabilitationserfolge sowohl auf individueller Ebene als auch gesamtgesellschaftlich beschrieben werden können.

Tab. 2: Beispiele für die Einordnung im ICF

Struktur	Funktion	Aktivität	Soziale Teilhabe	Umweltfaktoren	Persönliche Faktoren
Innenohrschaden (nach einem Unfall)	Sinnesfunktion: Beeinträchtigung des Hörsinnes: erhebliche Schwerhörigkeit	Zuhören; (Kommunikation als Empfänger gesprochener Mitteilungen)	Erhalt der Arbeitsstelle gefährdet; formelle und informelle Beziehungen beeinträchtigt	Unterstützende Technologien: Cochlea-Implantat oder Hörgerät; Unfallrente	Nicht in der ICF klassifiziert: Flexibilität (Umgang mit dem Implantat, Erlernen eines anderen Berufes)
Schädigung der Herzkammer (nach Herzinfarkt)	Deutlich vermindertes Herzminutenvolumen	Lange Entfernungen und bergauf gehen sowie Hausarbeit beeinträchtigt	Aufgabe von Hobbies (Sport)	Kleine Altersrente; Ehepartner verstorben; Wohnung im Obergeschoss ohne Aufzug	Introvertierter Mensch mit wenig sozialen Kontakten

Ausführlichere Fallbeispiele finden Sie im Literaturverzeichnis (Internetquelle 4).

Im Gegensatz zum Begriff der Gesundheitsförderung bezieht sich der *Präventions*begriff stärker auf spezifische Krankheiten. Während die Gesundheitsförderung deutlicher auf die Erhöhung von Gesundheitschancen in der Bevölkerung und die Stärkung persönlicher und sozialer Gesundheitskompetenzen abzielt, richtet sich bei der Krankheitsprävention das Eingreifen stärker auf erforschte Ursachen und Risikofaktoren bei der Entstehung von Krankheiten oder Behinderungen. So steht eine Impfung z.B. in direktem Zusammenhang mit dem Wissen um die Immunabwehr bei Infektionskrankheiten; Maßnahmen der Suchtprävention zielen beispielsweise auch auf die Erhöhung des Einstiegsalters für den Alkoholkonsum ab, da man weiß, dass abhängige Trinkmuster durch einen frühen Einstieg begünstigt werden und dass Rauschtrinken im Jugendalter mit spezifischen Unfallgefahren, körperlichen Gefährdungen und dem Risiko, ungewollte und ungeschützte Sexualbeziehungen einzugehen, verbunden ist.

Gut zu wissen – gut zu merken

Gesundheit und Krankheit können auf der Ebene der körperlichen Vorgänge, auf der Ebene der biografisch geprägten individuellen Wirklichkeiten und auf der Ebene sozialer Systeme beleuchtet werden, wobei die sozialen Einflüsse auf die Gesundheit und die ungleiche Verteilung von Gesundheitschancen für die Soziale Arbeit von besonderer Bedeutung sind. Gesundheitsförderung zielt auf einen Prozess, allen Menschen ein höheres Maß an Selbstbestimmung über ihre Gesundheit zu ermöglichen und sie damit zur Stärkung ihrer Gesundheit zu befähigen. Hierbei spielen gesundheitsbezogene Gemeinschaftsaktionen im Setting der Zielgruppe eine wichtige Rolle. Im Zusammenhang mit Fragestellungen der Rehabilitation wurden medizinische Klassifikationssysteme von Krankheiten (ICD 10, DSM IV bzw. V) durch ein Instrument ergänzt, das neben Strukturveränderungen und Funktionsverlusten auch Einschränkungen der Aktivität und der Teilhabe im Kontext von Umweltbedingungen berücksichtigt (ICF).

Weiterführende Literatur

Hurrelmann, K. & Razum, O. (Hrsg.) (2012): Handbuch Gesundheitswissenschaften. Weinheim und Basel

Hurrelmann, K., Klotz, T. & Haisch, J. (2004): Lehrbuch Prävention und Gesundheitsförderung. Lehrbuch Gesundheitswissenschaften. Bern

Schwartz, F.W., Walter, U., Siegrist, J., Kolip, P., Leidl, R., Dierks, M.L., Busse, R. & Schneider, N. (Hrsg.) (2012): Public Health. München

2 Einige epidemiologische Grundbegriffe und deren Bedeutung: Die Gesundheit in Deutschland

Was Sie in diesem Kapitel lernen können
Die *Epidemiologie* ist eine Grundlage der Gesundheitsforschung und fragt nach der Häufigkeitsverteilung von Krankheiten in der Bevölkerung (deskriptive Epidemiologie), analysiert deren Ursachen (analytische Epidemiologie) und erforscht wissenschaftlich begründete Handlungsmöglichkeiten (interventive Epidemiologie), um Krankheiten in der Bevölkerung zu bekämpfen oder zu überwinden. Hierzu werden Daten erhoben und gesammelt. Sie lernen in diesem Kapitel wichtige Gesundheitsstudien und deren Begrifflichkeiten kennen und erfahren, welche Krankheiten in Deutschland besonders häufig sind. Zugleich erhalten Sie Anregungen, diagnostische Zuschreibungen und Statistiken kritisch zu hinterfragen.

Eine zentrale Einrichtung zur Überwachung und Prävention von Krankheiten ist das *Robert Koch-Institut* (Internetquelle 5). Vorrangige Aufgaben dieses Bundesinstitutes liegen in der wissenschaftlichen Untersuchung, der epidemiologischen und medizinischen Analyse und Bewertung von Krankheiten mit hoher Gefährlichkeit, hohem Verbreitungsgrad oder hoher öffentlicher oder gesundheitspolitischer Bedeutung (z. B. Infektionskrankheiten). In regelmäßigen Abständen werden in Deutschland Gesundheitssurveys durchgeführt, um belastbare Indikatoren des Gesundheitszustandes und der gesundheitlichen Risiken zu erfassen. Eine separate Studie befasst sich mit der Gesundheit von Kindern und Jugendlichen; an dieser Gesundheitsstudie (KIGGS, Internetquelle 73) haben zuletzt zwischen 2003 und 2006 über 17 000 Jungen und Mädchen zwischen 0 und 17 Jahren teilgenommen. Derzeit (2009–2012) läuft die nächste Befragungsrunde, die sich vornehmlich auf Telefoninterviews mit den Eltern und den Jugendlichen ab 11 Jahren und mit jungen Erwachsenen stützt. Darüber hinaus werden vom *Statistischen Bundesamt* (Internetquelle 1) jährlich repräsentative Bevölkerungsdaten im sogenannten Mikrozensus erhoben, alle vier Jahre werden diese auch um gesundheitliche Angaben ergänzt. Weiterhin werden sogenannte Sekundärdaten zur Verfügung gestellt. Bei der Todesursachenstatistik stammen die Daten aus Leichenschauscheinen, bei den Krankheitsarten stammen sie vorwiegend aus den Unterlagen der Sozialversicherungen und der Krankenhäuser und aus der Erhebung meldepflichtiger Krankheiten. Darüber hinaus werden für bestimmte Krankheiten (z. B. Krebskrankheiten) in den Bundesländern Krankheitsregister geführt.

Retrospektive Studien werten bereits vorhandenes Datenmaterial aus, sie wenden den Blick von der Gegenwart zurück in die Vergangenheit, während *pros-*

pektive Untersuchungen in die Zukunft blicken, der Überprüfung von Hypothesen dienen und Beobachtungsgruppen gezielt auswählen, um diese im weiteren Verlauf zu verfolgen. Eine in der Medizin häufig angewandte Unterform der prospektiven Untersuchung ist die *randomisierte Kontrollstudie*: Hierbei teilt man die zu untersuchenden Personen nach dem Zufallsprinzip in Gruppen ein, z. B. in eine Gruppe, die eine Intervention (z. B. ein Medikament oder eine bestimmte Form der Beratung) erhält und eine Kontrollgruppe, die keine oder eine andere (vielleicht bereits als wirksam bekannte) Intervention erhält. Im weiteren Verlauf werden dann in regelmäßigen Abständen in beiden Gruppen Beobachtungen, Befragungen oder Messungen durchgeführt. Bei der Überprüfung der Wirksamkeit eines Medikamentes verwendet man meist Blindstudien, das bedeutet, dass der Proband nicht weiß, ob er tatsächlich ein wirksames Medikament oder ein *Placebo* (ein Scheinmedikament ohne Wirksubstanz) erhält. Bei einer *Doppelblindstudie* wissen weder Untersucher noch Patient, wer ein wirksames Präparat (Verum) und wer ein Placebopräparat erhält. Wüssten die Beteiligten, ob sie tatsächlich den Wirkstoff erhalten, könnte dies bereits zu den erwarteten Einflüssen, aber auch zu Nebenwirkungen beitragen, hierbei spielen insbesondere suggestive Einflüsse und Konditionierungen eine wichtige Rolle. Mit Konditionierungen sind erlernte Reiz-Reaktionsmuster gemeint: Wenn ein Medikament früher immer eine bestimmte Wirkung hatte, werden bestimmte körperliche und psychische Reaktionen bereits durch seine Einnahme in Gang gesetzt. Ganz allgemein beeinflussen die Erwartungshaltungen der Beobachter und der Untersuchten die Ergebnisse von Studien stark. Beim Einfluss der Erwartungen des Versuchsleiters auf die Untersuchungsergebnisse spricht man auch vom *Rosenthal-Effekt*: Der amerikanische Psychologe Robert Rosenthal untersuchte gemeinsam mit Leonore Jacobsen in den 1960er Jahren die Einflüsse der Erwartungshaltung von Lehrern, denen vorgetäuscht wurde, ein Test hätte ergeben, dass 20 % der Kinder unmittelbar vor einem intellektuellen Entwicklungsschub stünden. In Wirklichkeit wurden aber die den Lehrern benannten Kinder willkürlich ausgewählt. Im Folgejahr konnte festgestellt werden, dass die ausgewählten Kinder ihren IQ deutlich stärker steigern konnten als die Kinder der Kontrollgruppe.

Um – retrospektiv oder prospektiv – erhobene Daten genauer analysieren zu können, sind einige häufig in sozialmedizinischen Zusammenhängen verwendete Grundbegriffe von Bedeutung:

Definitionen

Die *Prävalenz* bezeichnet die Krankheitshäufigkeit in einer untersuchten Population (Bevölkerungsgruppe), d. h. die Anzahl aller an einer bestimmten Krankheit Erkrankten geteilt durch die Anzahl der betrachteten Individuen. Normalerweise gibt man die Prävalenz in Prozentangaben oder in der Anzahl der Erkrankten pro 100 000 an. Bei der Punktprävalenz bezieht man sich z. B. auf einen Stichtag, bei der Lebenszeitprävalenz fragt man danach, ob die Erkrankung im bisherigen Leben schon einmal aufgetreten ist. Bei der Periodenprävalenz betrachtet man z. B., ob eine Erkrankung innerhalb des letzten Jahres bestanden hat. Diese

Periodenprävalenz ist bei kürzeren Krankheiten deutlich höher als die Punktprävalenz.

Die *Inzidenz* hingegen fasst die Anzahl der in einem bestimmten Zeitraum *neu* Erkrankten geteilt durch die Anzahl der betrachteten Individuen.

Die *Mortalität (Sterblichkeit)* gibt die Zahl der Sterbefälle geteilt durch die Zahl der untersuchten Individuen in der Bevölkerungsgruppe an, während die *Letalität* etwas über die Sterblichkeit bei einer Erkrankung aussagt: Hier teilt man die an einer Krankheit Gestorbenen durch die Anzahl der Erkrankten. Dieser Begriff ist besonders bei akuten Krankheiten sinnvoll. Hier wählt man die neu Erkrankten als Bezugsgröße.

Wichtige Kennziffern sind darüber hinaus die absolute Zahl der Sterbefälle und die *altersspezifische Sterblichkeit/Sterberate* (Differenzierung der Mortalität nach Altersgruppen). In wissenschaftlichen Darstellungen wird die altersspezifische Sterberate häufig noch standardisiert und auf eine einheitliche Modellbevölkerung übertragen.

Von besonderer Bedeutung ist noch die *Säuglingssterblichkeit*: Diese umfasst die Todesfälle von der Geburt bis zur Vollendung des 1. Lebensjahres bezogen auf 1000 Lebendgeborene des gleichen Zeitraumes. Manchmal differenziert man hier noch nach der Frühsterblichkeit (< 7 Tage).

Risikofaktoren bezeichnen erhöhte Wahrscheinlichkeiten, eine Krankheit zu bekommen, wenn bestimmte genetische Voraussetzungen, Verhaltensweisen, Umwelteinflüsse oder andere Krankheiten vorliegen, sie bezeichnen statistische Wahrscheinlichkeiten und keine ursächlichen Zusammenhänge. Häufig untersuchte Risikofaktoren sind die erhöhten Krankheitsrisiken, die mit Alkoholkonsum, Rauchen, Übergewicht und Bewegungsmangel einhergehen.

DALY (Disability-Adjusted Life Year): Dies ist ein Maß für die Anzahl der bei voller Gesundheit verbrachten Lebensjahre, die auf Grund eines bestimmten Risikofaktors verloren gehen. Ein Jahr bei vollständiger Gesundheit wird mit der Ziffer 1 wiedergegeben, und das Jahr des Versterbens mit 0. Ein Jahr mit beeinträchtigter Gesundheit, das die Lebensqualität entscheidend beeinflusst, liegt irgendwo dazwischen. Mit DALYs wird die Differenz des aktuellen Gesundheitszustands zum möglichen Gesundheitszustand gemessen.

Bei der Berechnung der *Lebenserwartung* projiziert man die altersspezifischen Sterberaten in die Zukunft und bestimmt, wie viele Lebensjahre ein Mensch im Durchschnitt zu erwarten hätte, wenn die altersspezifische Sterblichkeit gleich bliebe.

Die *relative Überlebensrate* ist ein Maß für die Prognose von Krankheiten. Man berechnet sie, indem man beispielsweise bei Krebserkrankungen die Sterblichkeit von Krebspatienten mit der Sterblichkeit von Personen gleichen Alters und gleichen Geschlechts vergleicht. Eine relative Überlebensrate von 100 % bedeutet, dass die Erkrankung keine zusätzlichen Todesfälle verursacht.

Das Robert Koch-Institut gibt gemeinsam mit dem Statistischen Bundesamt regelmäßig aktuelle Gesundheitsinformationen heraus, so z.B. „*Gesundheit in Deutschland*" (über die Internetquelle 5 leicht zu finden) und „Sterblichkeit, Todesursachen und regionale Unterschiede". Einige ausgewählte Ergebnisse sollen hier angeführt werden, vielleicht haben Sie ja Lust, selber genauer zu recherchieren?

Die Lebenserwartung ist diesen Berichten zu Folge in Deutschland auch in jüngerer Zeit weiter gestiegen und die Sterblichkeit zurückgegangen, jedoch profitieren nicht alle gleichermaßen von dieser Entwicklung (in schwächeren sozialen Schichten ist die Situation ungünstiger). Männer sterben häufiger als Frauen an Krankheiten, die durch belastende Arbeitsbedingungen oder einen riskanten Lebensstil begünstigt werden. Das Krankheitsspektrum verschiebt sich in der Bevölkerung: Herz-Kreislauf-Erkrankungen sind zwar nach wie vor die häufigste Todesursache, aber sie spielen eine geringere Rolle als noch 1990, die Mortalität bei Herz-Kreislauferkrankungen ist rückläufig. So sank – dem 23. Deutschen Herzbericht zufolge – die Zahl der Toten durch Herzinfarkte zwischen 2000 und 2010 von 81,8 auf 67,9 pro 100 000 Einwohner. Bei den Krebserkrankungen, der zweithäufigsten Todesursache in Deutschland, steigt die Inzidenz, die Letalität nimmt jedoch ab. Dies könnte mit der Früherkennung von Krebserkrankungen zusammenhängen, hierbei werden mehr Erkrankungen festgestellt, die aber in frühen Stadien behandelbar sind. Die Bedeutung psychischer Erkrankungen wurde lange unterschätzt: In Deutschland durchleben 15 % der Frauen und acht Prozent der Männer innerhalb eines Jahres eine depressive Phase (Periodenprävalenz). Angststörungen sind noch stärker verbreitet. Infektionskrankheiten gewinnen neuerdings wieder an Bedeutung. Ein wachsendes Problem stellt hierbei auch die Entwicklung resistenter Erreger (Krankenhauskeime) dar, hier geht das Robert Koch-Institut von 15 000 Todesfällen pro Jahr aus, wobei andere Schätzungen noch deutlich höher liegen, die Deutsche Gesellschaft für Krankenhaushygiene vermutet bis zu 40 000 Tote. In Deutschland sterben jährlich 7000–13 000 Menschen an Grippe; im Jahre 2010 infizierten sich den aktuellen Daten des Robert Koch-Instituts zu Folge – wie auch in den Jahren zuvor – etwa 3000 Menschen mit dem HI-Virus, ca. 70 000 Menschen lebten 2010 in Deutschland mit einer HIV/AIDS-Infektion.

Der Krankenstand in Deutschland hat bei den Arbeitnehmern im Vergleich mit den 1990er Jahren abgenommen, allerdings nehmen die Fehlzeiten durch psychische Erkrankungen zu; häufigste Gründe für Fehlzeiten sind Atemwegserkrankungen und Muskel/Skeletterkrankungen. Jede dritte Frühberentung ist inzwischen auf psychische Erkrankungen zurückzuführen. Jede 10. Person ist behindert (8,4 Millionen) und gut zwei Millionen Menschen sind pflegebedürftig, diese Zahl wird in den kommenden Jahrzehnten wegen des wachsenden Anteils alter Menschen erheblich ansteigen.

Bei allen diagnostischen Einordnungen lohnt sich jedoch das kritische Hinterfragen, wie Diagnosen zu Stande kommen. Bei tabuisierten Erkrankungen werden Patienten versuchen, den Stempel einer Diagnose zu vermeiden – so führt eine Enttabuisierung psychischer Erkrankungen zu einer Zunahme derartiger Diagnosen, was wiederum zu einer weiteren Enttabuisierung beiträgt. Auch können Diagnosen wirtschaftliche Folgen haben: Wenn z. B. nach einem Suizid eine Lebensversicherung nicht ausgezahlt wird, bestehen Anreize, einen Suizid zu kaschieren. Wenn eine Krankenhausbehandlung bei verschiedenen Diagnosen unterschiedlich hoch finanziert wird und somit Diagnosen auf die Einnahmen der Krankenhäuser erheblichen Einfluss haben, dann kann es schnell zu kommen, dass Verwaltungsleiter die Häufigkeit bestimmter Diagnosen hinterfragen und mehr oder weniger subtil Druck auf Ärzte ausüben, bestimmte Diagnosen stärker und andere weniger in den Vordergrund zu stellen. Wenn weiterhin körperliche Erkrankungen pauschal entlohnt und psychische Erkrankungen nach Liegetagen im Krankenhaus finanziert werden, dann könnte es für sowohl für ein Krankenhaus als auch für einen noch nicht vollständig genesenen Patienten eine Unterstützung sein, wenn sich nach einer schweren körperlichen Krankheit noch ein verlängerter Krankenhausaufenthalt wegen einer schweren Depression anschließt. Eine schwere Depression wäre ein Grund für eine Krankenhausbehandlung, eine mittelschwere oder leichte Depression jedoch nicht. Wenn durch genaueres Hinterfragen psychischer Störungen bei Hausärzten nun Depressionen häufiger diagnostiziert werden, die sich früher vielleicht hinter körperlichen Beschwerden versteckt hatten (Hat es ein Mensch im Kreuz oder ist er kreuzunglücklich?) und zudem ärztliche Gutachter bei Frühberentungen psychische Erkrankungen anders gewichten als früher, wird auch das die Statistik beeinflussen. Insgesamt beruht also die Zunahme psychischer Erkrankungen, insbesondere die Zunahme depressiver Störungen, nicht nur auf einer tatsächlichen Zunahme, sondern auch auf einem veränderten gesellschaftlichen Umgang mit dieser Störung.

Gut zu wissen – gut zu merken

Die Epidemiologie befasst sich mit der Häufigkeitsverteilung von Krankheiten, analysiert deren Ursachen und gewinnt durch retrospektive und prospektive Studien Erkenntnisse über die Wirksamkeit von Maßnahmen; die Prävalenz ist hierbei ein Maß für die Häufigkeit einzelner Erkrankungen in der Bevölkerung, während die Inzidenz neue Krankheitsfälle innerhalb eines Zeitraumes beschreibt. Wichtige Kennzahlen sind die altersspezifische Sterblichkeit, die Säuglingssterblichkeit und die Lebenserwartung. Das Robert-Koch Institut gibt gemeinsam mit dem Statistischen Bundesamt regelmäßig aktuelle Gesundheitsinformationen heraus und führt in diesem Zusammenhang Gesundheitssurveys durch, hiernach verschiebt sich das Krankheitsspektrum in der Bevölkerung: Psychische Erkrankungen wurden lange unterschätzt. Durch die gestiegene Lebenserwartung und erweiterte Diagnose- und Therapiemöglichkeiten nimmt die Bedeutung chronischer Erkrankungen zu, da die Letalität wichtiger Krankheiten reduziert werden konnte, jedoch nicht immer eine vollständige Heilung möglich ist. Allerdings bilden nach wie vor Herz-Kreislauferkrankungen und Krebs die häufigsten Todesursachen. In jüngster Zeit gewinnen Infektionen mit antibiotikaresistenten Bakterien erheblich an Bedeutung. Eine separate regelmäßig durchgeführte Studie ist die Kindergesundheitsstudie KIGGS.

Weiterführende Literatur

Klemperer, D. (2010): Sozialmedizin – Public Health. Lehrbuch für Gesundheits- und Sozialberufe. Bern

Internetauftritte des Robert Koch Institutes: www.rki.de, der Weltgesundheitsorganisation (WHO): www.who.int und des Institutes für Therapieforschung: www.ift.de

3 Soziale Sicherung und Gesundheit

Norbert Pütter

Was Sie in diesem Kapitel lernen können
In modernen Gesellschaften ist der Umgang mit Krankheit und Gesundheit zu einer gesellschaftlichen Angelegenheit geworden, die durch vielfältige Interessen sowie durch eine Fülle sozialstaatlicher Regelungen bestimmt wird. In diesem Kapitel lernen Sie die Grundzüge des Systems der medizinischen Versorgung in Deutschland, die „Logik" der Absicherung und Finanzierung medizinischer Leistungen sowie die Aufgaben unterschiedlicher Akteure in der Gestaltung um Umsetzung von Gesundheitspolitik kennen.

Krankheit gilt als ein typisches kollektives Risiko. „Kollektiv" ist dieses Risiko, weil alle Menschen gleichermaßen krank werden können. Um ein „Risiko" handelt es sich, weil alle Merkmale des Phänomens „Kranksein" im Einzelfall ungewiss sind: Weder lässt sich voraussagen, wann und mit welcher Wahrscheinlichkeit eine Person erkrankt, noch lassen sich Art und Schwere der Krankheit sowie ihre Folgen voraussehen. In traditionellen Gesellschaften wird diese mehrfache Ungewissheit als unabänderlicher Tatbestand hingenommen und/oder durch nicht formalisierte soziale Beziehungen (vor allem durch die Familie) bewältigt.

In dem Maße aber, in dem das herkömmliche Sozialgefüge sich auflöst und gleichzeitig die menschliche Gesundheit zu einem wirtschaftlich bedeutsamen Faktor wird, entsteht die staatliche Gesundheitspolitik. In Deutschland geschieht dies im letzten Viertel des 19. Jahrhunderts als Reaktion auf die gesundheitlichen und politischen Folgen der forcierten Industrialisierung. Zentrales Instrument der von Reichskanzler Bismarck betriebenen Sozialpolitik war die „Sozialversicherung". 1883/84 zuerst für die Risiken von Krankheit und Arbeitsunfällen eingeführt, wurde dieses Modell der Risikoabsicherung auf die Versorgung im Alter (1889), Jahrzehnte später auf die Arbeitslosigkeit (1927) und Ende des vergangenen Jahrhunderts auf das Risiko der Pflegebedürftigkeit (1995) ausgeweitet (s. zusammenfassend: Kruke 2009). Das System dieser fünfgliedrigen Sozialversicherung bildet den Kern der sozialstaatlichen Absicherung kollektiver Risiken (Epping 2009, Rdnr. 198).

Die zentrale Funktion der Sozialversicherungen besteht in der Finanzierung. Das wird im Bereich der Krankenversicherung besonders deutlich: Die Krankenkassen bezahlen die medizinischen Dienstleistungen und Güter, aber sie stellen sie (in der Regel) nicht selbst her. Die Produzenten bzw. Anbieter auf den Gesundheitsmärkten sind andere: Ärzte, Krankenhäuser, Arzneimittelhersteller, Physiotherapeuten, Heilpraktiker, Apotheker, Therapeuten etc. Im Unterschied zu staatlichen Gesundheitssystemen, bei denen Finanzierung und Leistungserbringung durch den Staat erfolgt (bekanntestes Beispiel in der westlichen Welt ist der National Health Service in Großbritannien), sind im deutschen System Finanzierung und Leistungserbringung getrennt.

Kennzeichnend für das medizinische Versorgungssystem ist das Verhältnis zwischen dem Staat auf der einen und den genannten Akteuren (Kassen und Anbieter) auf der anderen Seite. Durch Einrichtungen einer mehrstufigen „Selbstverwaltung" soll dieses System sich – im Rahmen staatlicher Vorgaben – weitgehend selbst steuern.

Für die Sicherung von Gesundheitsrisiken in der Bundesrepublik sind zwei weitere Merkmale von Bedeutung. Das erste betrifft die nachgeordnete Stellung des öffentlichen Gesundheitsdienstes, also jenes Bereichs, in dem der Staat unmittelbar auf die gesundheitliche Versorgung der Bevölkerung Einfluss nimmt. Das zweite betrifft den förderalen Staatsaufbau der Bundesrepublik, d. h. die Verteilung von Zuständigkeiten zwischen dem Bund und den Bundesländern (zunehmend auch der Europäischen Union) und daraus resultierend der Umstand, dass unterschiedliche Regelungen in den Bundesländern bestehen (können).

Im Folgenden werden die fünf genannten Strukturmerkmale im bundesdeutschen System gesundheitlicher Sicherung kurz vorgestellt.

3.1 Das System der Krankenversicherung

Das Rückgrat des staatlich geschaffenen Gesundheitssystems bildet die Gesetzliche Krankenversicherung (GKV) (s. Engel 2011, S. 153–159). Die heutigen Strukturen gehen zurück auf das Krankenversicherungsgesetz von 1883, das selbst wiederum Elemente von sogenannten Hilfskassen aufnahm, die sich seit der ersten Hälfte des 19. Jahrhunderts als Zusammenschlüsse auf Gegenseitigkeit gebildet hatten, um das Krankheitsrisiko abzufedern. Die Gesetzlichen Kassen wurden anfangs nur für die Industriearbeiterschaft und die niedrigen Angestellten geschaffen; für jene Personengruppen also, von denen nicht erwartet werden konnte, dass sie durch ihr Einkommen den Lohnausfall bei Krankheit ausgleichen oder die Behandlungskosten begleichen konnten. Über die Jahrzehnte hat sich der Kreis der Versicherten immer mehr erweitert, so dass gegenwärtig rund 90 % der bundesdeutschen Bevölkerung gesetzlich krankenversichert sind.

Bedeutsam am Kassensystem ist der Umstand, dass es an den Erwerbsstatus der Versicherten geknüpft ist. Trotz aller Wandlungen ist das bis heute so geblieben. Deutlich wird dies daran, dass etwa Kinder oder nicht erwerbstätige Ehepartner über den Erwerbstätigen „mitversichert" sind sowie an der Finanzierung, die durch prozentuale Abgaben von Arbeitslohn bzw. Einkommen erfolgt. Die GKV ist im vergangenen Jahrzehnt durch politische Entscheidungen erheblich verändert worden; die folgenden Merkmale sind jedoch weiterhin kennzeichnend (s. Bäcker et al. 2010, S. 125 ff.):

1. Es handelt sich um eine dem Anspruch nach solidarische Versicherung gegen Krankheitsrisiken. Alle Versicherten zahlen unabhängig von ihrem Alter, ihrem Geschlecht, ihrem Gesundheitszustand oder der Zahl der Mitversicherten

denselben prozentualen Beitragssatz von ihrem Erwerbseinkommen. D. h. innerhalb des Systems findet eine Umverteilung zwischen Kranken und Gesunden, Alten und Jungen, Familien und Singles etc. statt.
2. Die Beiträge (2012: 15,5 % des Bruttolohnes) werden zu gleichen Teilen von Arbeitgebern und Arbeitnehmern erbracht (seit 2006 zahlen die Versicherten 0,9 % mehr als die Unternehmen). Beitragssätze und -grenzen können jährlich verändert werden. Aktualisierte Zusammenstellungen finden sich in der das Buch von Bäcker et al. (2010) begleitenden Homepage „www.sozialpolitik-aktuell" (s. Internetquelle 6).
3. Die GKV arbeitet nach dem „Sachleistungsprinzip", d. h. im Krankheitsfall werden die erforderlichen medizinischen Dienstleistungen und Güter erbracht, ohne dass der Patient oder die Patientin dafür zahlt. Er/sie erhält die „Sachleistung"; die Finanzierung geschieht hinter seinem Rücken zwischen Kassen und Leistungserbringern. Erst durch die Einführung von Zuzahlungen (Arznei-, Heil- und Hilfsmittel, Krankenhausaufenthalt, Praxisgebühr) in den letzten Jahrzehnten ist das Prinzip aufgeweicht worden. Neben den Behandlungskosten stellt das Krankengeld die zweite wichtige Leistungsart der Krankenkassen dar: Wenn die krankheitsbedingte Arbeitsunfähigkeit länger als sechs Wochen dauert, tritt an die Stelle der vom Arbeitgeber zu leistenden Lohnfortzahlung das Krankengeld, das 70 % des letzten Bruttolohnes entspricht und längsten für die Dauer 78 Wochen (innerhalb von drei Jahren) gezahlt wird.
4. Die gesetzliche Krankenversicherung ist eine Pflichtversicherung für alle abhängig Beschäftigten. Durch zwei „Grenzen", die jährlich neu durch das zuständige Bundesministerium festgelegt werden, wird die Pflicht jedoch beschränkt: Liegt der Verdienst eines Versicherten über der „Beitragsbemessungsgrenze" (sie lag im Jahr 2012 bei 44 900 Euro brutto im Jahr), so steigt der absolute Krankenkassenbeitrag nicht mehr, d. h. für Besserverdienende sinkt die prozentuale Belastung. Wer etwas mehr verdient und die „Versicherungspflichtgrenze" (2012: 50 850 Euro/Jahr) erreicht, der oder die kann sich bei einer privaten Versicherung krankenversichern oder als „freiwillig Pflichtversicherter" in der GKV bleiben. Durch die beiden Grenzen wird es gut Verdienenden ermöglicht, sich aus der Solidarität der Versichertengemeinschaft zurückzuziehen.
5. Seit Anfang an ausgeschlossen aus dem System der GKV waren die Staatsdiener und die Selbstständigen. Die soziale Absicherung von Beamten erfolgt in Deutschland nach dem Versorgungsprinzip, d. h. der Dienstherr gewährleistet als Gegenleistung zum Dienst des Beamten dessen sozialen Schutz. Für die Krankenversicherung bedeutet dies, dass Beamte – neben den staatlichen Beihilfestellen – Verträge mit privaten Krankenversicherungen abschließen müssen. Ebenfalls auf die Privaten (PKV) sind traditionell die Selbstständigen (Unternehmer, Freiberufler etc.) verwiesen. Beide Gruppen sind seit Bismarcks Zeiten aus der Solidarität der gesetzlich Versicherten ausgenommen. In der jüngeren Diskussion um die „Bürgerversicherung" wird die Einbeziehung auch dieser Gruppen in die Solidargemeinschaft gefordert.

Seit Ende der 1970er Jahre steht das Gesundheitswesen unter permanentem Veränderungsdruck, der aus den wachsenden medizinischen Möglichkeiten und der Kostenentwicklung im Gesundheitswesen resultiert (s. Engel 2011, S. 161 ff.). Im letzten Jahrzehnt hat dies auch zu erheblichen Veränderungen im Krankenversicherungssystem geführt. Die Zahl der Krankenkassen – ursprünglich der Idee einer überschaubaren Solidargemeinschaft folgend – ist erheblich reduziert worden; nicht zuletzt, um untereinander wettbewerbsfähige Einheiten zu schaffen: 1970 gab es 1815 selbstständige Kassen in der alten Bundesrepublik, 2012 waren es im vereinten Deutschland – mit weiter sinkenden Tendenz – 145 Kassen (Internetquelle 7). Ebenfalls zur Stärkung des Wettbewerbs sind die einst starren Regelungen der Kassenzugehörigkeit, die durch die Tätigkeit des Versicherten vorgegeben wurde, aufgelöst worden. Das Kassenwahlrecht für die Versicherten wurde 1996 eingeführt; gleichzeitig wurde mit dem „Morbiditätsrisikostrukturausgleich" ein bürokratisches Verfahren geschaffen, mit dem die Gelder zwischen reichen und armen Kassen verschoben werden sollen. 2007 wurde den Kassen erlaubt, Wahltarife anzubieten. Ein Jahr später wurde der Beitragssatz, der ursprünglich von jeder Kasse selbst festgelegt werden konnte, einheitlich durch den Bund bestimmt; 2009 wurde ein zentraler „Gesundheitsfonds" eingerichtet, an den alle GKV-Einnahmen (Beiträge und Steuergelder) gehen, und der die Mittel dann an die Kassen verteilt; ab 2010 wurde den Kassen erlaubt, einkommensunabhängige Zusatzbeiträge zu erheben sowie Prämientarife anzubieten.

Die Privaten Krankenversicherungen (PKV) haben in Deutschland immer ein Schattendasein geführt (s. Bäcker et al. 2010, S. 143–151). Ihre primäre Klientel waren und sind die Beamten, die Selbstständigen und die Besserverdienenden. Sie bieten in der Regel günstigere Beitragssätze als die GKV und versprechen zugleich bessere Leistungen. Da sie aber nicht dem Solidarprinzip folgen, sind Mitgliedschaft und Beitragshöhen in der Regel abhängig vom Gesundheitszustand, von Alter und Geschlecht und von der Zahl der Mitversicherten. Die PKV arbeitet nach dem „Kostenerstattungsprinzip", d.h. die Versicherten zahlen zunächst für Dienstleistungen und Güter selbst und beantragen die nachträgliche Erstattung bei ihrer Versicherung. Indem der GKV auch Tarife mit zusätzlichen Leistungen ermöglicht wurden, hat der Wettbewerbsdruck auf die PKV zugenommen. Angesichts der prekären Einkommenslage eines Teils der Selbstständigen ist die PKV zudem zu einem finanziellen Risiko geworden, da die Beiträge, die nicht einkommensabhängig sind, sowohl bei niedrigem Verdienst als auch im Alter weiter gezahlt werden müssen.

3.2 Anbieter

Medizinische Dienstleistungen und Güter werden von verschiedenen Anbietern erbracht. Für den engsten Bereich der medizinisch-ärztlichen Tätigkeiten ist für das Gesundheitswesen in Deutschland die Trennung von ambulanter und stationärer Versorgung kennzeichnend. Die Sicherstellung der medizinischen Versorgung der Krankenversicherten hat der Gesetzgeber in die Verantwortung der niedergelassenen Ärzte gelegt. Bei niedergelassenen Ärzten handelt es sich wirtschaftlich betrachtet um Selbstständige, die ihre Praxis als eigenständigen Betrieb führen. Von anderen Branchen unterscheiden sich die niedergelassenen Ärzte neben den standesrechtlichen Sonderregelungen, auf deren Einhaltung die Ärztekammern achten, durch die Pflichtmitgliedschaft in der Kassenärztlichen Vereinigung, die gleichzeitig Interessenvertretung nach außen und die Regelung der Beziehungen zwischen den Mitgliedern nach innen leistet (s. Internetquelle 8).

Die niedergelassenen Ärzte nehmen in dem von der GKV finanzierte medizinischen Versorgungssystem eine Schlüsselstellung ein (Bäcker et al. 2010, S. 152 ff.). Die kleinen Einzelpraxen sollen – im Unterschied zu den Krankenhäusern – eine wohnortnahe, niedrigschwellige Versorgung ermöglichen. Ende 2010 waren in der Bundesrepublik knapp 139 000 niedergelassene Ärzte tätig (Internetquelle 9). Innerhalb dieses Systems soll jenen Arztgruppen, denen hausarztähnliche Kompetenzen zugeschrieben werden (Praktische Ärzte, Allgemeinärzte, Internisten; Kinderärzte) als die eigentlichen Lotsen für das nachgelagerte Medizinsystem wirken. Diese Funktion zu stärken, diente die 2004 eingeführte Praxisgebühr oder die von einigen Kassen angebotenen „Hausarzttarife". Primär sind diese Versuche, innerhalb der niedergelassenen Ärzte eine Hierarchie zu schaffen, durch Kostenüberlegungen motiviert, da der Hausarzt die teureren Facharztbesuche auf die medizinisch notwendigen Fälle beschränken soll.

Zwischen ambulanter und stationärer Versorgung besteht in Deutschland traditionell eine strikte Trennung. Jenseits von Notfällen ist Krankenhäusern die ambulante Behandlung von Patienten untersagt. Krankenhäuser behandeln stationär aufgrund von Überweisungen durch niedergelassene Ärzte, und sie entlassen, sofern die stationäre Unterbringung nicht mehr angezeigt ist, die Patienten zur weiteren Behandlung durch niedergelassene Ärzte. Von diesem Ausschluss der Krankenhäuser aus dem unmittelbaren Zugang durch die Kranken existieren nur wenige Ausnahmen: Die Polikliniken der Universitätskrankenhäuser stehen allen Patienten offen (denn die angehenden Ärzte sollen auch durchschnittliche, alltägliche Krankheitsfälle kennen lernen); Psychiatrische und Psychotherapeutische Krankenhäuser bzw. Abteilungen sind zur ambulanten Behandlung zugelassen (denn eine stationäre Unterbringung wäre häufig kontraproduktiv). Demgegenüber ist die Einrichtung von „Belegärzten" eine Folge der Trennung von ambulant und stationär, denn hier „mieten" niedergelassene Fachärzte Krankenzimmer und Ressourcen der Krankenhäuser, um ihre Patienten stationär behandeln zu können.

Die Trennung zwischen ambulanten und stationären Versorgungsstrukturen gilt als eines der größten Strukturdefizite im deutschen Gesundheitswesen. Sie führt dazu, dass vorhandene Ressourcen nicht optimal genutzt, dass Untersuchungen mehrfach ausgeführt, die Patienten zwischen niedergelassenen Ärzten und Krankenhäusern hin und her geschickt werden und dass wertvolle Zeit und Informationen verloren gehen. Die Macht der beteiligten Interessengruppen, in erster Linie der niedergelassenen Ärzte, hat eine stärkere Vernetzung der Strukturen bislang verhindert. In den „Gesundheitsreformen" des letzten Jahrzehnts sind erste kleine Schritte in Richtung einer vernetzten Versorgung unternommen worden. Die Einrichtungen von „Medizinischen Versorgungszentren" (ggf. unter

Beteiligung von Kliniken), die Organisation einer „integrierten Versorgung" und die „Disease Management Programme" eröffnen Möglichkeiten der Zusammenarbeit, die bislang noch eine untergeordnete Rolle spielen (s. Bäcker et al. 2010, S. 225 ff.).

Während die ambulante Versorgung durch die ökonomisch als Selbstständige handelnden Praxisinhaber gewährleistet werden soll, arbeiten die Ärzte in der stationären Versorgung als Angestellte. Die Krankenhäuser selbst sind als Wirtschaftsbetriebe organisiert, die von unterschiedlichen Trägern (private, öffentliche, freigemeinnützige) in unterschiedlichen Rechtsformen betrieben werden. Im Hinblick auf das Leistungs- und Behandlungsspektrum werden die Krankenhäuser in solche der Regel-, der Schwerpunkt- und der Maximalversorgung unterschieden.

Innerhalb der Ausgaben der Gesetzlichen Krankenversicherung stellen die Krankenhäuser den größten Einzelposten dar. Die „Kostendämpfungspolitik" versuchte deshalb mit verschiedenen Maßnahmen die Ausgaben für Krankenhäuser zu begrenzen. Als Folge dieser Politik sank die Zahl der Krankenhäuser (und damit ihre lokale Erreichbarkeit) erheblich: von 2411 im Jahr 1991 auf 2064 im Jahr 2010. Gleichzeitig nahm die Verweildauer im Krankenhaus ab: 1991 blieben Patienten durchschnittlich 14,0 Tage im Krankenhaus, im Jahr 2010 waren es nur noch 7,9 Tage. Durch diese Verkürzung konnte trotz gestiegener Fallzahlen (Steigerung von 14,5 auf 18 Mio. Krankenhauseinweisungen) die Zahl der Betten um mehr als 150 000 auf etwas mehr als 500 000 reduziert werden (Internetquelle 10). Beschleunigt wurde diese Entwicklung durch das „Gesundheitsreformgesetz" aus dem Jahr 2000, mit dem u. a. die Finanzierung der Krankenhäuser auf das „DRG-System" umgestellt wurde. Während die Krankenhäuser vorher ihre laufenden Ausgaben durch die Erstattung von Tagessätzen erwirtschafteten, deren Höhe mit den Krankenkassen ausgehandelt wurde, führte das „Diagnosis-Related-Groups-System" Fallpauschalen für festgelegte Krankheits- bzw. Diagnosegruppen ein. Im alten System bescherte jedes belegte Bett den Krankenhäusern einen Tagessatz; mit der DRG-Abrechnung ist hingegen der Anreiz verbunden, die Patienten möglichst schnell zu entlassen, um das Bett für eine neue DRG-Pauschale nutzen zu können (Bäcker et al. 2010, S. 174 f.). Die gesundheitlichen Folgen dieser Umstellung – medizinisch nicht notwendige, ggf. kontraproduktive längere stationäre Unterbringung nach dem alten, vorzeitige, die Genesung gefährdende Entlassung nach dem neuen System – sind umstritten (s. Sens et al. 2010).

Die Ärzte insgesamt sind die dominierende Profession im Gesundheitswesen. Die „Vernaturwissenschaftlichung" der Medizin seit der zweiten Hälfte des 19. Jahrhunderts hat andere Zugänge zu Gesundheit und Krankheit in den Hintergrund gedrängt. Durch langwierige Kämpfe zu Beginn des 20. Jahrhunderts ist es der organisierten Ärzteschaft gelungen, die Schlüsselposition innerhalb des GKV-basierten Gesundheitssystems zu erlangen (s. Neuhaus 1986, insbes. Kap. III). Wer Leistungen aus der Gesetzlichen Krankenversicherung beziehen will, der muss durch das Nadelöhr eines ärztlichen Urteils gehen. Die Versuche anderer Berufsgruppen, etwa der Heilpraktiker, ein eigenständiges Liquidationsrecht in der GKV zu erreichen, sind bislang gescheitert. Einerseits ist die ärztliche

Berufsausübung in verschiedener Weise von anderen Berufsgruppen innerhalb des Gesundheitswesens abhängig – von der Sprechstundenhilfe bis zum Krankenpfleger. Andererseits werden die Leistungen anderer Gesundheitsberufe nur dann von der GKV finanziert, wenn sie ärztlich verordnet wurden. Innerhalb der bestehenden Rahmenbedingungen sind die Ärzte deshalb jene Berufsgruppe, die faktisch über die Mittel der Gesetzlichen Versicherung und damit über die konkrete medizinische Versorgung der großen Mehrheit der Bevölkerung entscheidet.

Für die große Zahl der alten und neuen Gesundheitsberufe (s. die knappe Übersicht bei Klein-Lange & Schwartz 2003) bleibt jenseits der Patienten, die auf ärztliche Verordnung kommen, nur der Verdienst auf dem freien Markt, sei es durch den Verkauf verschreibungsfreier Gesundheitsprodukte oder durch günstige Angebote. In beiden Fällen handelt es sich dann um marktgesteuerte Prozesse, die die gesundheitliche Versorgung außerhalb des solidarischen GKV-Systems verbessern wollen. In dem Maße, wie die GKV-Leistungen restriktiver werden, nimmt die Bedeutung privatisierter Gesundheitsdienstleistungen und -güter zu. Damit wachsen die Unterschiede in der gesundheitlichen Versorgung zwischen denen, die viel, und denen, die wenig Geld zur Verfügung haben.

Ein wichtiger Bestandteil des Gesundheitswesens ist die Versorgung mit Arzneimitteln (s. Bäcker et al. 2010, S. 161–169). In den herkömmlichen Ausgabenübersichten der GKV wird der Anteil für Arzneimittel zu gering angegeben, weil die Arzneimittelausgaben in stationären Einrichtungen dem Etat der Krankenhäuser zugerechnet werden. Im Unterschied zu den zentralen Dienstleistungen im Gesundheitsbereich wird die Entwicklung des Arzneimittelsektors in Deutschland den Kräften des Marktes überlassen. Zwar sind Zulassung und Vertrieb staatlich reguliert, aber die Entwicklung des Bereichs folgt privatwirtschaftlichen Kalkülen, auf die der Staat nur durch allgemeine wirtschafts-, insbesondere kartellrechtlicher Maßnahmen einwirkt. Als direkte staatliche Aufgabe entscheiden verschiedene Bundesinstitute über die Zulassung von Arzneimitteln in Deutschland. Davon unabhängig ist die Frage der Verschreibungspflichtigkeit (und damit des ausschließlichen Vertriebs über Apotheken) und der Erstattungsfähigkeit durch die GKV. Seit 2004 entscheidet der Gemeinsame Bundesausschuss (s. u.) über beide Fragen.

3.3 Selbstverwaltung

Ein weiteres zentrales Merkmal des deutschen Gesundheitswesens ist die „Selbstverwaltung". Der Begriff steht für einen dritten Organisationstyp, der sich deutlich von staatlichen und marktwirtschaftlichen Systemen unterscheiden soll. Historisch ist die Selbstverwaltung in Deutschland zunächst bei den Krankenkassen entstanden (s. ausführlich: Tennstedt 1977). Ohne staatliches Zutun entwickelten sich im 19. Jahrhundert „Hilfskassen" als ein solidarisch angelegter Zusammenschluss auf Gegenseitigkeit. Daraus folgte quasi zwangsläufig, dass die Kassenmitglieder über die Verwendung ihrer Beiträge entschieden. In den ersten Jahrzehnten der GKV stellten die Kassen z. B. für die Behandlung ihrer

Mitglieder eigene Ärzte an. In dem Maße wie die Zahl der Krankenversicherten zunahm, ging den Ärzten ohne Kassenvertrag die potentielle Kundschaft verloren. Dies führte zu massiven Protestaktionen der Ärzte (der Hartmannbund als Interessenvertretung wurde gegründet, 1913 kam es sogar zum Streik). Am Ende dieser Auseinandersetzung stand eine Notverordnung des Reichspräsidenten im Jahr 1931, durch die die Kassenärztlichen Vereinigungen (KV) eingerichtet wurden, deren Pflichtmitglied jeder niedergelassene Arzt war. Den KVen wurde der „Sicherstellungauftrag" übertragen, der sich noch heute in § 75 SGB V findet. Demnach haben die KVen „die vertragsärztliche Versorgung ... sicherzustellen und den Krankenkassen und ihren Verbänden gegenüber die Gewähr dafür zu übernehmen, dass die vertragsärztliche Versorgung den gesetzlichen und vertraglichen Erfordernissen entspricht."

„Selbstverwaltung" im Gesundheitswesen bezieht sich deshalb zunächst auf die Binnenverfassung der beiden wichtigsten Akteure: Krankenkassen und niedergelassene Ärzte. Die Selbstverwaltungsorgane der Krankenkassen sind der Verwaltungsrat und der Vorstand. Der Verwaltungsrat wird alle sechs Jahre in Sozialwahlen gewählt. Dabei wird die Hälfte der Sitze von den Versicherten, die andere Hälfte von deren Arbeitgebern bestimmt. (Von dieser Zusammensetzung gibt es aus historischen Gründen Abweichungen bei bestimmten Kassenarten.) Der ehrenamtlich tätige Verwaltungsrat bestimmt den hauptamtlichen Vorstand, der für die Umsetzung der operativen Tätigkeiten verantwortlich ist. Im Rahmen der Selbstverwaltung können die Kassen über Fragen ihrer Organisation, über das Angebot von Sondertarifen oder über die Gewährleistung bestimmter Leistungen entscheiden. All dies jedoch nur im Rahmen der engen Vorgaben, die das Sozialgesetzbuch enthält. Darüber hinaus unterliegen die Kassen der Rechtsaufsicht durch Landes- bzw. Bundesbehörden. Die Krankenkassen selbst sind zum einen nach Kassenarten (Betriebs-, Ersatzkassen etc.), zum anderen aber auch kassenartübergreifend in den Ländern und im Bund zusammengeschlossen (s. Internetquelle 11).

Die Kassenärzte sind in den KVen organisiert, die mit einigen Abweichungen den Gebieten der Bundesländer entsprechen. Auf Bundesebene nimmt deren Zusammenschluss, die Kassenärztliche Bundesvereinigung, die Interessen der niedergelassenen Ärzte wahr. Die KVen sind die Vertragspartner der Krankenkassen (erst in jüngster Zeit ist die Möglichkeit geschaffen worden, dass Kassen (wieder) direkt mit einzelnen Ärzten Verträge abschließen können). Die Vertragsgestaltung hängt unmittelbar mit der nach innen wichtigsten Aufgabe der KVen zu tun: die Verteilung der Honorare an ihre Mitglieder. Denn die Finanzströme für den ambulanten Bereich laufen nicht von den Kassen zu den Ärzten, sondern von den Kassen zu den KVen, die die Verteilung auf die Praxen vornehmen (s. Bäcker u. a. 2010, S. 155 ff.; s. a. Internetquelle 12).

Komplettiert wird die Selbstverwaltung der beiden wichtigsten Gruppen durch die „Gemeinsame Selbstverwaltung". Hier wirken die Selbstverwaltungskörperschaften zusammen und nehmen bestimmte Aufgaben wahr, die ihnen vom Gesetzgeber übertragen wurden. Auf der Ebene der Bundesländer werden aus acht Vertretern der Krankenkassen und acht der KVen sowie drei „unparteiischen" Mitgliedern „Landesausschüsse" gebildet. Die Ausschüsse nehmen u. a. die ambulante ärztliche Bedarfsplanung vor, sie prüfen, ob Unterversorgung vorliegt oder sprechen Zulassungssperren aus. Auf der Grundlage bundesweit geltender Richtlinien legen die Ausschüsse auf der Ebene der Landkreise (oder kreisfreien Städte) fest, wie viele Ärzte welcher Fachrichtung in welchen Orten als Kassenärzte zugelassen werden. Wird diese Zahl (um mehr als 10 %) überschritten, dann wird eine Zulassungssperre verhängt, d. h. Ärzte können in den Gebieten zwar eine Praxis eröffnen; sie sind jedoch auf Patienten angewiesen, die privat versichert sind oder aus eigener Tasche die Behandlung zahlen können.

Auf der Bundesebene ist der „Gemeinsame Ausschuss" das wichtigste Organ der Gemeinsamen Selbstverwaltung. Ursprünglich nur aus Vertretern der Kassen und der KVen bestehend, wurde der Gemeinsame Ausschuss in den vergangenen Jahrzehnten zur zentralen Instanz der Selbstverwaltung im Gesundheitswesen ausgebaut. Neben drei unparteiischen Mitgliedern stehen fünf Kassenvertretern ein Vertreter der Kassenzahnärztlichen Bundesvereinigung (aus historischen Gründen sind die Zahnärzte als einzige Arztgruppe in Deutschland von der Ausbildung bis zur Regulierung der Berufsausübung komplett von allen anderen Arztgruppen getrennt) sowie je zwei Vertreter der Kassenärztlichen Bundesvereinigung und der Deutschen Krankenhausgesellschaft (dem Zusammenschluss von 28 Krankenhausverbänden) gegenüber (Hess 2005).

Der Gemeinsame Ausschuss hat die Aufgabe, die gesetzlichen Vorgaben in praktische Regelungen zu übersetzen. Die wichtigste Bestimmung in diesem Zusammenhang ist in § 92 SGB V formuliert, nach dem er „die zur Sicherung der ärztlichen Versorgung erforderlichen Richtlinien über die Gewährung für eine ausreichende, zweckmäßige und wirtschaftliche Versorgung der Versicherten" beschließt. Ausdrücklich wird der Ausschuss ermächtigt, Leistungen und Verschreibungen von der GKV-Erstattung auszuschließen, wenn Nutzen, Notwendigkeit oder Wirtschaftlichkeit nicht nachgewiesen sind oder vergleichbare wirtschaftlichere Behandlungsmöglichkeiten bestehen. „Insbesondere", so der Gesetzgeber, soll der Gemeinsame Ausschuss Richtlinien für fünfzehn Bereiche erlassen. Diese reichen von der ärztlichen und zahnärztlichen Behandlung über die Früherkennung von Krankheiten bis zur Bedarfsplanung. Sie erstrecken sich auf die „Verordnung von Arznei-, Verband-, Heil-, Hilfsmitteln" über die „Beurteilung von Arbeitsunfähigkeit" bis zu „medizinische Maßnahmen zur Herbeiführung einer Schwangerschaft", die Verordnung von Krankentransporten oder die „spezialisierte ambulante Palliativversorgung".

In seinen Richtlinien ist der Gemeinsame Ausschuss an den Rahmen gebunden, den das SGB V zieht. Exemplarisch wird das etwa an der GKV-Finanzierung von Brillen deutlich. Im Rahmen der Kostendämpfungspolitik wurde die Erstattung von Sehhilfen in mehreren Stufen reduziert. In der seit 2012 geltenden Version bestimmt § 33 Abs. 2 SGB V, dass Sehhilfen nur erstattet werden dürfen, wenn die Sehbehinderung einen bestimmten, von der Weltgesundheitsorganisation festgelegten Schweregrad erreicht. Gleichzeitig wird der Gemeinsame Ausschuss beauftragt festzulegen, bei welchen Indikationen Sehhilfen erstattet (bezuschusst) werden. In einer Richtlinie hat der Bundesausschuss entsprechende Grenzwerte für die Sehschärfe und das Gesichtsfeld festgelegt, so dass die „Verordnungsfähigkeit" im Einzelfall festgestellt werden kann (Internetquelle 13).

An den Sehhilfen wird beispielhaft eines der zentralen Probleme der Selbstverwaltung deutlich. Wie der Begriff bereits sagt, handelt es sich um eine spezifische Form von „Verwaltung". Das bedeutet, dass die Gestaltungsmöglichkeit sich auf nachgeordnete Fragen, auf die der Umsetzung, der praktischen Ausführung, der Gestaltung vor Ort etc. beziehen. Diese Entscheidungen können die Qualität der Versorgung verbessern oder verschlechtern, aber sie können den vorgegebenen Rahmen nicht verändern. So sind ca. 90 bis 95 % aller Leistungen der GKV gesetzlich vorgeschrieben. Dieser Rahmen wird von der Politik, in aller Regel durch ein staatliches Gesetz vorgegeben. Aus sozialstaatlicher Perspektive, der daran gelegen ist, die soziale Absicherung für die gesamte Bevölkerung gleichermaßen zu gewährleisten, ergibt sich der Vorrang des Gesetzes quasi zwangsläufig. Denn je mehr Spielräume der Gesetzgeber der Selbstverwaltung ließe, desto eher wäre es möglich, dass die Standards der medizinischen Versorgung in reicheren Regionen des Landes oder für die Mitglieder reicherer Kassen höher gelegt werden könnten als in ärmeren. Gleichzeitig nimmt dadurch aber der Attraktivität der Selbstverwaltung ab; wofür die weitgehende Unkenntnis der „Sozialwahlen" ein deutliches Indiz ist.

Das bundesdeutsche Gesundheitswesen unterliegt insgesamt einer korporatistischen Steuerung (Bandelow 2004). Damit ist gemeint, dass die Verbände (Korporationen) eine starke Stellung innerhalb des Systems einnehmen. Die Zusammenschlüsse der Krankenkassen, der niedergelassenen Ärzte und der Krankenhäuser sind an der „Feinsteuerung" von medizinischen Dienstleistungen und Gütern maßgebend beteiligt; damit wird ihnen eine wichtige Rolle in der Umsetzung, aber auch bereits in der Formulierung von Gesundheitspolitik eingeräumt. Obgleich alle Beteiligten beteuern, letztlich gehe es immer um die Patienten, ist offenkundig, dass – etwa in der ambulanten Bedarfsplanung – weder die bereits niedergelassenen Ärzte (fürchten Konkurrenz), noch die Krankenkassen (fürchten noch mehr Ausgaben) ein Interesse an einer steigenden Arztdichte haben, wohingegen die Patienten kürzere Anfahrtswege und Wartezeiten bevorzugen würden. Erst in den letzten Jahren ist durch die Einrichtung von „Patientenbeauftragten", die freilich nur beratende Funktion haben, versucht worden, das bürokratisch-verbandliche Geflecht im Gesundheitswesen zugunsten der Patienten zu verändern (zum Patientenbeauftragten der Bundesregierung s. Internetquelle 14).

Seit Ende der 1970er Jahre steht und stand die Gesundheitspolitik unter der Überschrift der „Kostendämpfung". Durch die „einnahmeorientierte Ausgabenpolitik" sollten die GKV-Ausgaben (und damit die Beitragssätze für die GKV) begrenzt werden. Im Ergebnis führte dies dazu, dass der Umfang der von der GKV finanzierten Güter und Dienstleistungen erheblich beschnitten wurde: von den „Bagatell-Arzneimitteln" (ab 1977) über die Reduzierung von Leistungen für Zahnersatz (1999), die Senkung des Krankengeldes (1997) bis zur Streichung des Sterbe- und Entbindungsgeldes (2004). Gleichzeitig wurden verschiedene Formen der „Selbstbeteiligung" eingeführt: seit 1989 Zuzahlungen bei stationärem Aufenthalt (ggw. 10 Euro pro Tag für maximal 28 Tage im Jahr) und bei Arzneimitteln (seit 2005 zwischen 5 und 10 Euro pro Medikament). Schließlich wurde seit 2004 die Praxisgebühr von 10 Euro pro Quartal erhoben (s. Engel

2011, S. 162–167; Kruse & Kruse 2011). Diese Beschränkungen führen dazu, dass die Inanspruchnahme des medizinischen Versorgungssystems mit Kosten für die Kranken verbunden ist. D. h. der solidarische Ausgleich zwischen Kranken und Gesunden wird aufgeweicht, und gleichzeitig beeinflusst das persönlich verfügbare Geld, ob und wann das Gesundheitssystem in Anspruch genommen wird. Durch diesen Versuch, die Kosten des Medizinsystems von den öffentlichen auf private Haushalte umzuverteilen, wächst die Gefahr, dass sich die medizinische Versorgung der ärmeren Bevölkerung verschlechtert.

3.4 Föderale und sektorale Aufgabenverteilung

Die Unübersichtlichkeit des Systems wird durch dessen föderale Struktur und die Gliederung in verschiedene Zweige der Sozialversicherung noch gesteigert. Lässt man die Ebene der Europäischen Union, deren Einfluss in den letzten Jahren gewachsen ist und der weiter wachsen wird, außer Acht, so ist zunächst auf die Aufgabenverteilung zwischen dem Bund und den Ländern hinzuweisen. Für die gesamte staatliche Ordnung ist Art. 20 Abs. 1 zentral, in dem mit der Formulierung „Die Bundesrepublik Deutschland ist ein demokratischer und sozialer Bundesstaat" das Sozialstaatsprinzip festgeschrieben ist: Alles staatliche Handeln muss „sozial" ausgerichtet sein, auch wenn das Grundgesetz an keiner Stelle bestimmt, was unter „sozial" zu verstehen ist.

Im Hinblick auf die Zuständigkeiten ist die Bundesrepublik von dem Grundsatz bestimmt, dass alle Aufgaben in die Zuständigkeit der Bundesländer fallen, sofern das Grundgesetz die Aufgaben nicht ausdrücklich dem Bund überträgt. Einschlägige Bestimmungen für den Gesundheitsbereich finden sich in Art. 74 GG, in dem die Gegenstände der „konkurrierenden Gesetzgebung" aufgelistet werden. („Konkurrierend" heißt diese Gesetzgebung, weil hier die Länder so lange zuständig sind, bis der Bund einen Bereich regelt. Für den Gesundheitsbereich hat der Bund alle Möglichkeiten ausgeschöpft.) Zuständig ist der Bund demnach u. a.:

- für den Arbeitsschutz und die Sozialversicherung (Nr. 12),
- für Maßnahmen gegen gemeingefährliche und übertragbare Krankheiten bei Menschen und Tieren, die Zulassung zu ärztlichen und anderen Heilberufen und zum Heilgewerbe, für das Recht des Apothekenwesens, der Arzneien, der Medizinprodukte, der Heilmittel, der Betäubungsmittel und der Gifte (Nr. 19),
- für „die wirtschaftliche Sicherung der Krankenhäuser und die Regelung der Krankenhauspflegesätze" (Nr. 19a),
- für die Luftreinhaltung und Lärmbekämpfung (Nr. 24) sowie
- für die medizinisch unterstützte Erzeugung menschlichen Lebens, die Untersuchung und künstliche Veränderung von Erbinformationen sowie die Regelung zur Transplantation von Organen, Geweben und Zellen (Nr. 26).

In allen anderen gesundheitspolitischen Feldern liegt die Regelungszuständigkeit bei den Bundesländern. Dies gilt insbesondere für den Krankenhausbereich, dessen Planung (Landeskrankenhausplanung), Regulierung (Landeskrankenhausgesetze) und Finanzierung (Investitionskosten) Länderangelegenheiten sind. Aber auch bei den Aufgaben, die sich aus Bundesgesetzen ergeben, sind die Behörden der Bundesländer federführend. Für den „Normalfall" bestimmt das Grundgesetz, dass die Gesetze des Bundes von den Länderverwaltungen umgesetzt werden (sog. „kooperativer Föderalismus") (Art. 83 GG). Durch Art. 87 GG werden bundesweit tätige Sozialversicherungsträger als „bundesunmittelbare Körperschaften des öffentlichen Rechts" gefasst; außerdem wird der Bund ermächtigt, für jene Aufgaben, die in seiner Gesetzgebungszuständigkeit liegen, „selbstständige Bundesoberbehörden und neue bundesunmittelbare Körperschaften und Anstalten des öffentlichen Rechts" zu errichten. Im Geschäftsbereich des Bundesgesundheitsministeriums sind dies:

1. Das Robert Koch-Institut (RKI), das für die Erkennung, Verhütung und Bekämpfung von Krankheiten mit hoher Gefährdung oder großer Verbreitung zuständig ist.
2. Das Paul Ehrlich-Institut (PEI), dem die Zulassung und Kontrolle von Impfstoffen, Sera, Blutprodukten etc. obliegt.
3. Das Deutsche Institut für Medizinische Dokumentation und Information (DIMDI), das den Zugang zum medizinischen Expertenwissen (mehr als 70 Spezialdatenbanken) gewährleisten soll.
4. Die Bundeszentrale für gesundheitliche Aufklärung (BZgA), die die Aufgabe hat, Gesundheitsprävention mittels Aufklärung der Bevölkerung zu betreiben.
5. Das Bundesinstitut für Arzneimittel und Medizinprodukte, dem die Zulassung und Risikobewertung von Arzneimitteln, die Registrierung von homöopathischen Mitteln und die Überwachung des legalen Verkehrs mit Betäubungsmitteln übertragen wurde. (s. Internetquelle 15)

Die behördlichen Zuständigkeiten sind auf der Bundesebene auf verschiedene Ressorts verteilt. Neben dem für Kranken- und Pflegeversicherung zuständigen Gesundheitsministerium ist für die Sozialversicherung allgemein das Bundesministerium für Arbeit und Soziales zuständig. Ihm nachgeordnet ist das Bundesversicherungsamt, das die Rechtsaufsicht über die bundesweiten Sozialversicherungsträger ausübt. Andere gesundheitsbezogene Bundesbehörden sind dem Verbraucherschutzministerium (Bundesamt für Verbraucherschutz und Lebensmittelsicherheit) oder dem Umweltministerium (Umweltbundesamt) zugeordnet. Eine ähnliche Zersplitterung der Kompetenzen und Behörden findet sich in unterschiedlichen Varianten in den Bundesländern wieder.

Für den engeren Bereich der Sozialversicherung ist die Aufsplitterung in die o.g. fünf Zweige bedeutsam. Sie sind in einer Spanne von mehr als 100 Jahren entstanden. Ihre Zuständigkeiten sind auf unterschiedliche Risiken zugeschnitten: Krankheit, Arbeitsunfall, Erwerbsunfähigkeit und Alter, Erwerbslosigkeit und Pflegebedürftigkeit. Auch wenn die Risiken unterschiedliche Ursachen haben, so haben sie mitunter ähnliche Verläufe, verlangen nach ähnlichen Reaktionen oder folgen einander. Deutlich wird dies an der Pflegeversicherung, die in den 1990er Jahren geschaffen wurde, um Krankenkassen und Sozialhilfekassen, die zunehmend die Kosten krankheitsbedingter Pflegebedürftigkeit tragen mussten, zu entlasten. Aber auch zwischen Kranken- und Unfallversicherung sowie zwischen diesen und der Rentenversicherung sind die Übergänge (und damit die Zuständigkeiten der Sozialversicherungsträger, einschließlich des Leistungsrechts) fließend. Diese sachlichen Verflechtungen unterschiedlicher Zweige der Sozialversicherungen tragen erheblich zur Unübersichtlichkeit des Systems bei. Zwar hat der Bundesgesetzgeber mit der Formulierung eines einheitlichen Sozialgesetzbuches seit 1975 versucht, das Geflecht zumindest auf der rechtlichen Ebene zu vereinfachen. Dieser Versuch ist aber nur bedingt gelungen.

3.5 Öffentlicher Gesundheitsdienst

Eine Randstellung im Gesundheitswesen nimmt der Öffentliche Gesundheitsdienst (ÖGD) ein. Dass er neben der ambulanten und der stationären die „dritte Säule" im Gesundheitswesen sei, ist weder durch seine Größe noch durch seine Aufgaben gerechtfertigt. Er nimmt den „Rest" jener Aufgaben wahr, die der Staat den Selbstverwaltungseinrichtungen nicht übertragen will. In institutioneller Hinsicht zählen die o.g. Bundesbehörden zum ÖGD. In den Bundesländern bestehen Landesbehörden, die vor allem Kontroll-, Aufsichts- und Untersuchungsaufgaben (Infektionsschutz, Lebensmittel, Arzneimittel) wahrnehmen; in einigen Ländern wurden Landesgesundheitsämter oder Landesinstitute eingerichtet, die in den Bereichen Gesundheitsberichterstattung, Epidemiologie oder Gesundheitsförderung arbeiten. Die wichtigste Behörde im ÖGD für die Bürger/-innen sind die örtlichen Gesundheitsämter. Deren Aufgaben werden durch die Gesetze der Länder bestimmt. In der Regel sind sie auf der Ebene der Landkreise oder der kreisfreien Städte eingerichtet und sind Teil der Kommunalverwaltung (Brand, Schmacke & Brand 2003).

Die Aufgaben der Gesundheitsämter variieren zwischen den Bundesländern. Untersuchungen aus den 1990er Jahren listeten zwischen 118 und 240 Einzelaufgaben auf. Diese können in sechs Gruppen zusammengefasst werden:

1. Die „Medizinalaufsicht" über jene Gesundheitsberufe, die nicht durch Kammern (wie Ärzte, Zahnärzte und Apotheker) kontrolliert werden.
2. Der „Gesundheitsschutz", der die Überwachung und Kontrolle ansteckender Krankheiten, die Unterbrechung der Übertragungswege und Schutzimpfungen umfasst, sowie die Umwelthygiene, die von der Wasser- und Bodenhygiene bis zum Lärmschutz reicht.
3. Die „Gesundheitsförderung und -vorsorge und -hilfe", die in der Beteiligung an der kommunalen Gesundheitsplanung, in der Förderung von Gesundheitsnetzwerken und in der „aufsuchenden Arbeit" gegenüber Jugendlichen und sozial benachteiligten Gruppen besteht.
4. Gutachterliche Tätigkeiten, die dem Gesundheitszustand von Beamten gelten (Personaluntersuchungen, amtsärztliche Überprüfungen).
5. Epidemiologie und Gesundheitsberichterstattung. (s. Internetquelle 16)

Im Unterschied zum GKV-finanzierten (und zum privat finanzierten) Gesundheitssektor, der darauf angewiesen ist, dass die Klientele die Einrichtung aufsuchen („Komm-Struktur"), weist der ÖGD weiterhin Elemente einer „Geh-Struktur" auf, d. h. in einigen Bereichen geht im Rahmen eines hoheitlichen Auftrags die Initiative vom „Amt" aus: Das gilt z. B. für die Einschulungsuntersuchung oder den schulzahnärztlichen Dienst. Durch diesen Umstand könnte der ÖGD, sofern Ressourcen und der politische Wille vorhanden wären, der sozial ungleichen Inanspruchnahme des Gesundheitswesens entgegen wirken.

Bedeutsam für das sozialpolitische Potenzial des ÖGD ist auch der Umstand, dass er als Teil der Kommunalverwaltung leichter mit anderen gesundheitsrelevanten Behörden zusammenarbeiten könnte (Jugendamt, Sozialamt etc.). Dies setzte aber den politischen Willen zur Stärkung des öffentlichen Gesundheitsdiensts voraus, der gegenwärtig nicht erkennbar ist.

Gut zu wissen – gut zu merken

In Deutschland besteht ein umfassender Versicherungsschutz gegenüber den mit Krankheit verbundenen Risiken. Der überwiegende Teil der Bevölkerung ist durch gesetzlichen Zwang in einer öffentlich-rechtlichen Krankenkasse pflichtversichert bzw. durch einen Pflichtversicherten „mitversichert". Von diesem auf der Erwerbstätigkeit fußenden System sind nur einige Gruppen (Beamte, Selbstständige und Besserverdienende) befreit; allerdings soll die seit 2009 geltende Krankenversicherungspflicht gewährleisten, dass jede und jeder in Deutschland krankenversichert ist. Unter dem Eindruck der Kostenentwicklung ist in den vergangenen Jahren jedoch das Spektrum der durch die Gesetzlichen Kassen finanzierten Gesundheitsdienstleistungen und -güter beschränkt worden, so dass die materielle Lage der Kranken (wieder) einen größeren Einfluss auf die Inanspruchnahme des Gesundheitssystems gewinnt.

Das Gesundheitswesen selbst ist durch den Widerstreit unterschiedlicher Interessengruppen bestimmt. Die wichtigsten Gruppen sind die Krankenkassen der GKV, die in den KVen zusammengeschlossenen niedergelassenen Ärzte, die Krankenhäuser und die Pharmazeutische Industrie. Gegenüber diesen organisierten Akteuren, denen teilweise öffentliche Aufgaben übertragen wurden, ist die unmittelbare Vertretung von Patienteninteressen nur in Ansätzen vorhanden.

Trotz (oder wegen) seines umfassenden Sicherungsanspruchs ist das System insgesamt intransparent und verwirrend. Die Komplexität ergibt sich aus den Verschränkungen unterschiedlicher Ebenen, die weniger sachliche als politisch-historische Ursachen haben: die Verschränkung von Staat und Selbstverwaltungskörperschaften, die Aufgabenverteilung zwischen Bund und Ländern, die Gliederung in fünf Sozialversicherungszweige, die Existenz unterschiedlicher Krankenkassen sowie die Trennung von ambulanter und stationärer medizinischer Versorgung.

Weiterführende Literatur

Bäcker, G., Naegele, G., Bispinck, R., Hofemann, K. & Neubauer, J. (2010): Sozialpolitik und soziale Lage in Deutschland. Band 2: Gesundheit, Familie, Alter und Soziale Dienste (5., durchgesehene Aufl.). Wiesbaden

Engel, H. (2011): Sozialpolitische Grundlagen der Sozialen Arbeit. Stuttgart

Frevel, B. & Dietz, B. (2008): Sozialpolitik kompakt (2., aktualisierte Aufl.). Wiesbaden

TEIL II

GESUNDHEITSORIENTIERTE SOZIALARBEIT DER LEBENSALTER

1 Gesundheitsorientierte Sozialarbeit mit Schwangeren und Säuglingen

Was Sie in diesem Kapitel lernen können

Im Leben eines Menschen gibt es Phasen ganz besonderer Verletzlichkeit und Schutzbedürftigkeit: Hierzu zählen der Zeitraum vor der Geburt und die frühe Kindheit. Soziale Arbeit kann hier durch präventives Handeln und gut reflektierte Interventionen bei Gesundheitsgefahren und Kindeswohlgefährdung entscheidende Beiträge zu einem gesunden Aufwachsen der Kinder leisten. Besonders vertieft werden in diesem Kapitel die Gesundheitsgefahren für das ungeborene Kind bei Alkohol- und Nikotinkonsum der Mutter und das vielschichtige Bedingungsgefüge bei frühen Regulationsstörungen von Säuglingen, wie zum Beispiel bei sogenannten „Schreibabys".

1.1 Schwangerschaft

Die Geburt eines Kindes und der Übergang in die Elternschaft gehören im Bild der breiten Öffentlichkeit zu den glücklichsten Ereignissen im Leben der Eltern, speziell im Leben der Mutter, jedoch können die Ansprüche der Gesellschaft, die Erwartungen an ein perfektes Gelingen der Erziehungsaufgaben und der Übergang in die Elternrolle mit vielen Diskrepanzen verbunden sein; Mangelerfahrungen in der eigenen Kindheit der Eltern erschweren die Beziehungsaufnahme zum Kind; auch ökonomische Bedrängnisse, mangelnde soziale Unterstützung und das Leben in benachteiligten Stadtquartieren können zu erheblichen Überforderungssituationen führen. Durch den wirtschaftlichen Strukturwandel hat sich die soziale Ungleichheit verstärkt, dies führt zu einer erheblichen gesundheitlichen Chancenungleichheit, die bereits in der Schwangerschaft Auswirkungen auf das Ungeborene hat. Ansatzpunkte liefert hier eine Gemeinwesenarbeit, die sich an den historisch gewachsenen Sozialräumen und den tatsächlichen Lebenswelten der Menschen orientiert, die Bedürfnisse und Themen der Menschen im Stadtteil zum Ausgangspunkt des Handelns macht, ihre Stärken fördert, Gemeinschaftsaktionen unterstützt, sich vernetzt und kommunalpolitisch einmischt. In Bezug auf junge Familien wären hier Stadtteilfamilienzentren zu nennen, in denen Bildungs- und Beratungsangebote unterbreitet, aber auch Selbsthilfebewegungen (z. B. Stillgruppen, Vätertreffs, Krabbelgruppen, Kochgruppen, Kindersachenbasare, gemeinsame Freizeitaktivitäten) und kommunalpolitische Aktivitäten (z. B. Sanierung von Wohnquartieren, Verkehrsberuhigung, Spielplatzgestaltung, bedarfsgerechte Kindertagesstätten, lokale Bündnisse für Familien und öffentliche Dialoge zu anstehenden Themen) initiiert und unterstützt werden.

Die Geburtenrate insgesamt ist in Deutschland im Zuge gesellschaftlicher, kultureller und sozialer Veränderungen mit gut 1,3 Geburten/Frau auf einem recht niedrigen Niveau. Angesichts der Chancen, die mit längeren Bildungswegen verknüpft sind, der Konkurrenz am Arbeitsmarkt sowie erhöhter Mobilitätsforderungen werden bewusste Entscheidungen zur Elternschaft aufgeschoben. Zudem tragen veränderte Familienformen und erhöhte Scheidungsraten dazu bei, dass Lebensentwürfe ohne Kinder realisiert werden. Die Soziale Arbeit ist im Zusammenhang mit Schwangerschaften allerdings weniger mit beruflich bereits etablierten Paaren, die sich mit Mitte bis Ende 30 zum ersten Kind entschließen, beschäftigt als mit

- allein erziehenden, u. U. sehr jungen Müttern,
- ungewollten Schwangerschaften,
- kinderreichen Migrantenfamilien,
- Familien, in denen ein oder beide Elternteile krank oder behindert sind,
- Schwangeren in prekären sozioökonomischen Situationen, wenig persönlichen Ressourcen und mangelnder sozialer Unterstützung.

Doch zunächst seien an dieser Stelle einige biologische Aspekte der Schwangerschaft thematisiert: Die Embryonalentwicklung, welche die ersten zwei Monate nach der Befruchtung der Eizelle bezeichnet, und die Fetalentwicklung, die den Zeitraum vom 61. Tag bis zur Geburt umfasst, sind für die Gesundheit eines Menschen von außerordentlicher Bedeutung. Bereits fünf bis sieben Tage nach der Befruchtung beginnt der Embryo, sich in die Gebärmutter einzunisten; der sich nun bildende Mutterkuchen – die Plazenta – versorgt den Embryo mit Nährstoffen. Giftige Substanzen (Alkohol, Drogen und Medikamente) können bereits in den frühen Schwangerschaftswochen erhebliche Schäden verursachen, denn bereits in der 3. Woche – jetzt ist der Embryo erst wenige Millimeter groß – beginnt die Entwicklung des Herzens und des Gehirns. Zu dieser Zeit wissen manche Frauen noch gar nicht, dass sie schwanger sind. Zu Beginn des zweiten Schwangerschaftsdrittels sind alle Organe gebildet. Trinkt eine Frau während der Schwangerschaft Alkohol, so riskiert sie schwere Gesundheitsschäden ihres Kindes. Es gibt keine als unbedenklich einzustufende Menge, so dass man allen Frauen den völligen Alkoholverzicht in der Schwangerschaft (auch bei möglicher Schwangerschaft!) raten sollte. Dennoch gaben bei einer Untersuchung, die 2001/2002 in Berlin durchgeführt wurde, 58 % der Frauen an, Alkohol während der Schwangerschaft konsumiert zu haben (Bergmann et al. 2006). Besonders bedenklich ist neben der Alkoholabhängigkeit das Rauschtrinken während der

Schwangerschaft, wobei zu bestimmten besonders verletzlichen Phasen der Embryonal- und Fetalentwicklung bereits ein Rausch erhebliche Folgen haben kann; besonders kritisch ist hierbei der Zeitraum von der 4. bis zur 10. Schwangerschaftswoche:

Das Vollbild des *fetalen Alkoholsyndroms (FAS)* – das bei jüngeren Kindern durch typische Gesichtsveränderungen gekennzeichnet ist (siehe Abbildung 2 und Internetquelle 17 und 18) – ist die häufigste Einzelursache für geistige Behinderung in Deutschland; die Drogenbeauftragte der Bundesregierung geht von 4000 betroffenen Kindern pro Jahr aus (Internetquelle 57). Die weniger leicht erkennbaren, oft nicht diagnostizierten *fetalen Alkoholeffekte* können sich durch Entwicklungsrückstände, Körper- und Sinnesbehinderungen, Teilleistungsschwächen und unterschiedliche Verhaltensprobleme bemerkbar machen (z. B. Hyperaktivität, Schwierigkeiten beim Umsetzen verbaler Aufforderungen und bei der Handlungsplanung, Ablenkbarkeit und rasche Überforderung). Kinder mit fetalem Alkoholsyndrom sind von Geburt an klein, krankheitsanfällig und irritierbar, sie schlafen schlecht, brauchen auf Grund unterschiedlicher körperlicher oder Sinnesbeeinträchtigungen mehr medizinische Hilfe und benötigen die ganze Kindheit hindurch wesentlich mehr Aufsicht, Anleitung und klarere Strukturen als andere Kinder. Etwa 80 % der Kinder mit Fetalem Alkoholsyndrom wachsen schließlich nicht mehr in ihrer Ursprungsfamilie auf, sondern werden in Pflege- oder Adoptivfamilien vermittelt oder wachsen in Einrichtungen der stationären Jugendhilfe (Heimerziehung) auf. Auf Grund ihrer Verhaltensprobleme haben die Kinder ein hohes Risiko, misshandelt zu werden. Über 20 % der Pflegekinder haben FAS (Feldmann 2012). Allerdings wird das Störungsbild bei Geburt bislang nicht zuverlässig diagnostiziert, auch Pflege- und Adoptiveltern werden oft nicht über die Gesundheitsstörung des Kindes informiert. Das Thema wird gesellschaftlich eher verdrängt. In jüngster Zeit unterstützt das Bundesministerium für Gesundheit die Entwicklung einer interdisziplinären Leitlinie zur Vereinheitlichung und Verbesserung der Diagnosestellung bei Verdacht auf FAS im Kindesalter. Die Diagnose beruht auf 4 Säulen:

- Wachstumsauffälligkeiten: Das Körpergewicht, die Körperlänge oder der Body Mass Index (s. Kapitel 2.3) sind so niedrig, dass 90 % der vergleichbaren Kinder schwerer oder größer sind
- Gesichtsauffälligkeiten, insbesondere schmale Lidspalten, schmale Oberlippe und verstrichene Rinne zwischen Oberlippe und Nase
- Auffälligkeiten des Zentralnervensystems: Intelligenzminderung oder Entwicklungsverzögerung in mehr als einem Bereich sowie zu kleiner Kopfumfang
- Alkoholexposition im Mutterleib.

Auch auf Nikotin sollte während der Schwangerschaft verzichtet werden, denn bei Raucherinnen treten vermehrt Früh- und Fehlgeburten auf, insgesamt ist die Blutversorgung durch die Plazenta weniger gut, so dass es zu Wachstumsverzögerungen und zu einem niedrigen Geburtsgewicht kommen kann, auch Atemwegsprobleme und Allergien können begünstigt werden. Vermutlich verstärken sich die Gesundheitsgefahren durch Alkohol und Nikotin während der Schwangerschaft gegenseitig. Die Bundesdrogenbeauftragte hat einen Aufkleber auf den Mutterpass entwickeln lassen, der vor den Gesundheitsgefahren durch Alkohol warnt.

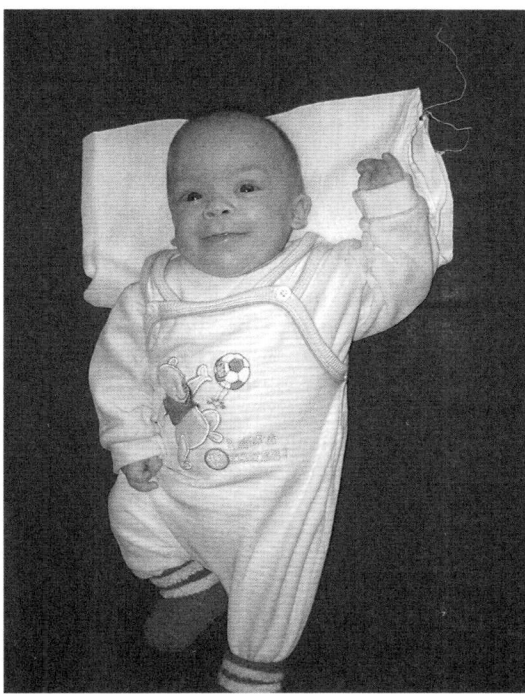

Kleiner Kopfumfang
Hohe Stirn
Schmale Lidspalten
Hautfalten in den Augenecken
Herabhängende Augenlider
Breiter Nasenrücken
Fehlen oder Verflachung der Rinne zwischen Oberlippe und Nase
Schmale Oberlippe
Fliehendes Kinn
Tief sitzende Ohren
Kleiner Körper

Abb. 2: Bild eines Kindes mit fetalem Alkoholsyndrom (mit freundlicher Genehmigung von FASD Deutschand e.V.)

Schwangere haben gesetzlichen Anspruch auf Vorsorgeuntersuchungen und Beratung. Die regelmäßigen ärztlichen Vorsorgeuntersuchungen werden – ohne Praxisgebühr – von den gesetzlichen Krankenkassen übernommen. Zusätzlich bietet der Öffentliche Gesundheitsdienst Partnerschafts-, Sexual-, Schwangeren- und Mütterberatung und genetische Beratung an oder arbeitet mit Beratungsstellen freier Träger zusammen. Dies wird in den Gesundheitsdienstgesetzen der Bundesländer geregelt.

Als SozialarbeiterIn können Sie beispielsweise in Frauenzentren, Frauenhäusern, Schwangerschaftskonfliktberatungsstellen (gemäß § 219 StGB), in der Schwangerenberatung oder im Rahmen der Jugendarbeit oder Jugendhilfe mit Schwangeren arbeiten. Sie werden es vielleicht mit sehr jungen Schwangeren, Migrantinnen, kinderreichen Familien oder Frauen in besonderen psychosozialen Problemlagen zu tun haben und übernehmen Beratungsaufgaben, helfen bei der Bewältigung von Ausbildungs-, Arbeits-, Partnerschafts- und Wohnungsproblemen, leiten Gruppen und führen möglicherweise Bildungsveranstaltungen (in Schulen oder Jugendeinrichtungen) durch, zugleich arbeiten Sie mit anderen

Berufsgruppen (z. B. Psychologen, Ärzten, Hebammen) und Fachdiensten zusammen, klären Rechte (z. b. im Rahmen des Mutterschutzes) und finanzielle Ansprüche, vermitteln in weitere Hilfsangebote und fördern Anlaufstellen und Netzwerke in der Gemeinde.

1.2 Praxisbeispiel: Gesundheitsorientierte Sozialarbeit in der Schwangerschaft

In einem Frauenhaus betreuen Sie eine alkoholabhängige Schwangere im 4. Monat, die nach einer Tätlichkeit ihres Freundes rückfällig geworden ist. Sie konnten sie überzeugen, die vernachlässigten Vorsorgeuntersuchungen bei ihrer Frauenärztin wieder aufzunehmen, haben aber den Verdacht, dass sie Alkohol trinkt. Sie können ihre verzweifelte Lage, die nach der Gewalt durch den Freund entstanden ist, verstehen, möchten sie aber motivieren, eine Suchtberatungsstelle aufzusuchen oder eine Entwöhnungsbehandlung in Angriff zu nehmen. Methodisches Rüstzeug liefert hierbei die *motivierende Gesprächsführung* (Miller & Rollnick 1999), die von verschiedenen Phasen der Veränderung ausgeht, in welchen unterschiedliche Gesprächsstrategien hilfreich sind:

In der Phase der *Absichtslosigkeit,* in der die Klienten noch wenig Veränderungsmotivation besitzen, beginnt man zunächst verständnisvoll und offen zu fragen, hört aktiv zu und spiegelt das Gesagte. Es ist sehr förderlich, ehrliche Wertschätzung zu zeigen. Man unterlässt es jedoch nicht, die eigenen Wahrnehmungen zu benennen und Feedback zu geben (den Alkohol ansprechen, über Auswirkungen des Trinkens auf das Ungeborene aufklären). Man grenzt das Thema aber nicht zu früh auf den Alkohol ein. Im weiteren Gesprächsverlauf entwickelt man auf empathische Weise Diskrepanzen zwischen dem derzeitigen Verhalten und wichtigen Zielen der Klientin, beispielsweise zwischen der Suche nach kurzfristiger Entlastung und dem Wunsch, ein gesundes Kind zu bekommen. Man kann jetzt auch bereits über Möglichkeiten des Suchthilfesystems informieren. Jedoch sollten Beweisführungen vermieden werden, welche in der Regel Abwehr erzeugen. Alternative Sichtweisen werden vorgestellt, aber nicht vorgeschrieben. Man erkundigt sich, nachdem man Informationen vermittelt hat, indem man beispielsweise fragt: „Was meinen Sie dazu?" oder: „Ich habe Ihnen einige Informationen gegeben. Was denken Sie im Moment?" Zu sehr auf Veränderung zu drängen, kann kontraproduktiv wirken. Wenn ein anderer auf Veränderung drängt, ruft das oft Impulse wach, das eigene Verhalten zu verteidigen. Widerstände des Klienten sind generell ein Signal, die eigene Strategie zu ändern. Die Entscheidung, in die jeweils nächste Phase der Veränderung einzutreten, liegt beim Klienten, auch wenn das angesichts der Gefährdung des Ungeborenen schwer auszuhalten ist. Einerseits fördern Sie als SozialarbeiterIn das Selbstbestimmungsrecht Ihrer Klientinnen in Gesundheitsfragen, andererseits verstellt der Alkoholkonsum in der Schwangerschaft dem Ungeborenen Entfaltungsmöglichkeiten. Möglicherweise tritt die Klientin – angesichts der bestehenden Gefahren für das ungeborene Kind oder nach einem Gespräch mit dem Frauenarzt – in die Phase der *Absichtsbildung* ein, in der typischerweise gleichzeitig oder in raschem Wechsel Gründe auftreten, sich zu ändern, und Gründe, alles beim Alten zu lassen. In Gesprächszusammenfassungen der ersten beiden Motivationsphasen geht man besonders auf selbstmotivierende Äußerungen des Klienten ein, und bespricht die Ambivalenzen, das heißt, sowohl die Aspekte, die das problematische Verhalten attraktiv erscheinen lassen, als auch die Beobachtungen zu den Risiken und Problemen des Trinkverhaltens, insbesondere natürlich im Hinblick auf das Wohl des ungeborenen Kindes. Man fasst dann noch einmal alle Hinweise auf Veränderungswünsche und -absichten zusammen und gibt eine eigene Einschätzung derjenigen Aspekte, in denen man mit den Sorgen des Klienten übereinstimmt. Miller und Rollnick (1999) unterteilen selbstmotivierende Aussagen in vier Kategorien: Das Problembewusstsein, die Besorgnis über Probleme, direkte oder indirekte Veränderungsabsichten und Zuversicht im Hinblick auf Veränderung. All diese selbstmotivierenden Aussagen der Klienten werden im gesamten Gesprächsverlauf mit besonderer Aufmerksamkeit verfolgt, hervorgehoben und in den Gesprächszusammenfassungen noch einmal aufgegriffen. Geht der Klient von der Absichtslosigkeit zur Absichtsbildung über, gibt man gezielte und detaillierte Informationen zum Suchthilfesystem. Hierbei sind natürlich gute Vernetzungen im Hilfesystem und Kontakte zur örtlichen Suchtberatungsstelle und Selbsthilfeorganisationen ausgesprochen förderlich. Man unterstützt immer wieder die selbstmotivierenden Äußerungen und begleitet den Klienten, insbesondere, wenn es zum Übergang in die Phase der *Vorbereitung* (zur Handlung) kommt, bei der Differenzierung der eigenen Ziele und der Planung der jeweils nahe liegenden Schritte. In der Phase der Handlungsvorbereitung und bei der nun folgenden Phase der *Umsetzung* unterstützt man die konkrete Inanspruchnahme des Suchthilfesystems, z.B. begleitet man die Frau zur Suchtberatungsstelle oder zu Selbsthilfegruppen. Im weiteren Verlauf gibt man immer wieder positive Rückmeldung, hebt die bisherigen Therapieerfolge hervor und thematisiert die Inanspruchnahme des Suchthilfesystems. Sollte ein *Rückfall* auftreten, unterstützt man die Klientin, diesen als „Vorfall" zu sehen und möglichst bald wieder den Weg in das Suchthilfesystem zu finden.

1.3 Die Bedeutung der frühen Kindheit für die psychische Gesundheit

Säuglinge sind von Geburt an auf andere Menschen bezogen, sie stehen bereits sehr früh in intensiven Wechselbeziehungen mit ihren wesentlichen Bezugspersonen, in denen die Mutter oder der Vater und das Kind sich einander zuwenden, die Aufmerksamkeit aufeinander richten, sich berühren, Laute äußern und ihre Grundstimmungen miteinander teilen. Die psychische Gesundheit wird gefördert, wenn Kinder von Anfang auf ihre Äußerungen und Initiativen abgestimmte Antworten erfahren. So lernen sie schon lange vor der Entwicklung einer differenzierten Sprache, dass sie auf dieser Welt nicht alleine sind und dass sie anderen Menschen vertrauen können. Durch das aus gelingenden, wohlwollenden und freundlichen Wechselbeziehungen entstehende Urvertrauen entwickelt sich ein elementares Selbstvertrauen, das Gefühl, das Zentrum der eigenen Initiativen und Wahrnehmungen zu sein. In der psychologischen Fachliteratur werden *feinfühlige Eltern* als Eltern beschrieben, die die Signale des Säuglings wahrnehmen, richtig interpretieren und auf diese Botschaften prompt und angemessen reagieren (Grossman & Grossmann 2003). Feinfühlige und zuverlässige Eltern unterstützen die Fähigkeit des Säuglings, sich zu binden und sich auf andere Menschen zu beziehen, wie Bowlby und Ainsworth in ihren Forschungen zur Bindungstheorie zeigen konnten. Sicher gebundene Kinder vertrauen ihren Bezugspersonen, erkunden unbeschwert ihre Umwelt und lassen sich von den Hauptbezugspersonen in schwierigen Situationen beruhigen. In der frühen Mutter-Kind-Dyade spielen Feinfühligkeit, Aufmerksamkeit und Blickkontakt und die wechselseitige Wahrnehmung der Stimmungen eine ganz wichtige Rolle. Das kleine Kind ist darauf angewiesen, bei negativen Affekten getröstet zu werden; Fehlabstimmungen können in der Beziehung durch neue Interaktionen „repariert" werden, Eltern müssen nicht perfekt sein.

Erhalten Säuglinge und Kleinkinder jedoch keine „genügend gute" emotionale Fürsorge und Aufmerksamkeit, entsteht eine mangelhafte Entwicklung der Stress- und Emotionsregulation, die Fähigkeit, soziale Beziehungen einzugehen, wird beeinträchtigt, es entstehen kognitive Defizite bei der Verarbeitung sozialer und emotionaler Informationen, auch können Störungen im Körperbild entstehen, die eine Grundlage für spätere Essstörungen bilden können. Die Qualität der frühen Eltern-Kind-Beziehung lässt sich diagnostisch mit dem von Patricia McKinsey Crittenden entwickelten *CARE Index* bereits im ersten Lebensjahr von geschulten Therapeuten einschätzen. Hierbei werden wenige Minuten dauernde Videoaufnahmen einer typischen Eltern-Kind-Interaktion systematisch ausgewertet. Man beobachtet – sowohl beim Kind als auch beim Elternteil – den Gesichtsausdruck, die Sprache, den Körperkontakt, den (authentischen) Ausdruck der Gefühle, das sich Abwechseln bei Initiativen, die Kontrolle über die Initiativen und die Frage, ob die Aktivitäten dem Entwicklungsstand des Kindes entsprechen. Hieraus ergeben sich dann sieben Skalen: Bei den Eltern werden einerseits die Feinfühligkeit, und andererseits Tendenzen zu kontrollieren und Tendenzen, kindliche Signale unbeantwortet zu lassen, eingeschätzt. In Bezug auf die Säuglinge/Kleinkinder werden einerseits die Bereitschaft zu kooperieren oder andererseits eher schwierige Verhaltensweisen klassifiziert, auch Impulsivität oder im Gegenzug Passivität des Kindes spielen eine wichtige Rolle (Crittenden 2005). Jüngere Forschungsergebnisse konnten aufzeigen, dass die Qualität der frühen Eltern-Kind-Beziehung einen wichtigen Vorhersagewert hat und dass es möglich ist, bereits im 1. Lebensjahr Risikokonstellationen zu identifizieren, um rechtzeitig eine ausführliche Diagnostik und gegebenenfalls stützende Interventionen anbieten zu können.

Zwischen dem 9. und dem 12. Lebensmonat vollzieht sich Tomasello (2006) zufolge ein ganz entscheidender Entwicklungsschritt, der sich nur beim Menschen, nicht aber bei Primaten und anderen Säugetieren zeigt und der eine wesentliche Grundlage für die sprachliche und kulturelle Entwicklung darstellt: Die Kleinkinder beginnen zu verstehen, dass andere Personen intentionale Akteure wie sie selber sind. Intentionale Akteure sind Lebewesen mit Zielen, sie treffen eine aktive Wahl zwischen Verhaltensweisen und richten ihre Aufmerksamkeit gezielt auf die für sie wichtigen Aspekte. Die Kleinkinder prüfen jetzt aktiv, worauf die Bezugspersonen ihre Aufmerksamkeit richten. In der weiteren Entwicklung folgen sie dem Aufmerksamkeitsfokus ihrer Bezugsperson und versuchen die Aufmerksamkeit der Bezugsperson auf etwas für sie selbst Bedeutsames zu lenken. Situationen *gemeinsamer Aufmerksamkeit* bilden die Grundlage einer sozial geteilten Wirklichkeit und des Spracherwerbs. Da die Kinder sich in andere Menschen und ihre Ziele hineinversetzen, zeigen sie bereits im 2. Lebensjahr eine natürliche Hilfsbereitschaft, diese wird nicht durch Belohnungen hervorgerufen oder verstärkt, im Gegenteil, Belohnungen scheinen diese intrinsische Hilfsbereitschaft eher zu untergraben (Tomasello 2010).

Diese kurzen Ausführungen machen deutlich, wie wichtig die freundliche, aufmerksame Zuwendung konstanter Bezugspersonen, die die Initiativen des Kindes verstehen und beantworten, für die emotionale und geistige Entwicklung eines Kindes ist. Diese Zuwendung kann nicht durch Medien ersetzt werden. Jedoch sind manche Eltern durch schwere psychosoziale Konflikte, Notlagen oder eigene Erkrankungen und Mangelerfahrungen in ihrer eigenen Kindheit nur begrenzt in der Lage, sich auf ihre Kinder einzulassen; darüber hinaus können Probleme bei der praktischen Fürsorge für die Kinder (Ernährung, Sicherheit, Tagesstruktur) und bei der Gesundheitssorge auftreten, auch kann es zu Übergriffen durch die Menschen kommen, von denen die kleinen Kinder elementar abhängig sind – im Säuglingsalter ist hier insbesondere das für kleine Kinder hochgefährliche *Schütteln* zu erwähnen. Säuglinge haben im Vergleich zum Körper einen schweren Kopf und die Haltemuskulatur des Kopfes ist noch nicht voll entwickelt. Durch das Schütteln entstehen Dehnungen insbesondere im verlängerten Rückenmark (in der Medulla oblongata) und Blutungen im Gehirn, die tödlich enden können. Man geht von 100–200 Todesfällen in Deutschland pro Jahr durch Schütteltraumen aus, besonders gefährdet sind Schreibabys (s. u.), behinderte Kinder und Kinder von Eltern, die zu Gewalt oder Suchtmittelmissbrauch neigen. Mehr als die Hälfte der Teenager und jungen Erwachsenen weiß nichts von der besonderen Gefährlichkeit des Schüttelns.

Allgemein führen wiederholte oder starke *Traumatisierungen* (emotionale oder körperliche Verletzungen) in der frühen Kindheit – neben möglichen weiteren körperlichen und seelischen Folgeschäden – zu dauerhaften Veränderungen der Gehirnentwicklung: Hiervon sind besonders die Mandelkerne, der Hippocampus und der präfrontale Cortex betroffen: Die Mandelkerne (Amygdala, Bestandteil des sogenannten Limbischen Systems) verknüpfen die Sinneseindrücke und wahrgenommenen Einzelereignisse mit emotionalen Bewertungen, der Hippocampus kontextualisiert diese durch Abstimmung mit bestehenden Informationen und überführt sie in ein semantisch-sprachliches Gedächtnis (Verknüpfung zum Großhirn), der Präfrontale Cortex (der vordere Bereich des Großhirns) verarbeitet die Eindrücke weiter. Er wird als oberstes Kontrollzentrum für eine situationsangemessene Handlungssteuerung angesehen und ist an der Regulation emotionaler Prozesse beteiligt. Durch frühe Traumatisierungen können überwältigende emotionale Reaktionen eine besonders intensive Amygdalaaktivierung auslösen und weniger gefiltert den Hippocampus passieren; dies kann zu heftigen, wiederkehrenden Angstreaktionen führen, insbesondere in Situationen, in denen ein Teilaspekt (ein Geräusch, ein visueller Eindruck, ein Geruch ...) an die ursprüngliche traumatisierende Situation erinnert. Es entstehen erhöhte Stresshormonspiegel und dauerhafte Alarmreaktionen. Schwerste Traumatisierungen führen zu Erstarrung, Unterwerfung und Dissoziation. Bei der Dissoziation können unbewältigbare Erlebnisse nicht in die Erinnerungen integriert werden. Es entstehen abgespaltene Persönlichkeitsanteile.

Um Kinder durch eine möglichst wirksame Vernetzung von Hilfen des Gesundheitswesens und der Kinder- und Jugendhilfe früher und besser vor Gefährdungen zu schützen und die Erreichbarkeit von Risikogruppen zu verbessern, nahm 2007 das *Nationale Zentrum Frühe Hilfen* (NZFH) seine Arbeit auf (Internetquelle 19). Es stellt eine Wissensplattform bereit, betreibt Öffentlichkeitsarbeit und unterstützt Akteure, Wissenschaftler und Entscheidungsträger bei der Weiterentwicklung vorhandener Ansätze.

1.4 Das Netzwerk Gesunde Kinder

In den letzten Jahren sind vielerorts neue Initiativen für frühe Hilfen entstanden. Um frühe Hilfen an Familien in prekären Situationen heranzutragen, ist es wichtig, zusätzlich zu den Hausbesuchen der Hebammen und den kinderärztlichen Früherkennungsuntersuchungen niedrigschwellig Kontakte herzustellen. Beim „Netzwerk Gesunde Kinder" im Land Brandenburg bildet der Einsatz ehrenamtlicher *Familienpaten*, die fast alle selber bereits Kinder haben, das Kernstück des Projektes. Allen jungen Familien wird die Teilnahme am Projekt auf freiwilliger Basis angeboten, so wird niemand als Problemfamilie stigmatisiert. Die ehrenamtlichen Helfer suchen dann die Familien zu Hause auf, bringen Begrüßungsgeschenke mit und können für die jungen Familien Begleiter, Vertraute und Ratgeber in allen Alltagsbelangen sein, die den Eltern für das Zusammenleben mit ihrem Kind wichtig erscheinen. Darüber hinaus sollen sie die Familien über die zur Verfügung stehenden staatlichen, kommunalen und projektbezogenen Unterstützungen informieren, auf die Inanspruchnahme von empfohlenen gesundheitsvorbeugenden und ggf. auch therapeutischen Maßnahmen (z.B. Vorsorgeuntersuchungen, Schutzimpfungen) hinwirken und bei Bedarf die Eltern zum Aufsuchen professioneller Helfer ermutigen.

Die *Früherkennungsuntersuchungen* U1 bis U9 sowie J1 und die empfohlenen Impfungen sind ein wichtiger Baustein zur gesunden kindlichen Entwicklung. Wegen der gewaltigen Entwicklungsschritte in den ersten Lebensjahren ist wichtig, dass bei den „U"-Untersuchungen der allgemeine Gesundheitszustand und die altersgemäße Entwicklung eines Kindes regelmäßig ärztlich überprüft werden. So können mögliche Probleme oder Auffälligkeiten frühzeitig erkannt und behandelt werden, zusätzlich können bei dieser Gelegenheit auch die notwendigen Impfungen besprochen und gegebenenfalls weitere Termine vereinbart werden; allerdings machen Kinderärzte darauf aufmerksam, dass die Inhalte dieser Untersuchungen reformbedürftig sind und man sich von der Früherkennung zu einer ganzheitlichen Vorsorge weiterentwickeln sollte. Für die Prävention psychischer Gesundheitsstörungen wäre – wie die Ausführungen zur Bedeutung der frühen Kindheit im vorherigen Kapitel zeigen – in diesem Zusammenhang eine systematischere Beobachtung der Eltern-Kind-Beziehung von großer Bedeutung. (Details zu den aktuellen Vorsorgeuntersuchungen und Impfungen finden Sie z. B. beim Bundesministerium für Gesundheit: Internetquelle 20).

SozialarbeiterInnen übernehmen im Netzwerk Gesunde Kinder – gemeinsam mit Ärzten, Hebammen und Psychologen – Aufgaben bei der Gewinnung, Auswahl, Schulung und Begleitung der Paten. Wichtige Schulungsthemen für die Paten sind hierbei neben der Einführung in die Rechte und Pflichten des Projektes: Gesprächsführung, Impfungen und Vorsorgeuntersuchungen, häusliche Gewalt, Elterngeld und finanzielle Ansprüche, die Signale und die Kommunikation des Säuglings, Entwicklung in den ersten 3 Lebensjahren, Kinderkrankheiten, Unfallverhütung, Säuglingspflege und Ernährung. Nach den Erstschulungen erhalten die Paten in regelmäßigen Gruppentreffen Supervision und weitere Fortbildungsangebote.

1.5 Frühe Regulationsstörungen und Hilfen für Eltern von Säuglingen

Nach der Geburt müssen die Biorhythmen des Säuglings neu synchronisiert und überformt werden, hierbei wirkt die Hauptbezugsperson als Koordinatorin der kindlichen Rhythmen; in der Wechselbeziehung mit ihr beginnt der Säugling, sein körperliches Milieu und seine Affekte zu regulieren. Dieser Prozess ist störanfällig, so dass manche Säuglinge nicht zur Ruhe kommen und als sogenannte Schreibabys ihre Eltern in ständige Alarmbereitschaft versetzen. Hier entsteht die Gefahr einer negativen Stressspirale zwischen Eltern und Kindern, die sich bei den Säuglingen insbesondere durch folgende Störungen bemerkbar macht:

- Exzessives Schreien (Beginn meist um die zweite Woche, durchschnittlich mehr als drei Stunden täglich an mindestens drei Tagen in der Woche über mindestens drei Wochen)
- Probleme der Schlaf-Wach-Regulation
- Dysphorische (missgestimmte) Unruhe und Spielunlust
- Fütter- und Gedeihstörungen.

Und im weiteren Verlauf durch

- Exzessives Klammern (Ängstlichkeit, Rückzug und/oder abnorme Trennungsreaktionen)
- Exzessives Trotzen (Grenzsetzungskonflikte)
- Aggressives/oppositionelles Verhalten.

Insbesondere das exzessive Schreien und der gestörte Schlafrhythmus versetzen dabei die Eltern in einen chronischen Erschöpfungszustand. Durch das Schlafdefizit der Eltern potenzieren sich bereits vorher bestehende Belastungen, intuitive elterliche Kompetenzen werden noch mehr verunsichert, und den Eltern gelingt immer seltener eine unbeschwerte spielerische Kommunikation und Interaktion mit dem Säugling. Häufig verschlimmern die Eltern den Zustand, indem sie immer mehr unternehmen, um den Säugling zu beruhigen, bis das Kind völlig überstimuliert ist. Der Traum von Mutter- und Vaterglück droht zu zerplatzen und stürzt die Eltern in heftige Selbstzweifel. Partnerkonflikte verstärken sich und Aggressionen gegen das Kind entstehen, die bis zur Kindesmisshandlung führen können.

Bei derartigen Problemen kommen ganz unterschiedliche körperliche (organische) und psychosoziale Ursachen zusammen, man sollte also nicht vorschnell eine einzige Ursache verantwortlich machen, sondern bei anhaltenden Regulationsstörungen eine ausführliche interdisziplinäre Diagnostik z.b. in sogenannten Schreibabysprechstunden oder Sozialpädiatrischen Zentren veranlassen. Um die Fülle der in Frage kommenden ursächlichen Bedingungen deutlich zu machen, sei an dieser Stelle das Risikogefüge im Überblick dargestellt. Hierbei bedeutet pränatal: vor der Geburt, perinatal: im Zusammenhang mit der Geburt und postnatal: nach der Geburt:

Die körperlichen Aspekte des Risikogefüges für frühe Regulationsstörungen:

- *Pränatal:* z.B. Schwangerschaftskomplikationen (z.B. vorzeitige Wehen und deren Behandlung), Nikotin- und Alkoholkonsum während der Schwangerschaft, Mehrlingsschwangerschaft, Entstehung der Schwangerschaft im Zusammenhang mit einer Infertilitätsbehandlung (Behandlung eines Paares bei Unfruchtbarkeit)
- *Perinatal:* Früh- oder Mangelgeburt, Kaiserschnitt/Zangengeburt, Geburtskomplikationen
- *Postnatal:* z.B. Atopie (erblich bedingte Neigung zu allergischen Reaktionen), Verdauungsprobleme und Nahrungsunverträglichkeiten, wiederkehrende Infektionskrankheiten, Krankenhausaufenthalte des Säuglings, Entwicklungsstörungen und Behinderungen.

Psychosoziale Aspekte des Risikogefüges

- *Pränatal:* abnorme Stressbelastungen, Ängste, Depressionen, verletztes Selbstwertgefühl, ausgeprägte Partnerkonflikte, unerwünschte Schwangerschaft, Belastungen in der eigenen Kindheit der Eltern
- *Perinatal:* als traumatisierend erlebte Geburt, frühe Trennung von Mutter und Neugeborenem
- *Postnatal:* Paarkonflikte, psychische Störung (z.B. die nicht selten auftretende Wochenbettdepression) oder Traumatisierung der Mutter, Konflikte mit den Herkunftsfamilien der Eltern, mangelnde intuitive elterliche Kompetenzen und Störungen der Eltern-Kind-Interaktion, soziale Isolation, sozioökonomische Belastung (Armut), Rollenkonflikte, chronische Belastungen oder körperliche Krankheiten der Mutter

(Wurmser & Papousek 2004; Ziegenhain et al. 2006).

Wegen der Fülle der in Frage kommenden Risikofaktoren liegen die Hilfsmöglichkeiten für die Eltern mit ihren Säuglingen in sehr verschiedenen Bereichen. Für SozialarbeiterInnen, die mit jungen Familien arbeiten, ist es daher von großer Bedeutung, gut vernetzt zu sein und die anderen Anlaufstellen zu kennen. SozialpädagogInnen selber unterstützen die Familien beispielsweise in Stadtteilfamilienzentren, bieten dort Elternbildung an und betreuen oder initiieren Still- und Krabbelgruppen, sie schulen und begleiten Familienpaten oder beraten Eltern in Erziehungsberatungs- und Frühförderstellen. Entwicklungspsychologische Beratung unterstützt die Eltern, feinfühliger mit ihrem Säugling umzugehen, das heißt, seine Signale wahrzunehmen, richtig zu deuten und prompt und angemessen zu reagieren. Hierbei werden manchmal Videoaufnahmen eingesetzt, um insbesondere gelingende Interaktionen zu stärken. In einem so sensiblem Bereich wie der Eltern-Kind-Beziehung ist es besonders wichtig, Stärken-orientiert und wertschätzend vorzugehen, um die Eltern nicht noch weiter zu verunsichern.

Bei den Hilfsmöglichkeiten für junge Familien sind in Deutschland sehr unterschiedliche Kostenträger zuständig, die sich an unterschiedlichen Rechtsgrundlagen ausrichten, was für die Klienten nicht immer leicht zu überblicken ist und für die beteiligten Fachkräfte dazu führt, dass das Hilfesystem nicht notwendigerweise am Hilfebedarf der Familie, sondern nach den Zuständigkeiten der verschiedenen Ressorts (z.B. Jugendhilfe, Schule, Behindertenhilfe und Gesundheitswesen) gegliedert ist.

Eine gesetzliche Grundlage für die Elternbildung und Beratung findet sich im SGB VIII (Kinder- und Jugendhilfe), das bedeutet, dass die Landkreise und kreisfreien Städte derartige Angebote vorhalten. Hier heißt es in § 16 zur Allgemeinen Förderung der Erziehung in der Familie:

„(1) Müttern, Vätern, anderen Erziehungsberechtigten und jungen Menschen sollen Leistungen der allgemeinen Förderung der Erziehung in der Familie angeboten werden. Sie sollen dazu beitragen, dass Mütter, Väter und andere Erziehungsberechtigte ihre Erziehungsverantwortung besser wahrnehmen können. Sie sollen auch Wege aufzeigen, wie Konfliktsituationen in der Familie gewaltfrei gelöst werden können.
(2) Leistungen zur Förderung der Erziehung in der Familie sind insbesondere
1. Angebote der Familienbildung, die auf Bedürfnisse und Interessen sowie auf Erfahrungen von Familien in unterschiedlichen Lebenslagen und Erziehungssituationen eingehen, die Familie zur Mitarbeit in Erziehungseinrichtungen und in Formen der Selbst- und Nachbarschaftshilfe besser befähigen sowie junge Menschen auf Ehe, Partnerschaft und das Zusammenleben mit Kindern vorbereiten,
2. Angebote der Beratung in allgemeinen Fragen der Erziehung und Entwicklung junger Menschen,
3. Angebote der Familienfreizeit und der Familienerholung, insbesondere in belastenden Familiensituationen, die bei Bedarf die erzieherische Betreuung der Kinder einschließen."

Allerdings reichen Bildungs- und Beratungsangebote alleine nicht immer aus, wenn erhebliche psychosoziale Konflikte und sozioökonomische Notlagen bestehen.

So sind SozialarbeiterInnen nach einem Hilfeplan (§ 36 SGB VIII) durch das Jugendamt auch als Sozialpädagogische Familienhilfe direkt in den Familien tätig. Sie rekrutieren und beraten Pflegeeltern, wenn die Eltern selber mit der Erziehung so überfordert sind, dass ein Säugling zeitweilig oder dauerhaft aus der Familie herausgenommen werden muss, und sie treffen als Fachkräfte des Jugendamtes Entscheidungen über den Verbleib der Kinder bei ihren Eltern im Rahmen von möglichen Kindeswohlgefährdungen. Sehr junge, alleinstehende Mütter können in betreuten Wohngruppen Unterstützung finden.

Bei Krankheiten der Eltern oder des Kindes ist die gesetzliche Krankenversicherung (*SGB V*) sowohl für die Finanzierung von Untersuchungs- und Behandlungsmaßnahmen in Arztpraxen, Institutsambulanzen und Krankenhäusern als auch für notwendige Vorsorgeleistungen zuständig, ausdrückliche Erwähnung finden hier auch Einrichtungen des Müttergenesungswerks oder gleichartige Einrichtungen, wo Mutter- bzw. Vater-Kind-Kuren durchgeführt werden können.

Bei behinderten oder von Behinderung bedrohten Kindern greift wiederum das *SGB IX* (Rehabilitation und Teilhabe behinderter Menschen): Hier bezieht sich § 30 insbesondere auf die Früherkennung und *Frühförderung* und erwähnt ausdrücklich nichtärztliche therapeutische, psychologische, heilpädagogische, sonderpädagogische, psychosoziale Leistungen und die Beratung der Erziehungsberechtigten durch interdisziplinäre Frühförderstellen. Bei der Zuständigkeit mehrerer Kostenträger sollten zur Abrechnung gemeinsame Empfehlungen vereinbart werden, so dass die jungen Familien nicht von einem Kostenträger an den anderen verwiesen werden. Zu diesen Empfehlungen ist es allerdings auf Bundesebene nicht gekommen, so dass eine Frühförderverordnung in Kraft getreten ist. Frühförderung ist Vorsorge. Die Behandlung, die in Frühförderstellen oder durch mobile, aufsuchende Dienste erbracht wird, ist für die Eltern kostenfrei. Frühförderung wird als so genannte Komplexleistung erbracht. Sie umfasst zwei Leistungskomponenten: Die Leistungen zur medizinischen Rehabilitation und die heilpädagogischen Leistungen. Die Kosten für medizinische Maßnahmen werden nach Verordnung durch den Arzt von den Krankenkassen (auf der Grundlage des SGB V) übernommen. Für die heilpädagogischen Maßnahmen kommen die örtlichen Sozialhilfeträger (*SGB XII*) auf, bei seelisch behinderten Kindern greift darüber hinaus das SGB VIII. Gemeinsam mit den Eltern erstellen die Mitarbeiter der Frühfördereinrichtung einen Förder- und Behandlungsplan. Darin werden die einzelnen medizinischen und heilpädagogischen Leistungen individuell fixiert. Der Behandlungsplan wird den Kostenträgern zusammen mit einem Antrag vorgelegt. Diese entscheiden in der Regel innerhalb von 14 Tagen über die Bewilligung der Komplexleistung. Bei den Angeboten der Frühförderung gibt es unterschiedliche Organisationsformen: Sie arbeiten in der Regel sowohl ambulant als auch mobil, vor allem in den neuen Bundesländern sind sie oft an Kindergärten, Tagesstätten oder Schulen angesiedelt. Frühförderung wird auch an Sozialpädiatrischen Zentren angeboten, dies sind ärztlich geleitete ambulante interdisziplinäre Einrichtungen zur diagnostischen Abklärung, Behandlung und Rehabilitation. Manche Frühförderungsangebote sind auf bestimmte Zielgruppen spezialisiert (z. B. Kinder mit autistischen Verhaltensweisen oder bewegungsgestörte Kinder).

Anstelle von Dienst- oder Sachleistungen, auf die ein rechtlicher Anspruch besteht, können die Leistungsempfänger auch eine selbst zu verwaltende Geldleistung wählen: das Persönliche Budget. Es sind also keine zusätzlichen Leistungen.

Auch Kindern steht ein Persönliches Budget zu. Da sie aber noch nicht volljährig sind, müssen es die Eltern stellvertretend beantragen und verwalten.

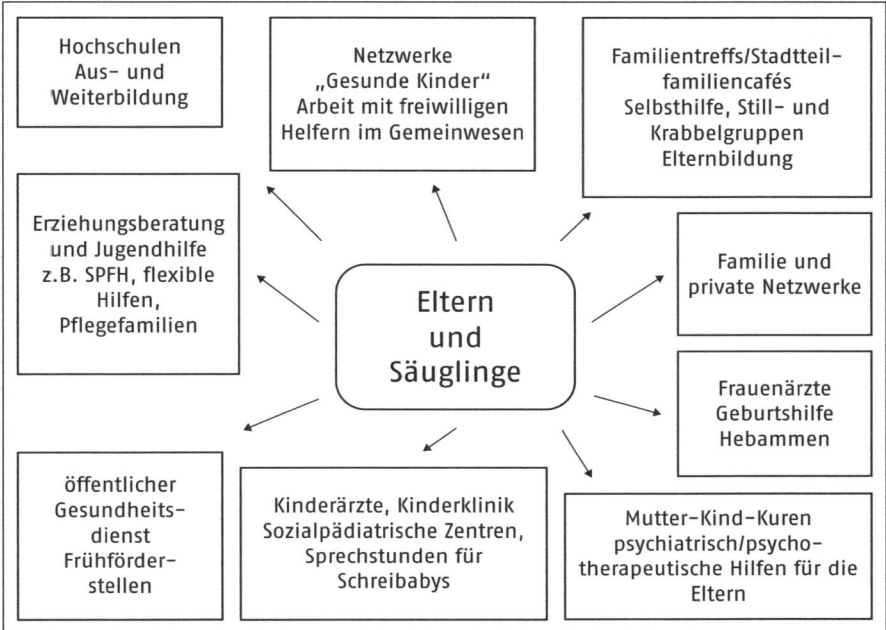

Abb. 3: Hilfen und Unterstützung für Eltern und Säuglinge

Exkurs: Frühförderung konkret am Beispiel gehörloser Kinder

Die Sprachentwicklung eines jeden Kindes beginnt nicht mit dem ersten Wort, sondern mit vielen Entwicklungsschritten. Miteinander zu kommunizieren bedeutet im ersten Lebensjahr vor allem sich anzuschauen, verschiedene Gesichtsausdrücke zu zeigen, sich zu berühren und sich kennen zu lernen. Wichtig ist, dass es den Eltern um den ersten Geburtstag ihres Kindes herum gelingt, in der Interaktion mit dem Kind die Aufmerksamkeit auf dasselbe zu richten. Im Spiel und in der Kommunikation geht es darum, sich abzuwechseln. Für gehörlose Kinder ist es daher nicht nur von Bedeutung, dass die medizinischen Behandlungsmöglichkeiten (z. B. der Einsatz eines Cochlea-Implantates) abgeklärt werden, sondern auch, dass die Eltern und weitere Bezugspersonen bezüglich der speziellen Kommunikationschancen mit ihrem Kind von Anfang an beraten und begleitet werden und dass durch Fachkräfte einerseits z. B. die Mundmotorik und Lautbildung des Kindes gezielt gefördert wird und dass andererseits manche Übungen in das häusliche Spiel integriert werden. Zugleich werden die Bezugspersonen und die Kinder beim Erwerb der Gebärdensprache geschult (siehe auch Internetquelle 29). Die Frühförderstellen nehmen daher sehr unterschiedliche Aufgaben wahr:

- Öffentlichkeitsarbeit: z. B. Aufklärung der Bevölkerung über Unterstützungsmöglichkeiten für Gehörlose
- Kontaktaufnahme zu den Eltern und den Kindern (Erstgespräch), Information und Beratung
- Pädagogische Förderung und medizinisch und psychologische Therapie der Kinder
- Stärkung der Autonomie der betroffenen Kinder und ihrer Angehörigen, Empowerment
- Zusammenarbeit mit anderen Einrichtungen (z. B. Kindergärten, Schulen, Sportvereine) und Koordination von Hilfen, Förderung der Integration der betroffenen Kinder.

Gut zu wissen – gut zu merken

Schwangerschaft und frühe Kindheit sind für die Gesundheitsarbeit enorm *wichtige* Lebensabschnitte. Das fetale Alkoholsyndrom ist hierzulande die häufigste Einzelursache für geistige Behinderung und stellt eine wichtige Herausforderung für die Soziale Arbeit dar. Elterliche Überforderungssituationen können im Umgang mit Säuglingen aus sehr unterschiedlichen körperlichen, psychologischen oder sozialen Konstellationen heraus entstehen. Öffentlichkeitsarbeit, Familientreffpunkte im Stadtteil, Elternbildung und aufsuchende niedrigschwellige Hilfs- und Unterstützungsangebote für junge Familien (z. B. Familienpaten) können hier dazu beitragen, dass die Eltern-Kind-Bindung gestärkt wird und bei Bedarf spezifische Hilfen (z. B. Schreibabysprechstunden, Frühförderung oder Sozialpädagogische Familienhilfe) tatsächlich rechtzeitig in Anspruch genommen werden können. Da frühe Traumatisierungen zu lebenslangen biologischen und psychologischen Folgen führen können, gilt es, früh aufmerksam zu werden und koordinierte, wirksame Hilfen anzubieten und bei Kindeswohlgefährdungen entschlossen tätig zu werden.

Weiterführende Literatur

Miller, W. & Rollnick, S. (1999): Motivierende Gesprächsführung. Ein Konzept zur Beratung von Menschen mit Suchtproblemen. Freiburg

Thomsen, A., Michalowski, G., Landeck, G. & Lepke, K. (2012): FASD – Fetale Alkoholspektrumstörungen. Idstein

Papousek, M., Schieche, M. & Wurmser, H. (2004): Regulationsstörungen der frühen Kindheit. Bern

Ziegenhain, U., Fries, M., Bütow, B. & Derksen, B. (2006): Entwicklungspsychologische Beratung für junge Eltern. Weinheim und München

2 Gesundheitsorientierte Sozialarbeit mit Kindern und Jugendlichen – ausgewählte Beispiele mit dem Fokus der Krankheitsprävention

Was Sie in diesem Kapitel lernen können

Vorbeugendes Handeln erfordert einerseits, die Perspektiven der Zielgruppe zu verstehen, ihre Lebenswelt zu kennen und Betroffene einzubeziehen, und andererseits ein Wissen um die Entstehungsbedingungen wichtiger Störungsbilder. In diesem Kapitel werden stoffgebundene Abhängigkeiten, Essstörungen, Allergien und Infektionskrankheiten in ihren Entstehungsbedingungen analysiert, um dann an ausgewählten Beispielen Lebenswelt- und Setting-orientierte Präventionsmöglichkeiten und Interventionen der Sozialen Arbeit aufzuzeigen.

2.1 Suchtprävention

Krankheitsprävention geht von epidemiologischen Erkenntnissen aus und versucht dann, durch gezielte Maßnahmen die Entstehungsbedingungen von Krankheiten und ihre Verbreitung zu beeinflussen. Daher werden vor der Darstellung von Leitkonzepten der Suchtprävention und konkreten suchtpräventiven Maßnahmen zunächst einige Aspekte der Verbreitung der stoffgebundenen Abhängigkeit und im weiteren Verlauf einige grundlegende Definitionen dargestellt. Was bedeuten die Begriffe „Abhängigkeit" und „riskanter Konsum", und welche Verbreitung haben abhängige und riskante Konsummuster?

Auch einige der Folgekapitel dieses Buches befassen sich jeweils mit den Bedingungsgefügen, die zu häufigen Krankheits- und Störungsbildern führen, und thematisieren in diesem Zusammenhang auch medizinische Grundlagen. Dies soll Sie als angehende SozialarbeiterInnen in die Lage versetzen, rechtzeitig konkrete gesundheitliche Risiko- und Belastungssituationen zu identifizieren und die individuellen Entstehungsbedingungen und deren Rahmenbedingungen zu reflektieren. So können Sie gezielt Maßnahmen auf unterschiedlichen Interventionsebenen planen und ergreifen und Ihre Klienten in der Selbstsorge für ihre Gesundheit stärken.

Beim durchschnittlichen *Alkoholkonsum* liegt Deutschland mit schätzungsweise 12,14 l/Erwachsener auf Platz 28 der „Weltrangliste". Auf den vorderen Plätzen liegen auffallend viele osteuropäische Länder (Shield et al. 2011). Bei dieser Kalkulation wurde sowohl der verkaufte/versteuerte als auch der vermutete, aber nicht in den Verkaufsstatistiken erscheinende unregistrierte Konsum erfasst, und in typischen Urlaubsländern der vermutlich von Touristen konsumierte Verbrauch abgezogen.

In der Fachliteratur wird zwischen riskantem Konsum, schädlichem Gebrauch/ Missbrauch und Abhängigkeit unterschieden:

Riskanter Konsum bezieht sich auf den Konsum von beim Durchschnittsbürger gesundheitsschädigenden Mengen; beim Alkohol bedeutet dies, dass Erwachsene durchschnittlich pro Tag mehr als 2 alkoholische Getränke (Männer) oder mehr als 1 Glas (Frauen) zu sich nehmen. Ein Glas wäre z. B. 0,25–0,3 l Bier. Bei Jugendlichen wird der riskante Konsum neben der durchschnittlich konsumierten Menge an der Häufigkeit des sogenannten Binge Drinkings und an der Häufigkeit von Rauscherfahrungen festgemacht. Beim Binge Drinking werden mindestens fünf Gläser zu einer Gelegenheit konsumiert. Allerdings fehlt bislang eine einheitliche und verbindliche Definition des riskanten Alkoholkonsums bei Jugendlichen.

Zum Konsumverhalten Jugendlicher werden regelmäßig europaweit Vergleichsstudien durchgeführt: Bei der *ESPAD Studie* werden 9.- und 10.-Klässler befragt. Die aktuellen Ergebnisse kann man beim Institut für Therapieforschung (Internetquelle 21) oder direkt bei ESPAD (Internetquelle 23) nachlesen. 2011 wurden in dieser Studie Schüler aus Bayern, Berlin, Brandenburg, Mecklenburg-Vorpommern und Thüringen zu Tabak, Alkohol, Cannabis und anderen illegalen Drogen befragt: Hierbei zeigte sich beim Rauchverhalten eine insgesamt positive Tendenz hin zu niedrigeren Prävalenzzahlen; auch der riskante Alkoholkonsum und das Binge Drinking zeigen (nach einem deutlichen Anstieg zu Beginn diese Jahrtausends) seit 2007 – bei allerdings insgesamt starker Verbreitung – wieder eine leicht rückläufige Tendenz; beim Cannabis-Konsum gab es rückläufige Tendenzen zwischen 2003 und 2007, seit 2007 ist die Situation etwas uneinheitlich. Bei den anderen illegalen Drogen ist eine genaue Differenzierung zwischen den konsumierten Drogen und einzelnen Regionen erforderlich. Auch (nicht illegale) Schnüffelstoffe verdienen eine besondere Beachtung, insbesondere an Gesamtschulen.

Schädlicher Gebrauch (Missbrauch) und Abhängigkeit werden in international gebräuchlichen Klassifikationssystemen für Gesundheitsstörungen – z. B. im ICD 10 (Internetquelle 3) – definiert. Beim schädlichen Gebrauch ist eine Schädigung der physischen oder psychischen Gesundheit entstanden. *Schädlicher Gebrauch* bzw. Missbrauch wird am wiederholten Substanzkonsum trotz schädlicher Folgen festgemacht.

Beim *Abhängigkeitssyndrom* besteht

- ein starker Wunsch, die Substanz einzunehmen,
- Schwierigkeiten, den Konsum zu kontrollieren, und
- ein anhaltender Substanzgebrauch trotz schädlicher Folgen.
- Dem Substanzgebrauch wird Vorrang vor anderen Aktivitäten und Verpflichtungen gegeben.
- Es entwickelt sich eine Toleranzerhöhung (man benötigt mehr, um die gleiche Wirkung zu erreichen) und manchmal
- ein körperliches Entzugssyndrom (z. B. Unruhe, Zittern, Übelkeit).

Alternativ zum ICD 10 wird bei psychischen Erkrankungen häufig das Klassifikationssystem DSM IV (Textrevision) verwendet. Dieses steht gerade in der nächsten Revision zum DSM V. Die Abhängigkeitsdefinition des bisherigen DSM IV ähnelt der des ICD 10. In der neuen Version wird man jedoch nicht mehr zwischen Missbrauch (bzw. schädlichem Gebrauch) und Abhängigkeit unterscheiden, sondern von *Substanzgebrauchsstörungen* sprechen. Hierbei wird der Aspekt des wiederholten Substanzgebrauches trotz schädlicher Folgen noch genauer als im ICD 10 differenziert in:

- körperliche Gefährdungen,
- soziale bzw. zwischenmenschliche Probleme und
- die Vernachlässigung von Verpflichtungen bei der Arbeit, in der Schule oder zu Hause.

Weiterhin wird an Stelle des starken Wunsches, die Substanz einzunehmen, das Craving – das starke Verlangen bzw. der Drang, die Substanz zu konsumieren – in die Beurteilung aufgenommen.

Riskante Konsummuster und Nikotin-, Alkohol- und Medikamentenabhängigkeit sind in Deutschland weit verbreitet. 2008 gab es in Deutschland schätzungsweise 3,8 Millionen Nikotinabhängige, 1,3 Millionen Alkoholabhängige und 1,4 Millionen Medikamentenabhängige unter der 18–64-jährigen Bevölkerung (Internetquelle 21). Jährlich sterben in Deutschland mindestens 110 000 Menschen vorzeitig an den Folgen des Tabakkonsums, weitere 40 000 Menschen sterben an den Folgen schädlichen Alkoholkonsums, und etwa 1300 Todesfälle im Jahr geschehen in Folge illegalen Drogenmissbrauchs (Internetquelle 22). Neuere, in der Zeitschrift SUCHT 2011 publizierte Zahlen gehen sogar von knapp 50 000 Todesfällen durch Alkoholfolgen (5,5 % der Gesamtsterblichkeit) aus. Aufgrund dieser hohen Verbreitung von Suchtproblemen in der Bevölkerung hat das vorbeugende Handeln, die Suchtprävention, einen besonderen Stellenwert. Bezüglich des Rauchens scheinen sich erste Wirkungen zu zeigen: Insbesondere bei Männern ist der Anteil der Raucher und der Anteil der starken Raucher rückläufig, bei Frauen überlagern sich zwei Trends: Einerseits werden die Geschlechtsunterschiede in Bezug auf Tabak- und Alkoholkonsum geringer, hierdurch kommt es zu Zunahmen bei Konsum und Abhängigkeit, andererseits gibt es in der Bevölkerung rückläufige Trends, das Rauchen bei Jugendlichen wird „uncooler". Der Alkoholkonsum ist langfristig leicht rückläufig, allerdings hat das Rauschtrinken bei Jugendlichen und jungen Erwachsenen zugenommen, bei wiederum leicht rückläufigen Trends in jüngster Zeit, letzteres jedoch nicht in allen Regionen gleichermaßen. Es gibt ländliche Regionen, die insbesondere durch eine deutliche Zunahme beim Rauschtrinken von Mädchen aufgefallen sind.

Während sich der Begriff „Gesundheitsförderung" – wie im ersten Kapitel dargelegt – besonders deutlich auf die Verbesserung von Lebenskompetenzen und die Stärkung von Ressourcen bezieht, zielt der Begriff „*Prävention*" eher auf die Vermeidung und Verringerung definierter Gesundheitsschädigungen und Risiken ab. Allerdings ist die Abgrenzung nicht wirklich eindeutig. Man unterscheidet bei der Prävention zwei unterschiedliche Ansätze: *Verhaltensprävention* ist personenorientiert: Sie setzt bei der Beeinflussung von Einstellungen, Kompetenzen und Verhaltensweisen einzelner Menschen bzw. Gruppen an. Hierbei sollten die Zielgruppen in ihren Lebenswelten angesprochen werden: Das bedeutet, Kinder und Jugendliche in Kindertagesstätten, Schulen, Familien und Freizeitangeboten zu erreichen. Demgegenüber ist *Verhältnisprävention* systemorientiert: Sie setzt bei der Beeinflussung sozialer, kultureller, rechtlicher und ökonomische Bedingungen des (problematischen) Substanzkonsums an. Hierbei unterscheidet man Strategien der Nachfragereduktion von Strategien der Angebotsreduktion: Beispielsweise wird sich eine erhebliche Verteuerung durch zusätzliche Steuern auf die Nachfrage auswirken, während sich Verbote und Einschränkungen bei den Verkaufsmöglichkeiten auf das Angebot auswirken. In den USA gibt es beispielsweise Alkohol nur in speziellen Liquor Shops, während dort zahlreiche Medikamente an Theken im Supermarkt angeboten werden. Bei der Verhältnisprävention spielen für Kinder und Jugendliche der Jugendschutz und seine Überwachung eine wichtige Rolle. Innerhalb des Kontinuums zwischen Verhaltens- und Verhältnisprävention kann man mit Leppin (2010) auch noch weitere Unterscheidungen treffen: *Psycho-edukative* Verfahren dienen der Information, Beratung, Verhaltensbeeinflussung und der Unterstützung des Selbstmanagements Einzelner oder richten sich an Gruppen. *Sozio-edukative* Aktivitäten initiieren gesundheitsförderndes gemeinschaftliches Handeln in Gruppen und Organisationen. *Normativ-regulatorische* Verfahren beziehen sich auf Gesetze und Vorschriften mit Androhung von Sanktionen und *ökonomische Anreiz- und Bestrafungssysteme* setzen beispielsweise bei Preisregulierungen und Steuern an.

Rechercheaufgabe
Bitte recherchieren Sie das Jugendschutzgesetz in seinen Bezügen zu Alkohol und Nikotin!

Vorrangige *Ziele der Suchtprävention* sind ganz allgemein:
- Die Vermeidung und/oder Hinauszögerung des Einstiegs in den Konsum legaler und illegaler Drogen
- Die Früherkennung und Frühintervention (rechtzeitiges Einschreiten) bei riskantem Konsumverhalten
- Die Verringerung von Missbrauch und Abhängigkeit in der Bevölkerung.

Die einzelnen Maßnahmen der Suchtprävention sind eingebettet in nationale und internationale *Aktionspläne*, hier seien die wichtigsten zum Thema *Alkohol* kurz erwähnt:
- Die WHO-Strategie zur Reduktion des schädlichen Alkoholkonsums: In diesem Strategiepapier werden z. B. die notwendige Sensibilisierung der Öffentlichkeit, das überprüfbare Handeln auf nationaler und kommunaler Ebene sowie verhältnispräventive Maßnahmen (Einschränkungen bei der Verfügbarkeit von Alkohol, Werbebeschränkungen, Preiserhöhungen, Interventionen gegen Alkohol am Steuer und eine erhöhte Wachsamkeit gegenüber den negativen Folgen von Rauschzuständen) explizit benannt.

- Der Europäische Aktionsplan Alkohol (EAAP) des WHO-Regionalkomitees für Europa (Kopenhagen) mit dem Ziel der Verringerung der durch Alkohol, Drogen und Tabak verursachten Schäden
- Die Europäische Charta Alkohol und die ergänzende Erklärung über Jugend und Alkohol
- Nationale Aktionspläne: In Deutschland spielt hier die Bundeszentrale für gesundheitliche Aufklärung die wichtigste Rolle
- Aktionspläne/-bündnisse der Bundesländer und Initiativen auf kommunaler Ebene.

Bei der Prävention unterscheidet man je nach der Zielgruppe zwischen *universeller*, *selektiver* und *indizierter Prävention*. Bei der *universellen Prävention* ist die Zielgruppe die Allgemeinbevölkerung, während sich die *selektive Prävention* an Risikogruppen (z.B. Kinder aus suchtbelasteten Familien) und die *indizierte Prävention* an Einzelpersonen richtet, bei denen man schon Risikomerkmale festgestellt hat.

In der Suchtprävention spielen – speziell in Bezug auf die Verhaltensprävention bei der Zielgruppe der Jugendlichen – unterschiedliche *Leitkonzepte* eine Rolle: Während in den 1960er und 1970er Jahren vorrangig das Konzept der *abschreckenden Informationen* verfolgt wurde, fokussierte man in der Folge eher die Stärkung von Handlungskompetenzen und Selbstwirksamkeitserwartungen. Man setzte jetzt auf die Förderung alternativer Erlebnisformen (Konzept der *Risikoalternativen* z.B. in Form von Erlebnispädagogik) und auf die *Lebenskompetenzförderung*. Zusätzlich etablierte sich das Konzept der *pädagogischen Risikobegleitung* und der drogenbezogenen Bildung; dieses Konzept zielt darauf ab, die Jugendlichen in die Lage zu versetzen, konkrete Risiken besser abzuschätzen. Hierbei weicht man auch im Umgang mit illegalen Drogen vom völligen Abstinenzgebot ab mit dem Ziel, ein realistisches Risikomanagement zu unterstützen. Bei Menschen mit riskanten und abhängigen Konsummustern greift darüber hinaus das Konzept der *Schadensminimierung* durch Früherkennung und Frühintervention.

Für die konkrete Arbeit mit Jugendlichen könnte auch der von Litau (2011) propagierte Ansatz weiterführen, das Rauschtrinken Jugendlicher nicht nur aus dem problemorientierten Blickwinkel zu betrachten. Litau regt an, Risikoverhalten und Rauschtrinken in seinem subjektiven Sinn zu beleuchten und als ritualisierte jugendkulturelle Praxis zu verstehen, in der sich Jugendliche eigene Erfahrungsräume schaffen: Sie testen ihre eigenen körperlichen Grenzen, machen unverbindliche Erfahrungen mit dem anderen Geschlecht und vollziehen die Ablösung vom Elternhaus. Hierbei geht es auch um Verantwortungsübernahme innerhalb der Peergroup.

Die universelle Suchtprävention beginnt bereits im *Kindergarten*. Laut der BZgA-Veröffentlichung „Gesundheitsförderung im Kindergarten" sind in diesem Alter die wichtigsten Präventionsthemen:

- Ernährungsaufklärung,
- Bewegungsförderung,
- Stressbewältigung/psychosoziale Gesundheit,

- Unfallprävention,
- *Gewaltprävention,*
- *Suchtprävention,*
- Sexualaufklärung,
- Förderung der Wahrnehmung von Früherkennungsuntersuchungen,
- Förderung der Impfbereitschaft.

Hierbei richtet sich die Gesundheitsförderung an die Eltern, die ErzieherInnen und an die Kinder selbst. Im *Papilio*-Projekt (Internetquelle 24), das sich insbesondere auf Sucht- und Gewaltprävention konzentriert, schulen ausgebildete TrainerInnen (häufig SozialpädagogInnen mit einer speziellen Weiterbildung) die ErzieherInnen, die dann ihrerseits die sozial-emotionalen Kompetenzen der Kinder fördern. Allgemein geht es bei der Suchtprävention im Kindes- und Jugendalter nicht nur um stoffbezogene Themen, sondern auch darum, Kinder und Jugendliche „stark" zu machen, d. h. ihre sozialen Kompetenzen zu fördern, ihren Umgang mit Gefühlen zu unterstützen und ihre Selbstwirksamkeitserwartung zu stärken. Gesundheit, gelingende Lebensbewältigung und soziale Unterstützung stehen ganz allgemein in einer intensiven Wechselbeziehung. Wichtige Entwicklungsaufgaben im Vorschulalter sind: Gefühle bei sich und anderen zu erkennen, sich in andere einfühlen zu können, die eigenen Gefühle und das Verhalten regulieren zu lernen und soziale Verhaltensnormen zu lernen; hierzu gehört die Erfahrung, Mitglied einer Gruppe sein, die Fähigkeit, soziale Interaktionen einleiten können, und die Bereitschaft, den Erzieherinnen Aufmerksamkeit zu schenken und ihren Anweisungen zu folgen.

Im Papilio-Projekt soll beim „Spielzeug-macht-Ferien-Tag" an einem Tag in der Woche die Kreativität der Kinder gefördert werden, indem herkömmliches Spielzeug in den Schränken bleibt und die Erzieherinnen hierbei besonders auf die Interaktionen der Kinder achten und das phantasievolle Miteinander fördern. Sie unterstützen die Kinder durch gezieltes Lob und achten darauf, dass unerwünschtes Verhalten nicht durch zu viel Aufmerksamkeit bestärkt wird. Im Baustein „Paula und die Kistenkobolde" lernen die Kinder den Umgang mit ihren eigenen Gefühlen und den emotionalen Botschaften der anderen. Im Rahmen einer interaktiven Geschichte setzen sich die Kinder mit der Selbst- und Fremdwahrnehmung der Basisemotionen Traurigkeit, Angst, Ärger und Freude, jeweils in Person eines Kistenkoboldes, sowie mit ihrem Einfühlungsvermögen und Hilfeverhalten auseinander. Zusätzlich unterstützt das Meins-deinsunser-Spiel die Kinder beim Erlernen und Einhalten sozialer Regeln. Das Projekt im Kindergarten wird durch Elternarbeit begleitet, auch die Eltern erhalten gezielt Materialien, um die sozial-emotionalen Kompetenzen der Kinder zu Hause zu fördern.

> **Reflexionsfragen**
> Würden Sie beim Papilio-Projekt von einem Setting-Ansatz sprechen? Welches Leitkonzept können Sie beim Papilio-Projekt erkennen?

> Hinweise: Mit dem Begriff Setting sind dauerhafte Sozialzusammenhänge gemeint oder konkreter formuliert: Lebensbereiche, in denen die Menschen regelmäßig einen großen Teil ihrer Zeit verbringen. Leitkonzepte der Verhaltensprävention wären beispielsweise abschreckende Informationen, das Konzept der Risikoalternativen, das der Lebenskompetenzförderung und das Konzept der pädagogischen Risikobegleitung und der drogenbezogenen Bildung.

Im *Schulalter* gibt es zahlreiche Suchtpräventionsprojekte. Exemplarisch sei hier das Bundesmodellprojekt *HaLT* Projekt (Internetquelle 25) dargestellt: Dieses Projekt kombiniert verhaltens- und verhältnispräventive Anteile. Im *proaktiven Baustein* werden einerseits Selbstverpflichtungen von Gemeinden zu konkreten Maßnahmen angeregt: Es geht um Vorbildwirkungen (alkoholfreie Feiern, keine alkoholhaltigen Präsente) und die konsequente Durchsetzung des Jugendschutzes im Umgang mit Alkohol und Nikotin: Hier werden beispielsweise Auszubildende des Einzelhandels gezielt fortgebildet, das gesetzliche Mindestalter zu kontrollieren. Festveranstaltungen werden vorbereitet, so dass kein Alkohol an betrunkene Gäste ausgeschenkt wird. Weiterhin umfasst der proaktive Baustein Maßnahmen in Schulen: Sozialpädagogen führen Workshops mit den Schülern zum Thema „Rausch und Risiko" durch und organisieren Ausstellungen. Klassenfahrten werden gezielt vorbereitet, und das Thema Alkohol wird in Elternabenden aufgegriffen, im Projekt wurden in diesem Zusammenhang Handreichungen für Lehrer und Eltern entwickelt. *HaLT reaktiv* ist ein Beispiel für indizierte Präventionsmaßnahmen: Sozialpädagogen führen mit Jugendlichen, die mit einer Alkoholvergiftung ins Krankenhaus eingewiesen werden mussten, ein teilstandardisiertes Brückengespräch, in dem es darum geht, eine Beziehung aufzubauen und sie zur Teilnahme an einem 1,5-tägigen Gruppenangebot zu motivieren. Parallel werden die Eltern kontaktiert. Das Gruppenangebot *„Risiko-Check"*, bei dem das Mitbringen von Freunden erwünscht ist, hat dann vier Blöcke, die das Ziel verfolgen, die Risikokompetenz der Jugendlichen zu stärken. Auf der Grundlage von Kenntnissen über die Suchtmittel sollen die Handlungs- und Entscheidungskompetenzen gestärkt werden. Während die Genussfähigkeit gefördert, ein kontrollierter Konsum erlernt und Risiken reflektiert werden, sollen zugleich Missbrauch und Abhängigkeitsentwicklung verhindert werden:

- BLOCK 1 – Motivation und Informationsvermittlung: Methodisch bildet sowohl beim Brückengespräch als auch in diesem Gruppenangebot neben der lösungsorientierten Gesprächsführung die motivierende Gesprächsführung (siehe auch Kapitel 1.2) eine wichtige Grundlage: Auf dem Boden einer empathischen Grundhaltung geben die Sozialpädagogen dennoch gezielt Rückmeldung, unterbreiten Veränderungsvorschläge, aber die Jugendlichen werden in ihrer Eigenverantwortung angesprochen und in ihren Selbstwirksamkeitserwartungen gestärt. Die Jugendlichen kommen ausführlich selber zu Wort und schildern ihre Sichtweise der Alkoholvergiftung, ihre Trinkmotive und ihre Vermutungen über die Reaktionen im Umfeld. Ungereimtheiten werden – ohne Beweisführung – hinterfragt. Es schließt sich eine jugendgerechte Informati-

onsvermittlung an. Das Gruppenangebot enthält interaktive Spiele, Kleingruppenarbeit und Quizfragen, die im Handbuch (Internetquelle 26) ausführlich beschrieben sind. Besonders gut kommt bei den Jugendlichen auch der Einsatz von Rauschbrillen an; diese simulieren unterschiedliche Blutalkoholkonzentrationen. Mit den Rauschbrillen werden dann Aufgaben wie auf einer geraden Linie hin- und zurücklaufen, sich Bälle zuwerfen oder Bobby-Car-Wettrennen durchgeführt.
- BLOCK 2 – Erlebnispädagogische Aktionen und Reflexion der Selbstwahrnehmung unter dem Motto „Maximaler Spaß bei maximaler Sicherheit" (Tauchen, Klettern oder Hochseilgarten).
- BLOCK 3 – Risikowahrnehmung und Impulse für Verhaltensänderung: Mit Hilfe einer „Checkliste Risikoeinschätzung" führen sich die Jugendlichen ihre eigenen Risiken und Stärken vor Augen und erschließen Unterstützungsmöglichkeiten, um Ressourcen auszubauen und Belastungen zu minimieren. Bei größeren Belastungen vermitteln die Sozialpädagogen unter Umständen Psychotherapie, Familientherapie oder Hilfen zur Erziehung (Jugendhilfe).
- Abschlussgespräch.

Neben den gezielten Präventionsprojekten in Kindergärten, Schulen und Freizeiteinrichtungen und der Stadtteilarbeit seien an dieser Stelle massenmediale Kampagnen und insbesondere die Gesundheitsaufklärung und Suchtprävention im Internet erwähnt.

Rechercheaufgabe
Machen Sie sich bitte mit der Seite drugcom.de (Internetquelle 27) und mit dem Projekt „Kenn-dein-Limit" (Internetquelle 80) vertraut.

Die Bewertung suchtpräventiver Maßnahmen im Jugendalter ist nicht leicht. Der jugendliche Alkoholkonsum ist von sehr unterschiedlichen Einflüssen abhängig. Auf individueller Ebene sind insbesondere die Wirksamkeitserwartungen und (fehlende) Lebenskompetenzen sowie psychische Auffälligkeiten wesentliche Einflussgrößen. Im sozialen Umfeld spielen einerseits familiäre Aspekte – wie das Familienklima, der Substanzkonsum der Eltern und die von den Eltern aufgestellten Regeln – eine bedeutende Rolle, zum anderen ist natürlich auch die Peergroup von großem Einfluss. Von besonderer Bedeutung sind darüber hinaus das Preisgefüge und die Zugriffsnähe. Eine umfangreiche international orientierte Sichtung der Wirksamkeit von Präventionsmaßnahmen zur Verringerung von riskantem Alkoholkonsum (HTA Bericht: Internetquelle 83) bewertet die Wirksamkeit von Erziehungs- und Informationsprogrammen sehr kritisch – hierzu gehören insbesondere auch massenmediale Informationskampagnen, zahlreiche schulische und manche gemeindeorientierte Programme. Allerdings werden Mehrkomponenteninterventionen (auch unter Einbeziehung der Eltern und mit Beeinflussung der lokalen Alkoholkultur), interaktive Schulprogramme, personalisiertes PC-gestütztes Feedback und motivierende Kurzzeitinterventionen besser bewertet. Besonders effektiv und mit geringen Kosten verbunden seien die Erhöhung der Preise für alkoholische Getränke und die Verringerung der Verfügbarkeit, auch sei die Null-Promille-Grenze für junge Fahrer eine effektive Einflussmöglichkeit.

Das HaLT Projekt greift viele der als wirksamer eingeschätzten Aspekte auf: Es handelt sich um eine Mehrkomponentenintervention: die Verfügbarkeit im Umfeld wird durch HaLT proaktiv beeinflusst, man versucht, auch die Eltern zu erreichen und Einfluss auf die Schulkultur zu nehmen. Das HaLT reaktiv Konzept setzt stark auf motivierende Kurzzeitinterventionen.

2.2 Kinder kranker Eltern und die Zusammenarbeit zwischen Gesundheitshilfe und Jugendhilfe

Psychische und körperliche Erkrankungen der Eltern haben bedeutende Auswirkungen auf die Kinder, hierbei spielen einerseits genetische Aspekte und andererseits spezifische und unspezifische Belastungen durch die elterliche Erkrankung eine Rolle. Eine spezifische Belastung wäre beispielsweise eine Schaukelerziehung, bei der suchtkranke Eltern sich in alkoholisiertem Zustand ganz anders verhalten als in nüchternem Zustand, unspezifische Belastungen wären eine im Zuge einer Erkrankung auftretende Beziehungsproblematik mit Scheidung der

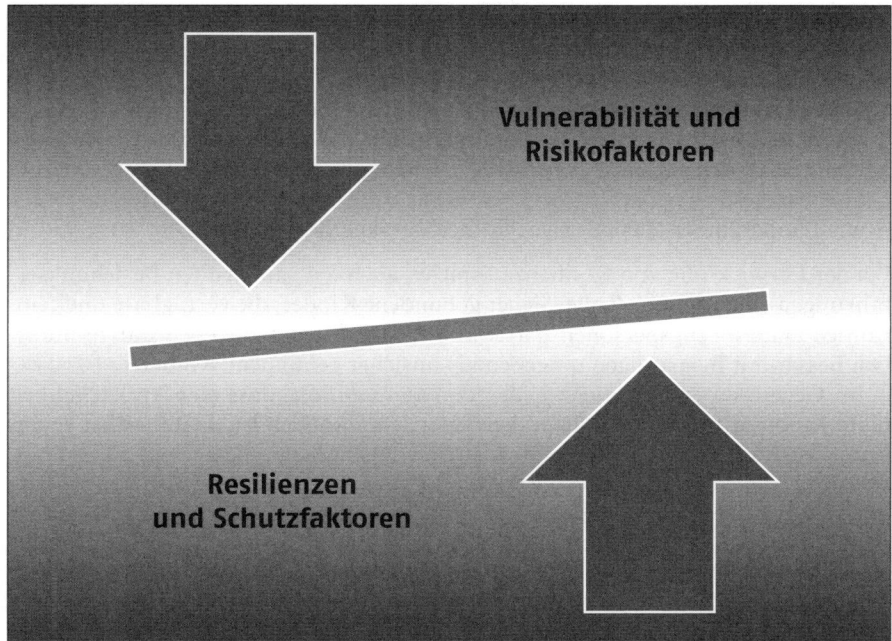

Abb. 4: Verletzlichkeit (Vulnerabilität) und Risikofaktoren versus Widerstandsfähigkeit (Resilienz) und Schutzfaktoren

Eltern oder ein sozialer Abstieg, der bei längerer Erkrankung und daraus resultierender Arbeitslosigkeit oder Frühberentung eintreten kann. Über die Hälfte der Kinder, die stationär in der Kinder- und Jugendpsychiatrie behandelt werden, haben einen oder zwei psychisch kranke Elternteile (Schmid, Grieb & Kölch 2010). Kinder aus suchtbelasteten Familien haben im Vergleich zur Normalbevölkerung ein etwa sechsfach erhöhtes Risiko, selber suchtkrank zu werden. Kinder schizophrener Eltern haben, wenn ein Elternteil betroffen ist, ein etwa 10–12 %-iges Risiko, selber später im Leben an einer Schizophrenie zu erkranken (in der Allgemeinbevölkerung liegt das Risiko bei ca. 1 %); bei einer schizophrenen Psychose spielen genetische Faktoren eine wichtige Rolle, vererbt wird eine Verletzlichkeit, die im Zusammenwirken mit Belastungen dann zum Ausbruch einer Schizophrenie führen kann, während bei Abhängigkeitserkrankungen zwar auch gewisse genetische Dispositionen bestehen, jedoch die psychischen und sozialen Faktoren bedeutsamer sind: Letztlich entscheidet das Zusammenspiel von schützenden und belastenden Aspekten, ob das Kind später suchtkrank oder anderweitig schwer belastet wird oder sich im Großen und Ganzen gesund entwickelt.

Ein resilientes Kind bleibt auch bei ungünstigen Umgebungsbedingungen gesund. Folgende *Resilienz*en werden in der Fachliteratur bei Kindern aus suchtbelasteten Familien herausgehoben (z. B. Internetquelle 28):

- eine positive Lebenseinstellung
- angemessene Bewältigungsstrategien (hierbei spielt auch der alters- und entwicklungsgemäße Aufklärungsgrad über die elterliche Erkrankung eine Rolle)
- geringe Erwartung von positiven Alkoholeffekten
- soziale Kompetenzen
- Intelligenz
- Selbstwirksamkeitserwartungen und Kontrollüberzeugungen (die Überzeugung, durch eigene Aktivität Veränderungen bewirken zu können und Kontrolle über den eigenen Lebensweg zu haben – das Gegenteil wäre erlernte Hilflosigkeit)
- ein Temperament, das positive Aufmerksamkeit hervorruft.

Bei der Entwicklung von Resilienzen spielen auch die ganz frühen Beziehungserfahrungen eine wichtige Rolle: Sicher gebundene Kinder, die verfügbare und feinfühlige Hauptbezugspersonen hatten, können im späteren Leben durchschnittlich besser mit Belastungen umgehen als unsicher gebundene Kinder.

Im Gegensatz zur Resilienz bedeutet *Vulnerabilität*, dass eine Verletzlichkeit beim Kind vorliegt und das Kind besonders empfänglich ist, später selber suchtkrank zu werden. Besonders gefährdet sind Jugendliche, die geringe physiologische und subjektive Reaktion nach Alkoholkonsum erleben, die also von Anfang an „viel vertragen" und zugleich die zunächst positive Erfahrung machen, dass Alkohol ihren Stress dämpft. Darüber hinaus sind Kinder und Jugendliche, die sexuellen Missbrauch erfahren müssen, besonders gefährdet. Eine besondere Vulnerabilität für psychische Störungen wird darüber hinaus bereits in der frühen Kindheit angebahnt, wenn das Kind auf Grund mangelnder verlässlicher Verfügbarkeit oder mangelnder emotionaler Antwortbereitschaft der Eltern keine sicheren Bindungen aufbauen konnte und seine Grundbedürfnisse nach liebevoller Zuwendung und Beantwortung seiner Initiativen nicht erfüllt werden konnten. Gerade die elterliche Fähigkeit, verlässlich und empathisch zur Verfügung zu stehen, ist bei psychischen Erkrankungen oder bei Suchtbelastung der Eltern nicht selten beeinträchtigt, so dass es von besonderer Bedeutung ist, früh zu reagieren, die Eltern von Beginn an zu stärken bzw. zur Therapie zu motivieren und ihnen bei Überforderung zusätzliche Bezugspersonen für ihre Kinder zur Seite zu stellen. So kann beispielsweise im Rahmen einer Wochenbettdepression die Fähigkeit der Mutter, ihr Kind emotional zu beantworten, erheblich eingeschränkt sein. Auch können mangelnde soziale Unterstützung und prekäre Lebensverhältnisse bei bereits gesundheitlich belasteten Eltern zur völligen Überforderung führen.

In suchtbelasteten Familien kann es jedoch auch zahlreiche *umgebungsbezogene Schutzfaktoren* geben, wie z. B.

- die Einhaltung von familiären Ritualen
- eine gute emotionale Beziehung zum nichtabhängigen Elternteil und/oder zu anderen Personen (Verwandte, Freunde, Lehrer, Sozialpädagogen)
- der sozioökonomische Status und die Stabilität der Lebensbedingungen der Familie und
- eine geringe Exposition gegenüber elterlichem Trinken und elterlichen Auseinandersetzungen.

Andererseits lernen die Kinder am Modell ihrer Eltern und sind durch betrunkene Elternteile in ihrem Alltag häufig sehr belastet, als besonders ungünstig haben sich die folgenden *umgebungsbezogenen Risiken* herausgestellt:

- eine dysfunktionale Familienatmosphäre, die durch ständigen Streit und Ärger gekennzeichnet sein kann
- geringe emotionale Bindungen in der Familie
- mangelnde Unterstützung durch die Eltern
- elterliche Komorbidität (das bedeutet, dass die Eltern sowohl suchtkrank als auch psychisch krank sind)
- nicht nur ein Elternteil, sondern beide Eltern sind abhängig
- Alkohol- und Drogenabhängigkeit eines oder beider Elternteile (Polytoxikomanie).

In suchtbelasteten Familien und in Familien mit einem psychisch kranken Elternteil fühlen sich die Kinder häufig desorientiert und für ihre Eltern verantwortlich. Typisch sind ausgeprägte *Schuldgefühle*. Die Kinder denken, dass sie selber etwas falsch gemacht hätten und dass es den Eltern besser ginge, wenn sie sich vorbildlich verhalten würden. In suchtbelasteten Familien wird das zentrale Problem nicht selten tabuisiert, man darf nicht offen darüber sprechen, für die Folgeprobleme werden andere verantwortlich gemacht. Die Familie beginnt im Zuge einer Suchtkrankheit oder einer psychischen Erkrankung, sich zu isolieren, man hält eine stigmatisierende Problematik vor anderen geheim, oder die Kinder erfahren eine Abwertung ihrer Eltern durch die Außenwelt. Hierdurch geraten sie nicht selten in Loyalitätskonflikte innerhalb und außerhalb der Familie. Durch die Belastung der Eltern entstehen Betreuungsdefizite und Zusatzbelastungen bei den Kindern, ältere Geschwister müssen die jüngeren versorgen und beaufsichtigen, Kinder übernehmen immer mehr elterliche Aufgaben und es kommt zur Verantwortungsverschiebung zwischen Eltern und Kindern (Parentifizierung).

Für betroffene Kinder sind verständnisvolle *Ansprechpartner*, Austauschmöglichkeiten mit gleichermaßen Betroffenen eingebettet in kindgerechte Freizeitangebote *(Kinder- und Jugendgruppen für Kinder aus suchtbelasteten Familien bzw. psychisch kranker Eltern)* und *kindgerechte Informationen* von großer Bedeutung. Behandlungs- und Beratungseinrichtungen für psychisch kranke oder suchtkranke Erwachsene sollten nicht aus den Augen verlieren, dass ihre Klienten nicht selten Kinder haben, und den Kindern entweder selber Unterstützung als „kleine Angehörige" anbieten oder mit Unterstützungsangeboten der Jugendhilfe zusammenarbeiten. Gute Informationsmaterialien für Kinder, Jugendliche und psychisch kranke Eltern werden vom Bundesverband Familien-Selbsthilfe Psychiatrie (Internetquelle 30) angeboten.

Bei wiederkehrenden Erkrankungen der Eltern können in gesunden Phasen *Notfallpläne* erstellt werden, in denen im Vorhinein besprochen wird, wer sich bei einem neuen Schub um die Kinder kümmert, ihnen die Situation verständlich macht und für ihre Bedürfnisse sorgt.

Insgesamt ist es für die betroffenen Familien von großer Bedeutung, dass sie an Helfer (SozialarbeiterInnen) geraten, die sich zwischen Suchthilfe/Psychiatrie und Jugendhilfe gut vernetzt haben. Die Fachkräfte der Jugendhilfe sollten die Arbeitsweisen der Suchhilfe kennen und umgekehrt. Es ist wichtig, dass Helfer die Familie als Ganzes betrachten. Suchtberatungsstellen werden dann auch Angehörigengespräche mit Kindern durchführen oder die Kinder in Gruppen vermitteln. Sie werden den Eltern Entwöhnungsbehandlungen vorschlagen, die bis 12-jährige Kinder als Begleitkinder aufnehmen. So werden die Kinder in die Therapie einbezogen; nachsorgende Unterstützung kann dann gemeinsam mit der Jugendhilfe während der Entwöhnungsbehandlung organisiert werden. Für psychisch kranke Mütter mit kleinen Kindern gibt es stationäre Mutter-Kind-Behandlungen, bei denen die Mütter auch in ihrer Beziehungsgestaltung zum Kind Unterstützung finden. So können z. B. depressive Mütter durch Videoaufnahmen ihrer Interaktionen mit dem Kind unterstützt werden. Angesichts der erheblichen Selbstzweifel ist es von besonderer Bedeutung, mit psychisch kranken Eltern ressourcenorientiert zu arbeiten. Beim Betrachten der Videoaufnahmen werden daher gezielt gelingende Wechselbeziehungen hervorgehoben, um die Mütter zu ermutigen und ihre Aufmerksamkeit auf Sequenzen zu richten, in denen sie ihr Kind ansehen, seine Botschaften wahrnehmen und angemessen reagieren.

Wenn es zu Kontakten mit der Jugendhilfe kommt, ist es von Bedeutung, dass auch die Fachkräfte im Jugendamt das Thema Alkohol bei einem entsprechenden Verdacht offen ansprechen, ihre Beobachtungen benennen und Grenzen aufzeigen ohne zu moralisieren.

> *Fallbeispiel: Sarah und ihre psychosekranke Mutter*
> „... als ich 15 Jahre alt war, habe ich im Gerichtsgebäude ... vor meiner Mutter gestanden und ihr gesagt, dass ich niemals zu ihr ziehen würde ... Eine ... Situation, die mich damals fast um den Verstand gebracht und innerlich zerrissen hat.

Mit einem Alter von 7 Jahren habe ich mir die ganzen Männer nicht gemerkt, bis auf einen. Er war öfters da und nach 9 Monaten wussten dann auch alle warum. Ich bekam ein Schwesterchen – Jennifer – und meine Mutter den nächsten Einbruch. Nach wochenlangem, unregelmäßigem Wechsel von Heul- und Schreikrämpfen, Shopping- und Kneipentouren war es unserem männlichen Gast zu viel und er verschwand, ohne einen Gedanken an seine kleine Jennifer zu verschwenden. Und an mich! Da stand ich nun mit einem schreienden, kleinen Bündel im Arm, einem nervenden kleinen Bruder und meiner total verwirrten Mutter. Heute weiß ich, dass solche Zustände nicht normal sind – mit 8 Jahren wusste ich das allerdings nicht. Schon damals habe ich ab und zu die Kindergruppe besucht und kannte Ute Bürgermeister (die Leiterin der Kindergruppe), die mir damals als einzige einen Rettungsring zuwarf und mit deren Hilfe ich aus diesem Schlamassel wieder herauskam. ...

In einem halben Jahr werde ich mein Abitur schreiben. In der Schule bin ich eine von vielen. Eine ganz normale Schülerin mit guten Zensuren. Doch eigentlich weiß ich, dass ich nicht normal bin. Ich lebe bei der Oma meines Halbbruders Christopher. Ich kenne meinen leiblichen Vater nicht und werde ihm auch nie begegnen, weil er vor 14 Jahren gestorben ist. Ich muss meine Halbschwester auf dem Friedhof besuchen und habe nichts als ein Foto als Erinnerung. Ich kann anderen zuhören und ihnen bei Problemen beistehen, aber selbst nicht über meine reden. Ich bin unfähig, feste Bindungen einzugehen, aus Angst wieder verlassen zu werden. Und ich kann nicht über meine Vergangenheit sprechen, ohne in Tränen auszubrechen. Ich weiß, dass so etwas nicht normal ist! Und ich weiß, wie weh es tut, so zu leben! Aber ich habe gelernt, mich zu lieben und meinen Weg zu gehen. Ich habe gelernt, dass ich nicht für meine Mutter verantwortlich bin. Ich habe gelernt, dass ich nicht allein damit bin ..." (Bürgermeister, Jost & Fliegner 2009, S. 33 f.)

Arbeitsaufgabe
Bitte überlegen Sie, wie Sie ein Gruppenangebot für Kinder psychosekranker Eltern gestalten würden? Wie würden Sie Ihre Zielgruppe erreichen? Was wären Ihre Ziele und wie würden Sie methodisch vorgehen? Wo würden Sie das Angebot ansiedeln? Wie würden Sie mit den Eltern zusammenarbeiten? Wie würden Sie die Gruppentreffen gestalten? Woran würden Sie Erfolge festmachen?
Hinweis: Die Initiative „Netz und Boden" (www.netz-und-boden.de/) stellt hierzu online unter Artikel/Berichte zahlreiche Materialien bereit. Weiterhin finden Sie bei der Bundesarbeitsgemeinschaft Kinder psychisch erkrankter Eltern (Internetquelle 74) eine Übersicht über Projekte, Initiativen und Einrichtungen für diese Zielgruppe sowie im Artikel: Bürgermeister, U. & Jost, A. (2000): Kinder schizophrener Mütter; Sozialpsychiatrische Informationen (2), S. 3–7; die Beschreibung einer Gruppe, die nunmehr seit über 15 Jahren kontinuierlich besteht.

2.3 Essen und Essstörungen im Jugendalter

In einer Gesellschaft, in der es Nahrung im Überfluss gibt und in der die Werbung systematisch den Konsum anzukurbeln versucht, ist es nicht verwunderlich, dass bereits Kinder und Jugendliche von Übergewicht und Essstörungen betroffen sind, zumal viele Menschen genetisch so ausgestattet zu sein scheinen, dass sie dazu tendieren, ein wenig mehr zu essen, als es dem aktuellen Bedarf entspricht, um für schlechte Zeiten gewappnet zu sein. Derzeit ist etwa jedes 6.–7. Kind bzw. jeder 6. Jugendliche übergewichtig. Grob geschätzt erkrankt etwa jede 100. junge Frau an Magersucht (Anorexia nervosa), während deutlich mehr junge Frauen an Ess-Brechsucht (Bulimie) leiden oder einzelne Symptome einer Essstörung zeigen. Diäten sind sehr verbreitet, obwohl sie nicht selten einen JoJo-Effekt erzeugen. Bei einer Erhebung mit Hilfe eines Kurzfragebogens (SCOFF) zeigte sich im Rahmen der letzten Kinder- und Jugendgesundheitsstudie, dass mehr als jeder 5. Jugendliche zwischen elf und 17 Jahren (21,9 %) zumindest als Verdachtsfall einer Essstörung eingeordnet wurde, wobei Mädchen fast doppelt so häufig betroffen waren wie Jungen. Zwar waren unter den Jugendlichen, die mindestens zwei der fünf Fragen des Bogens mit „Ja" beantworteten, tatsächlich mehr Übergewichtige als in der unauffälligen Gruppe. Noch bemerkenswerter war jedoch, dass sich bei den im Fragebogen auffälligen, aber normalgewichtigen Jugendlichen drei Viertel als zu dick einstuften.

Essstörungen haben unterschiedliche Ursachen, in ihnen spiegeln sich *Konflikte und Ängste*, sie sind Ausdruck unseres lebensgeschichtlich erworbenen *Körperbildes*, sie hängen mit *gesellschaftlichen Faktoren*, der *herrschenden Mode* und mit *Gewohnheiten* zusammen, sie werden durch die Reaktionen der Umwelt aufrechterhalten oder gemildert.

Beginnt man die Analyse in der frühen Kindheit, so sind besonders zwei Fragen von Bedeutung: Wie werden die Essgewohnheiten in der *Familie* vorgelebt und wie wird das Kind unterstützt, eine gesunde *körperliche Selbstregulation* zu entwickeln?

Nehmen wir einmal an, ein kleines Kind spürt das Bedürfnis nach Ruhe bei Überreizung oder ein Bedürfnis nach Stimulation bei Langeweile, es sendet ein Signal aus und schreit. Wenn die Eltern nun (systematisch) ein anderes Bedürfnis wahrnehmen und benennen und dieses dem Kind zuschreiben, z. B. es hätte Hunger, und auf dieses zugeschriebene Bedürfnis mit Füttern reagieren, dann wird das Kind bezüglich seiner eigenen Körperwahrnehmungen verwirrt. Irgendwann wird es selber glauben, es habe Hunger. Die Fähigkeit der Eltern, die Signale ihrer Kinder richtig zu deuten und das Kind beim Erwerb seiner Autoregulation zu unterstützen, kann so einen wichtigen Beitrag leisten, Essstörungen zu verhindern oder im Gegenzug ihnen Vorschub zu leisten. Wenn nun zudem emotionale Spannungen im Elternhaus vorherrschen und die Eltern wechselseitig voneinander enttäuscht sind, dies aber hinter der Fassade einer intakten Familie und einer überfürsorglichen Haltung den Kindern gegenüber verbergen, dann wird es den Kindern schwerer fallen, den eigenen Emotionen Ausdruck zu verleihen und den eigenen Körper lustvoll zu erleben. Die Mahlzeiten sind dann möglicherweise ein Schauplatz, auf dem sich in mehr oder weniger subtiler Weise die familiären

Konflikte spiegeln: Die Mutter opfert sich auf, um die Familie zu versorgen. Die Kinder werden überfürsorglich mit Essen versorgt. Die Spannungen zwischen den Eltern sind spürbar. Haben die Kinder zudem weniger gelernt, sich selber in ihren Emotionen zu spüren und auszudrücken, oder haben sie körperliche Grenzverletzungen (z. B. sexuellen Missbrauch) erfahren müssen, dann werden sie von den Entwicklungsanforderungen der Pubertät schnell überfordert werden. Insbesondere Mädchen erleben bei mangelnder Autonomie und einer zum Perfektionismus neigenden Grundhaltung die Schere zwischen der Realität und den Rollenerwartung an junge Frauen besonders deutlich. Beginnen sie nun angesichts ihrer Selbstzweifel unter dem herrschenden Modeideal mit Diäten, um dem von den Medien vorgespiegelten Schönheitsideal zu entsprechen, erleben sie zunächst einen Zugewinn an Kontrolle und Macht: Die Eltern sorgen sich und können sie zugleich nicht zwingen zu essen. Die Mädchen fühlen sich von den Entwicklungsanforderungen der Pubertät weniger gefordert, da sich ja nun die Aufmerksamkeit auf das Fasten richtet, zudem erleben sie zu Beginn oft viel positiven Zuspruch zu ihrer neuen Figur. So könnte eine *Magersucht* beginnen.

Bei der *Anorexia nervosa* (Magersucht) ist das Körpergewicht auf 85 % des zu erwartenden Gewichtes gefallen, trotzdem haben die Betroffenen große Angst vor einer Gewichtszunahme und verknüpfen ihr Selbstwertgefühl mit dem niedrigen Gewicht, sie fühlen sich nicht krank, auch wenn sie deutlich unterernährt sind und ihre Regelblutung aussetzt. Sie schränken ihre Nahrungsaufnahme immer mehr ein, treiben sehr viel Sport, nehmen u. U. Abführmittel und erbrechen sich absichtlich. Je länger die Magersucht dauert, desto schwieriger wird die Therapie. Aus diesem Grund ist es von großer Bedeutung, dass Lehrer und Sozialarbeiter die ersten Anzeichen von Essstörungen wahrnehmen und – bei entsprechendem Vertrauensverhältnis – die Jugendlichen und ihre Eltern gezielt ansprechen. Hierbei geht es nicht darum, eine Diagnose zu stellen, sondern Brücken zu bauen und an Beratungsstellen, Ärzte oder Psychotherapeuten zu vermitteln. Die Bundeszentrale für gesundheitliche Aufklärung stellt auf ihrer Internetseite einen Leitfaden Essstörungen für Eltern, Angehörige und Lehrkräfte und weitere Materialien bereit (Internetquelle 79). Der Bezug zum eigenen Körper und der Umgang mit überzogenen Schlankheitsidealen und Diäten kann darüber hinaus in Schulprojekten oder im Rahmen der Jugend- (Mädchen-)Arbeit gezielt zum Thema gemacht werden. Hierbei sind natürlich auch die Vorbildwirkung der Lehrerin oder Sozialpädagogin, ihr eigener Körperbezug und ihr Umgang mit übertriebenen Rollenerwartungen von großer Bedeutung.

Weniger auffällig als eine Magersucht – die durch die starke Gewichtsabnahme augenfällig wird – ist die Bulimie (*Bulimia nervosa*), bei der die Betroffenen im Zuge von Heißhungerattacken große Mengen essen und dann – von Schuld- und Schamgefühlen, Niedergeschlagenheit und Ekel geplagt – das Essen wieder erbrechen, Abführmittel nehmen und versuchen, die zugeführten Kalorien wieder abzutrainieren. Treten nur Essanfälle ohne Erbrechen auf, spricht man von *Binge Eating Disorder*. Mädchen stehen unter stärkerem Druck als Jungen, einem Schlankheitsideal zu genügen, das den natürlichen Körperproportionen vieler Menschen nicht entspricht, so greifen sie nicht selten zu Schlankheitsdiäten. Diese können jedoch Hungergefühle nachhaltig verstärken und eine gesteigerte Aufmerksamkeit auf das Essen lenken. Besonders gefährdet sind Models, Tänzerinnen und Sportler, bei denen das Körpergewicht eine entscheidende Rolle spielt. Essstörungen spiegeln so einerseits die herrschende Mode mit den daraus resultierenden Selbstwertthemen und andererseits das biografisch erworbene Körperbild, erlebte Grenzverletzungen und unbewältigte seelische Konflikte.

Noch weiter verbreitet sind allerdings *Übergewicht und Adipositas*. Die WHO (internetquelle 33) stellt in der Publikation „Die Herausforderung Adipositas und Strategien zu ihrer Bekämpfung in der Europäischen Region der WHO" die Adipositas als eine nie dagewesene Herausforderung dar und weist besonders auf die besorgniserregende Zunahme der Adipositas im Kindesalter hin, denn 60 % der vor der Pubertät übergewichtigen Kinder werden auch im Erwachsenenalter Übergewicht haben. Adipositas stellt einen wichtigen Risikofaktor für die Entwicklung von Diabetes mellitus (Typ II), bei bestimmten Krebserkrankungen und bei Herz-Kreislauf-Erkrankungen dar, was im Kapitel zum mittleren Erwachsenenalter noch einmal ausführlicher thematisiert wird. Die WHO-Publikation hebt auch hervor, dass die Prävalenz der Adipositas in Europa eher durch den Grad der Ungleichheit innerhalb der Gesellschaft bedingt ist als durch das absolute Einkommens- und Bildungsniveau. Ein niedriger sozioökonomischer Status kann sowohl Ursache als auch Folge der Adipositas sein.

Zur Einordnung dient der Body Mass Index (*BMI*), bei dem man das Körpergewicht in kg durch das Quadrat der Körpergröße teilt. Bei Erwachsenen spricht man ab 25 kg/m² von Übergewicht und ab 30 kg/m² von Adipositas (Fettsucht/Fettleibigkeit). Allerdings werden für das mittlere und höhere Erwachsenenalter die wünschenswerten BMI-Werte in jüngerer Zeit etwas nach oben korrigiert, so dass man bei Werten, die etwas oberhalb von 25 liegen, nicht in jedem Alter von Übergewicht spricht. Bei Kindern und Jugendlichen gelten diese Richtwerte nicht. Hier erstellt man sogenannte Perzentilenkurven, bei der auf der y-Achse der BMI aufgetragen wird und auf der x-Achse das Alter. Nun zeichnet man den Werte ein, bei dem 97 % der gleichaltrigen Kinder gleichen Geschlechts in einer Bevölkerungsstichprobe einen Wert aufweisen, der darunter liegt, dies ist die 97er Perzentile (P 97), entsprechend bestimmt man P 90, P 50 (dies ist der Medianwert, bei dem 50 % darüber und 50 % darunter liegen), P 10 und P 3. Per Definition nennt man die 10 % der Kinder, die oberhalb von P 90 liegen, übergewichtig und die 3 %, die über P 97 liegen, adipös (siehe Abbildung 5). Wie kommt man nun zu der Aussage, jedes 6.–7. Kind sei übergewichtig?

Zu einer solchen Aussage kann man nur kommen, wenn man Perzentilenkurven aus der Vergangenheit – z. B. aus den 1990er Jahren – zu Grunde legt, denn seither hat die Anzahl der beleibten Kinder zugenommen. Alternativ kann man alters- und geschlechtsabhängige Werte bestimmen, die mit 18 Jahren einem BMI von 25 bzw. 30 entsprechen und diese den Übergewichts- und Adipositas-Definitionen bei Kindern zu Grunde legen.

Erwachsene nehmen in Europa durchschnittlich 30–40 % Fett mit ihrer Ernährung zu sich, während 15–30 % empfohlen werden. Ernährungsexperten diskutieren die Frage kontrovers, ob man bei einer angestrebten Gewichtsreduktion eher auf eine kohlehydratarme oder eher auf eine fettarme Ernährung setzen sollte. Neuere Studien (z. B. Friedrich 2010) kommen zu dem Ergebnis, dass

Essen und Essstörungen im Jugendalter   75

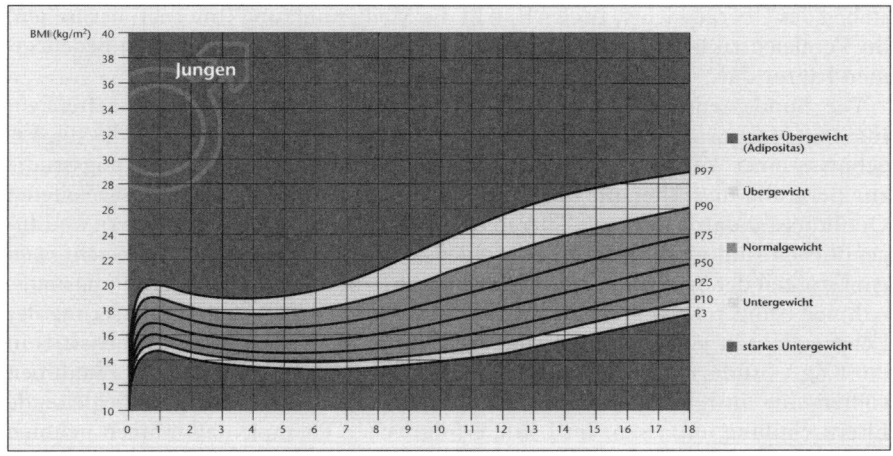

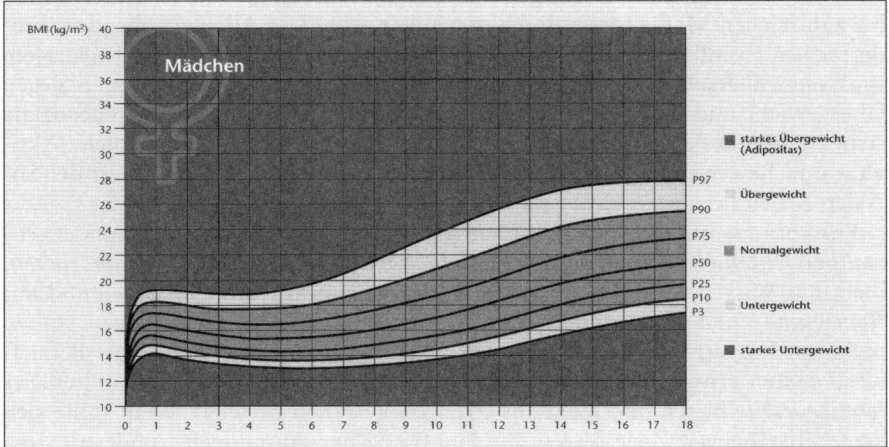

Abb. 5: BMI Perzentilen; Quelle BZgA: Internetquelle 31

eine kohlenhydratarme Reduktionskost zwar anfänglich etwas effektiver bei der Gewichtsabnahme als eine fettreduzierte Kost zu sein scheint, längerfristig der Erfolg jedoch weniger davon abhängt, ob Kohlenhydrate oder Fette stärker eingeschränkt werden, sondern ob begleitende Bewegungsangebote genutzt werden. Die jüngste Studie zur Gesundheit Erwachsener in Deutschland des Robert Koch-Institutes konnte aufzeigen, dass etwa jeder zweite Deutsche mindestens 1x pro Woche körperlich aktiv ist, dies ist zwar eine positive Veränderung in den letzten Jahren, aber nach Ansicht der WHO zu wenig: man sollte etwa 2,5 Stunden pro Woche Sport treiben. Diesen Wert erreichen nur etwa 25 % der Männer und gut 15 % der Frauen. Aktuell sind etwa 2/3 der deutschen Männer und 53 % der Frauen zwischen 18 und 79 Jahren übergewichtig (BMI > 25).

Bei Kindern und Jugendlichen spielen die süßen Getränke und fetthaltige süße und salzige Lebensmittel zwischen den Mahlzeiten eine wichtige Rolle beim Entstehen des Übergewichts, zugleich stellt die Mediennutzung (Internet, Fernsehen) im Vergleich zu bewegungsorientierten Freizeitbeschäftigungen einen bedeutsamen Faktor dar.

Die Bundeszentrale für gesundheitliche Aufklärung bietet Fachkräften ein Informationsportal zum Kinderübergewicht an (Internetquelle 32), die die Ergebnisse einer Versorgungsstudie und einer mehrjährigen Beobachtungsstudie zur Beratung und Therapie übergewichtiger Kinder und die daraus abgeleiteten Qualitätsstandards umfasst. Therapiemaßnahmen mit adipösen Kindern und Jugendlichen sind nicht leicht zu beurteilen, da bei den Nachfolgeuntersuchungen ein Großteil der Studienteilnehmer nicht mehr antwortet. Die Behandlungsmaßnahmen bringen zwar – der Beobachtungsstudie zufolge – eine Verbesserung der Lebensqualität, jedoch konnte eine nachhaltige Verbesserung des Lebensstils in der BZgA-Studie nicht überzeugend aufgezeigt werden. Ambulante Maßnahmen sollten eine ausreichende Dauer (> 9 Monate) haben und eine gute begleitende Elternschulung umfassen. Im Laufe erfolgreicher Therapiemaßnahmen nehmen auch die – häufig übergewichtigen – Eltern ab. Allerdings wird die Elternarbeit bei zahlreichen Maßnahmen durch den hohen Anteil an Alleinerziehenden, kinderreichen Familien, Familien mit Migrationsstatus und Familien mit niedrigem Einkommen erschwert. Allgemein gilt: Der Erfolg von Interventionen gegen Übergewicht und Adipositas ist größer, wenn man früh beginnt, psychosoziale Aspekte berücksichtigt und neben dem Essverhalten auch die körperliche Aktivität und Bewegung fokussiert. Diese Ergebnisse heben den Stellenwert der Sozialen Arbeit hervor:

Präventions- und Interventionsstrategien sollten *früh beginnen*, besonders *sozial benachteiligte Familien* erreichen, *die Familie und das Umfeld einbeziehen*, nicht nur Wissen vermitteln, sondern *konkret beim Verhalten ansetzen* und mit *Bewegungs- und Freizeitangeboten* kombiniert sein. Die Zielpersonen sollten nicht nur kognitiv, sondern auch *emotional angesprochen* werden, ihre Bedürfnisse sollten ernst genommen werden, die Präventionsmaßnahmen sollten *Erlebnisvorteile* bieten und nicht aus strengen Verboten bestehen. Man sollte sich keine überzogenen Ziele setzen, die langfristig nur entmutigen, sondern *realistische Schritte* planen und diese mit verhaltensbezogenen Trainings verbinden (Einkaufen, Nahrungszubereitung, Kochkurse), zugleich soziale Unterstützung organisieren (Pudel 2003).

Beispielsweise könnten Sozialpädagogen, die Hilfen zur Erziehung anbieten (Sozialpädagogische Familienhilfen, Erziehungsberatung) oder in Stadtteilzentren tätig sind, im Stadtteilzentrum gemeinsame Kochkurse oder Ferienmaßnahmen für Familien mit Kindern anbieten, in denen lebensweltnah Wissen über gesunde und preiswerte Ernährung vermittelt wird und konkrete Fertigkeiten beim Kochen erlernt werden, einbettet in ein lustvolles Gemeinschaftserleben. Zugleich dienen die Kurse als Ausgangspunkt für weitere Gemeinschaftsaktionen und bewegungsorientierte Freizeitangebote für die Kinder. Weiterhin sollten Schulen ganzheitliche Bildungsangebote zum Thema unterbreiten, hierbei auch eine positive Körperbeziehung fördern und unzweckmäßige Diäten thematisieren und ein Umfeld bieten, in dem gesunde Ernährung gefördert und Bewegungsanreize entstehen – dies ist jedoch in vielen Schulen nicht der Fall. Hier lohnt es sich, die Schulmahlzeiten, die Angebote in Automaten und das direkte Umfeld der Schule unter die Lupe zu nehmen und neben dem Sportunterricht auch die anderen Bewegungsanreize zu analysieren. Schulprojekte zur Prävention von Übergewicht und Adipositas sollten natürlich auch die Eltern einbeziehen. Generell ist es günstig, einzelne Projekte in größere Kampagnen und Aktionspläne einzubetten, erwähnt sei hier der nationale Aktionsplan „in Form" des Bundesministeriums für Ernährung, Landwirtschaft und Verbraucherschutz (Internetquelle 34). Erfolg versprechen auch verhältnispräventive Maßnahmen, die eher auf der politischen Ebene angesiedelt sind: Erwähnt seien hier die Stadtplanung (Radwegenetz) und die Besteuerung und Kennzeichnung von Lebensmitteln.

Als Ressourcenquelle bei der konkreten Suche nach Hilfs- und Unterstützungsangeboten für Jugendliche mit Essstörungen sei noch die Datenbank der Bundeszentrale für gesundheitliche Aufklärung genannt: Nach einer qualitätsorientierten Bestandsaufnahme aller Angebote im Bereich Essstörungen hat die BZgA eine Online-Datenbank eingerichtet (Internetquelle 79). Auf dieser Webseite finden sich auch weiterführende Informationen für Betroffene, Angehörige und Lehr- und Mittlerkräfte.

In der gesundheitsbezogenen Sozialarbeit geht es jedoch nicht nur um die Prävention einzelner Störungen, sondern immer auch um die Reflexion der gesellschaftlichen Rahmenbedingungen und um Initiativen auf politischer Ebene. Gerade im Zusammenhang mit Suchtbelastungen und Essstörungen wird deutlich, wie vielschichtig die Einflussfaktoren sein können und wie bedeutsam es ist, Lebensstile und Lebenswelten im Kontext ihrer Rahmenbedingungen zu beleuchten und hierbei neben den Familien und den Schulen gerade auch die Städte und Gemeinden mit ihren Partizipationsmöglichkeiten und ihren städtebaulichen Entwicklungen in den Blick zu nehmen. Abschließend sei daher aus dem Beitrag von Jürgen Nimtsch (2010, S. 54) zur kinderfreundlichen Kommune zitiert:

„Eine kinder- und jugendfreundliche Stadt ist eine *menschenfreundliche* Stadt, d.h. eine Stadt, die die Interessen und Bedürfnisse unterschiedlicher Gruppen gleichberechtigt berücksichtigt. Eine kinderfreundliche Stadt ist eine Stadt, die zum Verweilen einlädt, die viel Grün und viele Aufenthaltsmöglichkeiten z.B. in Fußgängerzonen und auf Plätzen bietet, die ausreichend Bewegungs- und Begegnungsmöglichkeiten für Kinder und Jugendliche zur Verfügung stellt."

2.4 Immunsystem, Allergien und Infektionskrankheiten

Allergische Erkrankungen nehmen im Kindes- und Jugendalter eine herausragende Rolle ein und stellen in dieser Altersgruppe in Deutschland das häufigste chronische Gesundheitsproblem dar; eine besondere Bedeutung kommen hierbei den drei sogenannten atopischen Krankheitsbildern Heuschnupfen, Asthma und Neurodermitis zu, häufig treten darüber hinaus auch allergische Kontaktekzeme auf. Im Kinder- und Jugendsurvey (2003–2006) wurde bei einer Stichprobe von 0–17-Jährigen eine Lebenszeitprävalenz mindestens einer atopischen Erkrankung von knapp 23 % erfasst, wobei Kinder mit niedrigem Sozialstatus und Kinder mit Migrationshintergrund eine etwas niedrigere Prävalenz aufwiesen (Schlaud, Atzpodien & Thierfelder 2007).

Um Allergien und Infektionskrankheiten genauer zu verstehen, seien hier zunächst einige medizinische Grundlagen dargestellt:

Das Immunsystem ist ein Netzwerk aus unterschiedlichen Geweben, Zellen und Zellprodukten, die über den Blutkreislauf und das lymphatische System miteinander in Verbindung stehen. Das Immunsystem schützt die körperliche Unversehrtheit, indem es eindringende Mikroorganismen (Viren, Bakterien, Pilze und Parasiten) zerstört, körpereigene Zellen überwacht und bei Heilungsprozessen eine wichtige Rolle spielt. Ein Teil der Immunabwehr ist angeboren, dieser Teil reagiert auf Krankheitserreger unspezifisch an Hand von allgemein vorkommenden Merkmalen, andere Teile der Immunabwehr sind erworben und lernen erst im Laufe der menschlichen Entwicklung, spezifisch mit bestimmten Antigenen in Wechselwirkung zu treten; sie bilden ein immunologisches Gedächtnis, das bei erneutem Erregerkontakt schnell und stark reagiert. Hierauf beruhen aktive Immunisierungen, zu denen die meisten Impfungen zählen: Bei diesen werden abgetötete Erregerbestandteile verabreicht, so dass das Immunsystem bei einer tatsächlichen Infektion schnell und effizient reagieren kann. Als *Antigene* bezeichnet man Moleküle, die eine Immunantwort des Körpers hervorrufen können. Diese Antigene müssen dem spezifischen Immunsystem jedoch in geeigneter Weise präsentiert werden, dies geschieht in den lymphatischen Organen, zu denen das Knochenmark, der Thymus, die Lymphknoten, die Milz und die lymphatischen Gewebe der Schleimhäute zählen. *Antikörper* sind körpereigene Eiweiße, die derartige Antigene erkennen und mit ihnen eine Verbindung eingehen. Werden fälschlicherweise körpereigene Gewebebestandteile von Antikörpern markiert, können Autoimmunerkrankungen entstehen. Bei Allergien reagiert das Immunsystem auf normalerweise harmlose Umweltstoffe mit Entzündungsreaktionen und Antikörperfreisetzung. Mit dem Begriff Atopie werden allergische Erkrankungen bezeichnet, die einhergehen mit einer erblich mitbedingten erhöhten Produktion allergenspezifischer IgE-Antikörper.

Die wichtigsten Zellen der erworbenen Immunantwort sind die *B- und T-Lymphozyten;* bei Allergien spielen *Mastzellen* eine bedeutende Rolle. Ein Mensch besitzt Milliarden von Lymphozyten, jeder Lymphozyt ist hierbei spezifisch auf ein einziges Antigen gerichtet. T-Lymphozyten besitzen Rezeptoren auf ihrer Zellmembran, die die Antigene erkennen. B-Lymphozyten können darüber hinaus auch antigenerkennende Moleküle ausschütten (Antikörper: Immunglobuline). B-Zellen fahren zunächst membrangebundene frühe Antikörper (IgM) aus, die Nachkommen dieser Zellen setzen dann IgM ins Blut frei, sie können im weiteren Verlauf dann auch andere Antikörperklassen (z. B. IgG) freisetzen. Die freigesetzten Antikörper können manche schädigenden Wirkungen der Krankheitserreger direkt neutralisieren, darüber hinaus aktivieren sie eine Kaskade von Eiweißkörpern, die auch als Komplementsystem bezeichnet werden. Dieses aktiviert wiederum weitere Zerstörungsmechanismen. Insgesamt führt die Markierung der Krankheitserreger durch Antikörper dazu, dass diese von Fresszellen (Makrophagen) vernichtet werden oder unter Mitwirkung weiterer Zelltypen zerstört werden. T-Lymphozyten aktivieren zum einen direkt zerstörerische

Fresszellen und zum anderen wirken sie unterstützend mit den B-Lymphozyten zusammen. Im Zusammenhang mit der Immunschwächekrankheit *AIDS* sind besonders die CD4+-T-Zellen in den Fokus der Aufmerksamkeit geraten. Die Hauptaufgabe dieser Helfer-Zellen besteht darin, andere Zellen zu aktivieren; normalerweise enthält ein Milliliter Blut 800–1200 dieser Zellen. Bei einem Abfall unter 500/mm³ können die Patienten Pilz- oder Herpesinfektionen erleiden oder andere Symptome (Nachtschweiß, Müdigkeit, Durchfall) ausbilden. Bei einem Abfall unter 200/mm³ drohen schwerwiegende Infektionen und Krebserkrankungen (z. B. Kaposisarkom) (Lesermann & Temoshok 2011).

Bei atopischen Erkrankungen wird das auslösende Allergen bei den ersten Kontakten T-Lymphozyten präsentiert, diese wiederum regen spezifisch gegen dieses Antigen gerichtete B-Lymphozyten zur Vermehrung und verstärkten IgE-Produktion an. Die IgE-Antikörper werden im weiteren Verlauf an Mastzellen gebunden; bei erneutem Kontakt mit dem Antigenen setzen die Mastzellen nun sogenannte Mediatoren (z. B. Histamin) frei, was zu den überschießenden Entzündungsreaktionen führt.

2.4.1 Allergien

Heuschnupfen ist eine allergische Reaktion der Bindehäute von Nase und Augen mit Augenrötung, vermehrter Sekretion, Niesreiz und behinderter Nasenatmung. Sie kann saisonal durch Pollen oder Jahreszeiten-unabhängig durch andere Allergene wie etwa Tierepithelien (z. B. Katzenhaare, Milbenkot) oder Schimmelpilze ausgelöst werden. Weiterhin können Kreuzreaktionen mit Nahrungsmitteln entstehen, die artverwandt zu den ursprünglichen Allergenen sind. Menschen mit Heuschnupfen erkranken überdurchschnittlich häufig an Nasennebenhöhlen- und Mittelohrentzündungen und an Asthma. Therapeutisch spielen verschiedene Strategien eine Rolle: Verminderung des Allergenkontaktes, medikamentöse Unterdrückung der Symptome und Hyposensibilisierungsbehandlungen: Bei der subkutanen Immuntherapie wird ein Allergenextrakt nach einem festen Schema in aufsteigender Dosierung unter die Haut gespritzt. Bei der sublingualen Immuntherapie wird der Extrakt nicht unter die Haut gespritzt, sondern unter die Zunge geträufelt. *Asthma bronchiale* ist eine chronisch-entzündliche Erkrankung der Atemwege, die auf einer Übererregbarkeit der Bronchien gegenüber physikalischen, chemischen oder immunologischen Reizen (Allergene) oder Medikamenten basiert. Hierbei verengen sich die Bronchien anfallsartig und sondern einen zähen Schleim ab, so dass Pfeifgeräusche beim Atmen, Husten und Atemnot entstehen. Insbesondere die bedrohliche Atemnot löst bei den Eltern und den Kindern starke Gefühlsreaktionen aus, welche wiederum den weiteren Verlauf erheblich beeinflussen können.

Das atopische Ekzem (*Neurodermitis*) ist eine nicht ansteckende, chronisch entzündliche Hauterkrankung, die meist in Schüben verläuft und mit Rötung und starkem Juckreiz einhergeht. Die Neurodermitis manifestiert sich zwar an der Haut, beruht aber auf einem bisher erst in Teilaspekten bekannten immunologischen Geschehen, bei dem eine angeborene genetische Disposition eine Rolle spielt und Wechselbeziehungen zu den anderen atopischen Erkrankungen bestehen. Weitere Einflussgrößen sind die Ernährung (Auslösefaktoren in der Nahrung) und Darmflora, hormonelle Umstellungsphasen und psychosomatische Aspekte. Dieses Störungsbild kommt bei Migrantenkindern deutlich seltener vor als in der deutschen Bevölkerung ohne Migrationshintergrund.

Das *allergische Kontaktekzem* (Kontaktdermatitis) ist ebenfalls eine nicht infektiöse Entzündung der Haut, die bei bestehender Sensibilisierung durch *äußerlich* auf die Hautstelle einwirkende Stoffe verursacht wird und sich durch Juckreiz, Knötchen, Bläschen und entzündliche Rötung der Haut an der Stelle des Allergenkontaktes bemerkbar macht.

Das Bundesministerium für Ernährung, Landwirtschaft und Verbraucherschutz hat einen *Aktionsplan gegen Allergien* ins Leben gerufen. Ein Aspekt ist hierbei die umfassende Information der Bevölkerung durch Internetplattformen (Internetquelle 36), Kampagnen und Ausstellungen. Insbesondere Allergene in Nahrungsmitteln (Kennzeichnungspflicht von Lebensmitteln!), in Kosmetika (sensibilisierende Duftstoffe, Verbote von Substanzen mit hohem Allergierisiko), in der Kleidung (schadstoffgetestete Textilien), im Wohnbereich (Schimmel, Milben, Wohnraumgifte, Nikotinexposition) und in der Außenluft (Pollenkalender, allergene Pflanzen, Straßenverkehr, industrielle Luftverschmutzung) verdienen in diesem Zusammenhang eine besondere Aufmerksamkeit. Auch die Aufklärung von Schülern zu möglichen Folgen des Piercings sei erwähnt. Beim Piercing kommt nickelhaltiger Schmuck direkt mit der Haut und dem darunter liegenden Gewebe in Kontakt; hierbei wird durch Schweiß oder andere Körperflüssigkeiten Nickel freigesetzt, was zu allergischen Kontaktekzemen und lebenslanger Nickelsensibilisierung führen kann. Nickel nimmt ohnehin bei der Auslösung allergischer Kontaktekzeme den Spitzenplatz ein, was bereits 1994 zu einer EG-Richtlinie mit Grenzwerten zur Nickelfreisetzung geführt hat. Nickel kommt im Schmuck, in Kleidungsbestandteilen, im Koch- und Küchenzubehör, in Saiteninstrumenten und zahlreichen weiteren Metallgegenständen vor.

2.4.2 Infektionskrankheiten

Weltweit stellen Infektionskrankheiten immer noch die häufigste Todesursache dar. Zwar wurden durch die Verbesserung der Hygiene, durch Impfungen und die Entwicklung von Antibiotika zahlreiche zuvor tödliche Infektionskrankheiten vermeid- oder behandelbar, andererseits sind weltweit die hygienischen Bedingungen und der Zugang zu einer angemessenen Gesundheitsversorgung höchst ungleich verteilt. Aber auch in der westlichen Welt gibt es neuere Entwicklungen, die die Bedeutung von Infektionskrankheiten wieder anheben. Zum einen hat sich das Ausbreitungsgebiet einiger Infektionskrankheiten durch Fernreisen und z. T. auch durch den Klimawandel verändert und zum anderen hat die unkritische Verabreichung von Antibiotika in der Massentierhaltung und in der medizinischen Behandlung dazu geführt, dass resistente Bakterien auf zahlreiche Antibiotika nicht mehr ansprechen. Hinzu kommt, dass Infektionserreger auch als Biowaffen gezüchtet werden können. Aufsehen erregte in diesem Zusammenhang, dass das US- amerikanische National Science Advisory Board for Biosecurity erstmals die renommierten Wissenschaftsmagazine „Science" und

„Nature" aufforderte, Detailergebnisse virologischer Studien zu dem Vogelgrippevirus H5N1 nicht zu veröffentlichen, aus Sorge, Terroristen könnten die darin enthaltenen Informationen für die Entwicklung von Biowaffen missbrauchen. Seit 1925 wurde durch das Genfer Protokoll der Einsatz von chemischen und biologischen Waffen völkerrechtlich verboten. Der in den 70er Jahren von der Vollversammlung der Vereinten Nationen ausgehandelten „Konvention über das Verbot der Entwicklung, Herstellung und Lagerung bakteriologischer (biologischer) Waffen und Toxinwaffen sowie über die Vernichtung solcher Waffen" (Biowaffenkonvention) sind aktuell (2012) 165 Staaten beigetreten. Allerdings wird die Kontrolle und Überwachung als problematisch angesehen.

Wie hier kurz skizziert, lassen sich Infektionskrankheiten angesichts der Globalisierung nicht auf nationale oder regionale Fragestellungen reduzieren; auch die Ausbreitung von Grippeerregern wird weltweit beobachtet. Am Beispiel der Immunschwächekrankheit AIDS sollen dieser Stelle exemplarisch ganzheitliche Präventionsansätze mit besonderer Bedeutung für die Soziale Arbeit dargestellt werden, wobei jedoch die internationalen Aspekte an dieser Stelle nur angedeutet werden können.

2.4.3 HIV (Humanes Immundefekt Virus) und AIDS (Acquired Immune Deficiency Syndrome)

Den Daten des Robert Koch-Institutes zufolge lebten Ende 2010 ca. 70 000 Menschen mit HIV/AIDS in Deutschland, die Zahl bezieht sowohl Personen ein, bei denen die HIV-Infektion bereits diagnostiziert ist, als auch Personen, die noch keine Kenntnis von ihrer HIV-Infektion haben. Nach den aktuellen Schätzungen haben bereits 54 000 HIV-Infizierte der Menschen, die mit HIV/AIDS leben, ein positives HIV-Testergebnis erhalten, hiervon erhielten Ende 2010 ca. 40 000 HIV-Infizierte eine antiretrovirale Therapie. Das HI-Virus hat zwei Besonderheiten, die es besonders gefährlich machen: Es kann sich im Zellkern in das Erbgut menschlicher Zellen einbauen und so dem Zugriff des Immunsystems entziehen, und es greift – wie oben bereits erwähnt – die Zellen des Immunsystems selbst an. Nach der Infektion kommt es häufig zu grippeähnlichen Symptomen und innerhalb der ersten Monate zur sogenannten *Serokonversion*, das heißt, nun können spezifische Antikörper gegen das HI-Virus nachgewiesen werden. Bis die ersten AIDS-Symptome auftreten, vergehen Monate oder Jahre – diese Latenzzeit kann sogar über zehn Jahre dauern. Die ersten Krankheitssymptome bestehen in der Regel in einer generalisierten Lymphknotenschwellung (*Lymphadenopathie-Syndrom*), in der Folge kommt es im Rahmen des AIDS Related Complex (*ARC*) zusätzlich zu einer deutlichen Gewichtsabnahme (>10% des Körpergewichts), zu Nachtschweiß, 3–5-tägigen Fieberschüben, Abgeschlagenheit, Haut- und Schleimhautveränderungen (z.B. Pilzinfektionen), wiederholten Durchfällen, einer Infektionsanfälligkeit und einem Abfall der T4-Helferzellen. Das Vollbild der AIDS-Erkrankung ist dann von einem Versagen der körpereigenen Abwehr mit schweren Infektionen durch normalerweise in Schach zu haltende Viren, Bakterien, Einzeller und Pilze und durch bösartige Tumore (z.B. Kaposi-Sarkom) geprägt. Das HI-Virus ist darüber hinaus in der Lage, das Nervensystem zu schädigen. Die Entwicklung neuer Medikamente hat seit etwa 1996 bedeutende Fortschritte in der HIV- und AIDS-Behandlung gebracht. Die meisten Medikamente hemmen die Vermehrung der Viren im Körper, so dass die Viruslast – die Menge der Viren im Blut – gesenkt wird; nach einiger Zeit können hierbei jedoch unempfindliche (resistente) Virenstämme entstehen, so dass man von Anfang an eine Kombination von 2–3 verschiedenen Medikamenten verabreicht. Insgesamt stehen über 20 verschiedene Substanzen mit unterschiedlichen Wirkmechanismen zur Verfügung. Durch die Fortschritte in der medikamentösen Behandlung konnte die Lebenserwartung von HIV-infizierten Menschen zwischen 1996 und 2008 um mehr als 15 Jahre gesteigert werden. Bedeutsam ist hierbei allerdings, dass mit der Behandlung möglichst früh begonnen wird. In einer groß angelegten britischen Studie (Internetquelle 77) konnte aufgezeigt werden, dass die Lebenserwartung von der CD4-Helferzellzahl bei Behandlungsbeginn abhängt: Beginnt die Behandlung im Alter von 20 Jahren, kann eine betroffene Person bei einer CD4-Zellzahl zwischen 200 und 350/mm^3 noch mit einer durchschnittlichen weiteren Lebensdauer von gut 53 Jahren rechnen, bei einer CD4-Zellzahl unter 100/mm^3 mit knapp 38 Jahren. Hierbei ist die Lebenserwartung von Frauen – wie generell in der Bevölkerung – höher als die der Männer. Auch angesichts der deutlich höheren Therapieerfolge vor Ausbruch der manifesten AIDS-Erkrankung ist es wichtig, eine verstärkte Testung in der Bevölkerung anzuregen.

Weltweit wird die Zahl der mit HIV lebenden Menschen auf über 33 Millionen geschätzt. In Deutschland sind die AIDS-Zahlen im europäischen Vergleich niedrig geblieben. Deutschland nimmt im westeuropäischen Vergleich mit knapp 3000 Neuinfektionen pro Jahr eine relativ günstige Position ein, im Jahr 2011 zeigte sich sogar ein leichter Rückgang bei den Neuinfektionen. Von den Neuinfizierten sind etwa 15 % Frauen. Die relativ günstige Entwicklung in Deutschland ist auf langfristig angelegte, umfassende Präventionsprogramme zurück zu führen. Hier engagiert sich die Bundeszentrale für gesundheitliche Aufklärung (BZgA) seit Jahren sehr stark. Trotz der recht gut etablierten AIDS-Prävention im Gesundheits- und Bildungsbereich und in Form von Kampagnen bleiben noch zahlreiche Lücken, in denen innovative Ansätze gerade auch der Sozialen Arbeit gefragt sind: Es gilt insbesondere kreative Wege zu finden, weniger gut erreichbare Zielgruppen anzusprechen. Derartige Zielgruppen sind z. B. Menschen in schwierigen Lebenslagen, Männer, die Sex mit Männern haben, Freier und junge männliche und weibliche Prostituierte, Reisende und Menschen mit weniger guten Deutschkenntnissen. Hierbei sind ganz konkrete Fragen, die eine gute Kenntnis der Lebenswelt der Zielgruppen voraussetzen, von großer Wichtigkeit. So ist zum Beispiel die Frage, welche Gesprächsanlässe mit einem potentiellen Sexualpartner gefunden werden können, um sich über Risiken, Safer Sex und möglicherweise erfolgte Infektion auszutauschen, ist von großer Bedeutung. Weiterhin sollten sich präventive Überlegungen der Frage nach der Verbindung zwischen dem Thematisieren der HIV-Infektionsgefahr und dem Handeln stellen: Was konkret hindert Menschen trotz des Wissens um Infektionsgefahren, sich angemessen zu schützen?

Im Rahmen der AIDS-Präventionen hat die umfassende Kooperation und Vernetzung der staatlichen und nichtstaatlichen Institutionen und Akteure wesentlich zu den Erfolgen beigetragen. Hierbei hat die Deutsche AIDS-Hilfe, der Dachverband von ca. 130 lokalen AIDS-Hilfe-Gruppen und -Initiativen eine wichtige Bedeutung. Die Deutsche AIDS-Hilfe startete beispielsweise gemeinsam mit Partnern aus dem Medienbereich, dem öffentlichen und dem Szenebereich 2008 die wissenschaftlich begleitete Kampagne: „Ich weiss, was ich tu" (Internetquelle 37), die sich an Männer richtet, die Sex mit Männern haben. In dieser Zielgruppe gibt es einerseits zahlreiche Männer, die relativ verlässlich Präventionsüberlegungen einhalten, andererseits aber auch eine nicht unerhebliche Gruppe, an die sich noch besondere ausdifferenzierte Botschaften richten müssten. „Dabei gilt es durch die Einbeziehung der verschiedenen Kommunikationsebenen in der Kampagne für die jeweiligen Sub-Zielgruppen und Settings jeweils adäquate Ansprache und Präventionsthemen zu kommunizieren. Durch das Zusammenwirken von Internetplattform, bundesweiten Printmedien, Beratung online, über Telefon und in den Beratungsstellen und personalkommunikative Aktionen Vor-Ort wird die Zielgruppe jeweils adäquat mit den auf sie zutreffenden Botschaften erreicht."

An dieser Stelle haben wir bereits begonnen, das Thema Kinder und Jugendliche zu verlassen, um nun das Erwachsenalter zu fokussieren.

Gut zu wissen – gut zu merken

Da riskante Konsummuster und Nikotin-, Alkohol- und Medikamentenabhängigkeit in Deutschland weit verbreitet sind, hat eine frühzeitig beginnende, in internationale, nationale und lokale Aktionspläne eingebettete Suchtprävention einen wichtigen Stellenwert. Universelle Prävention findet in der Lebenswelt der Kinder und Jugendlichen (z.B. Im Kindergarten und in der Schule) statt und verbindet verhaltens- und verhältnispräventive Elemente. Im Rahmen der Verhaltensprävention geht es nicht nur um stoffspezifische Themen, sondern beispielsweise werden die Selbstwirksamkeitserwartungen, der Umgang mit Regeln in einer demokratischen Gesellschaft und der Zugang zur eigenen Gefühlswelt gestärkt. Im Jugendalter spielen die Auseinandersetzung mit den Trinkmotiven und der Umgang mit dem Bedürfnis nach Grenzerfahrungen eine wichtige Rolle. Eine Gruppe mit erhöhtem Risiko für Abhängigkeitserkrankungen sind Kinder aus suchtbelasteten Familien. Besondere Aufmerksamkeit verdienen im Kindes- und Jugendalter auch – angesichts der sehr widersprüchlichen gesellschaftlichen Umgangsweisen mit dem Essen, angesichts ungesunder Ernährungsgewohnheiten und angesichts möglicher Fehlentwicklungen des Körpererlebens – Essstörungen und Adipositas. Erfolgreiche Interventionen bei kindlichem Übergewicht sind längerfristig angelegt und beziehen die Familie und das Umfeld ein. Das häufigste chronische Gesundheitsproblem stellen bei Kindern und Jugendlichen Allergien dar. Die Lebenszeitprävalenz atopischer Erkrankungen (Heuschnupfen, Asthma, Neurodermitis) liegt bei den 0–17-Jährigen bei 23%. Die AIDS Prävention ist nach wie vor ein bedeutendes Thema der Gesundheitsarbeit mit Jugendlichen; sie ist in Deutschland ein gutes Beispiel für eine tragfähige Kooperation und Vernetzung von staatlichen und nichtstaatlichen Institutionen und engagierter, selbst betroffener Akteure.

Weiterführende Literatur/Quellen

Deutsche AIDS-Hilfe: www.aidshilfe.de
Hanewinkel, R. & Röhrle, B. (Hrsg.) (2009): Prävention von Sucht und Substanzmissbrauch. Tübingen
Lenz, A. (2012): Psychisch kranke Eltern und ihre Kinder. Bonn
Petermann, F. & Pudel, V. (2003): Übergewicht und Adipositas. Göttingen
Selvini Palazzoli (2003): Magersucht. Stuttgart

3 Junge Erwachsene mit intellektueller Beeinträchtigung – Soziale Arbeit als Unterstützung von Gesundheitskompetenz

Marina Ney

Was Sie in diesem Kapitel lernen können

Es soll gezeigt werden, dass Sozialarbeit besonders dann gefordert ist, wenn Risiken gesundheitlicher Benachteiligungen zu wachsen drohen und gleichzeitig eingeschränkte Ressourcen und Chancen der Person eine erhöhte Aufmerksamkeit für Fragen der Gesundheit erfordern. Obwohl die folgenden Darstellungen eine besondere Zielgruppe in den Mittelpunkt rücken, werden grundlegende Aussagen zur Erklärung des Gesundheitsverhaltens und Gesundheitshandelns junger Erwachsener getroffen, besondere Zusammenhänge zwischen den Herausforderungen in dieser Lebensphase und der Gesundheit beschrieben sowie zentrale Aspekte einer Gesundheitskompetenz benannt.

- In einem ersten Schritt wird erklärt, inwiefern intellektuelle Beeinträchtigungen die Gesamtentwicklung betroffener Personen beeinflussen, gesundheitliche Risiken mit sich bringen und mit sozialen Risiken zusammenfallen können.
- Es werden Einflüsse auf gesundheitliche Ungleichheit deutlich gemacht, die sich mit Eintritt in das Erwachsenenalter verschärfen können.
- Im Fokus der Betrachtung stehen die gesundheitlichen Kompetenzen. Der Erwerb dieser Kompetenzen wird im Verhältnis von Selbstverantwortung und sozialer Verantwortung bzw. Unterstützung diskutiert. In diesem Rahmen erfährt der Leser, in welcher Weise der Erwerb von Gesundheitskompetenz bei Menschen mit Lernproblemen erschwert wird. Anschließend erkennt man anhand eines Fallbeispiels, wie und auf welchen Ebenen entsprechende Unterstützungsangebote gegeben werden können.

„Kein Gesundheitswesen der Welt kann darauf verzichten, dass die Menschen selbst Verantwortung für ihre Gesundheit übernehmen." (Gerald Hüther auf dem Hauptstadtkongress Medizin und Gesundheit, 2011)

In der Regel spricht man für die Zeit vom 18. bis zum 40. Lebensjahr vom jungen Erwachsenenalter. Der Eintritt in diese Lebensphase wird rechtlich gesehen mit dem Begriff der Volljährigkeit verbunden, der das Verantwortlichsein für eigenes Handeln betont. Lüdtke (2007) wertet Studien aus, die die subjektive Perspektive der jungen Menschen selbst einbeziehen. Die Ergebnisse bestätigen, dass die

Befragten die Übernahme von Verantwortung für das eigene Handeln und das Erweitern von Entscheidungsautonomie als Kerne ihrer Identität als Erwachsener verstehen.

Entwicklungspsychologisch sind Verantwortung und Reife eher nicht an das Lebensalter gebunden.

Für die Übernahme von Verantwortung eines Menschen für seine Gesundheit oder die Gesundheit seiner Kinder ist das Erlernen entsprechender Kompetenzen Voraussetzung. Der Erwerb von Gesundheitskompetenz kann für bestimmte Personengruppen erschwert sein.

Zu den Adressaten der Sozialarbeit gehören Personen, die weniger gute interne Ressourcen für ihre Lebensgestaltung besitzen, und Personen, die sozial, also hinsichtlich ihrer externen Ressourcen, benachteiligt sind. Im Folgenden wird davon ausgegangen, dass junge Erwachsene mit eingeschränkten intellektuellen Leistungen zu beiden Gruppen zählbar sind.

Zum einen korrespondiert Intelligenzminderung als eine interne Komponente mit einer erhöhten Vulnerabilität für Krankheiten, wobei Personen im jungen Erwachsenenalter ansonsten als vergleichsweise gesunde Bevölkerungsgruppe gelten. Zum anderen lassen sich geringere intellektuelle Leistungen eines Erwachsenen in der Regel nicht allein durch die ihm eigenen intellektuellen *Fähigkeiten* erklären. Diese sind gleichermaßen, wenn auch in unterschiedlichem Umfang ein Produkt unzureichender *Entwicklungsräume und Lernmöglichkeiten*, die in der Familie und in den sekundären Sozialisationsinstanzen, also extern gegeben waren.

3.1 Die Lebenslaufperspektive als Erklärungsbasis für den Erwerb von Gesundheitskompetenz

Das Zusammenspiel interner und externer Entwicklungs- und Lernkomponenten in den vorangegangenen Lebensphasen bildet für den Sozialarbeiter eine Erklärungsbasis erstens für die Art und Weise, wie sich junge Erwachsene in Fragen ihrer Gesundheit verhalten und wie sie ihre Einstellung zu ihrer mehr oder weniger gesunden Lebensweise bewerten. Zweitens können aus der Lebenslaufperspektive Motive, Routinen, Einstellungen und andere Bedingungen, die über ein Weiterlernen der Betroffenen in Fragen ihrer oder der Gesundheit ihrer Kinder mit entscheiden, besser verstanden und Hilfen biografisch sensibel zugeschnitten werden.

Im Folgenden werden ausgewählte Bausteine für eine solche Erklärungs- und Handlungsbasis betrachtet.

3.1.1 Erklärungsansätze der Lebenszeitepidemiologie

Faktoren, die die Gesundheit im jungen Erwachsenenalter geprägt haben, sind über das *Modell der Akkumulation* von Risiken und das *Modell der kritischen Perioden* erklärbar (Kolip 2011). Wie bereits im Kapitel zur Schwangerschaft im Rahmen des fetalen Alkoholsyndroms oder des Nikotinkonsums während der Schwangerschaft deutlich wurde, gibt es in der menschlichen Entwicklung *kritische Perioden*, d. h. zeitlich begrenzte Entwicklungsphasen, in denen der Organismus besonders vulnerabel für spätere permanente Störungen ist. So konnte Smith (2008) in seinen Studien Zusammenhänge zwischen pränatalen Infektionen und erhöhtem Krebsrisiko im Erwachsenenalter sowie Zusammenhänge zwischen häufigen Infektionen im frühen Kindesalter und einem erhöhten Risiko für Atemwegserkrankungen bei Erwachsenen nachweisen. Im *Akkumulationsmodell* werden die in früheren Lebensabschnitten entstandenen gesundheitlichen Risiken im Zusammenhang mit andauernden oder später hinzutretenden Belastungen gesehen. Kumulative Effekte spielen, wie im Kapitel zum mittleren Erwachsenenalter noch ausführlicher dargestellt wird, z. B. bei koronaren Herz-Kreislauf-Erkrankungen eine wichtige Rolle, insbesondere wenn starker Nikotinkonsum und niedriger sozioökonomischer Status, z. B. niedriger Bildungsabschluss oder Arbeitslosigkeit, korrelieren.

3.1.2 Erklärungsansätze zur Entstehung von Intelligenzminderung und Behinderung

Intelligenzminderungen lassen sich mit einer verzögerten, schwächeren oder unvollständigen Ausprägung von bestimmten Fähigkeiten erklären, die zur *Bestimmung des Intelligenzquotienten* (IQ) beitragen. Intelligenz gilt als Konstrukt verschiedener Fähigkeiten. Demnach kann eine Person abstrakt-logische, verbale und handlungspraktische Fähigkeiten sehr differenziert ausprägen und im Erwachsenenalter trotz massiver Schwierigkeiten beim Erfassen von Begriffen oder Zusammenhängen dennoch umfängliche alltagspraktische Kompetenzen besitzen, die z. B. für eine gesunde Lebensweise wichtig sind.

Ausgehend vom IQ unterscheidet man im ICD-10 (Internetquelle 3) unterschiedliche Grade intellektueller Beeinträchtigung:

- „Leichte Intelligenzminderung" (F 70.): IQ-Bereich 50–69, gekennzeichnet durch schulische Lernschwierigkeiten und die zuverlässige Prognose für eine selbstständige Lebensführung
(Mit der Bezeichnung „Leichten Intelligenzminderung" wird im deutschsprachigen Raum der Begriff der „Lernbehinderung" in Zusammenhang gebracht.)
- „Mittelgradige Intelligenzminderung" (F 71.): IQ-Bereich 35–49, gekennzeichnet durch eine deutliche Entwicklungsverzögerung; Betroffene sind in der Lage, eine ausreichende Kommunikationsfähigkeit und Ausbildung zu erwerben, wobei lebensbegleitend Unterstützung im Alltag und bei der Arbeit erforderlich bleibt.
(Ab dieser Stufe der Intelligenzminderung wird die Bezeichnung „Geistige Behinderung" verwendet.)
- Die *„Schwere Intelligenzminderung" (F 72.) im IQ-Bereich 20–34* und
- *die „Schwerste Intelligenzminderung" (F 73.), unter einem IQ von 20 liegend,*

werden in den folgenden Ausführungen nicht thematisiert. Betroffene benötigen andauernden Unterstützungsbedarf, wobei für Überlegungen zur deren Gesundheitsförderung der Pflegekontext zu beachten wäre.

> **Rechercheaufgabe**
> Erarbeiten Sie sich bitte einen Vergleich zwischen den folgenden Begriffsbestimmungen: „Umschriebene Entwicklungsstörungen schulischer Fertigkeiten", „Lernbehinderung", „Leichte Intelligenzminderung" und „Unterdurchschnittliche Intelligenz". Sie können dafür die Internetquellen 3 und 38 sowie die Darstellungen von Lauth & Schlottke (2005) und Schröder (2005) nutzen.
> Hinweise: Die Abgrenzung ist nicht eindeutig zu treffen. Das Kriterium des geminderten IQ scheint nicht allen Begriffen gemeinsam zu sein. Lernbehinderungen sind von schulischen Entwicklungsstörungen besonders durch Kriterien wie Grad, Umfänglichkeit und zeitliches Auftreten kognitiv gestützter Leistungen zu unterscheiden.
> Eine verminderte Intelligenz ist nur eine der möglichen Ursache für die Erklärung von Lernbehinderung. Sozialpädagogisch bedeutsam sind vor allem Verhaltensstörungen und Milieudefizite, die primär oder sekundär an der Ausprägung einer Lernbehinderung mitwirken. Umschriebene Entwicklungsstörungen, auch wenn sie sich nur auf Teilbereiche des Lernens beziehen, können das Lernverhalten bis in das Erwachsenenalter hinein prägen.
> Für Sozialarbeiter ist es wichtig zu erkennen, dass zu der Gruppe sozial benachteiligter junger Erwachsener auch solche gehören, die aufgrund von geringeren intellektuellen Leistungen im Vergleich zu ihrer Altersgruppe andere Lernpotenziale besitzen, eben auch in Fragen der Aneignung gesundheitlicher Kompetenzen.

Grundsätzlich ist die Nutzung des IQ als Kriterium der Unterscheidung des Ausmaßes von intellektueller Beeinträchtigung nicht unproblematisch. Hierzu existiert eine lange Geschichte einer interdisziplinär geführten Fachdiskussion vor allem um den Gegenstand und die Art der Intelligenzdiagnostik (Siebert 2005).

Darüber hinaus darf der IQ nicht isoliert als Ursache für intellektuelle Beeinträchtigungen gesehen werden. Besonders bei leichten Intelligenzminderungen bestimmen mehrere Faktoren das Ausmaß der Folgen für die Lebensgestaltung (*Multikausalität*). Für die „Lernbehinderung" z. B. diskutiert man die Rolle, die der IQ für deren Entstehung und Manifestation hat, besonders vehement. Aus medizinischer Sicht versucht man, den Anteil genetischer, prä-, peri- oder postnataler Ursachen zu klären, die zu einer Minderung der Intelligenz geführt haben und die kognitive Leistungsfähigkeit möglicherweise dauerhaft verringern. Aus psychologisch-pädagogischer Sicht betrachtet man verschiedene Fähigkeiten wie z. B. im Bereich der Wahrnehmung, Konzentration oder Sprache, die (vor allem schulisches) Lernen erschweren können. Aus soziologischer Perspektive berücksichtigt man soziale Strukturen und Prozesse (z. B. der institutionellen Unterstützung) oder materielle Bedingungen (z. B. in der Familie), die an der Entstehung von Lernbehinderungen mitwirken.

Eine leichte Beeinträchtigung der intellektuellen Leistungsfähigkeit kann also eine „Lern*behinderung*" mit verursachen; als *behindert* im rechtlichen Sinn gelten die betreffenden Personen allein aufgrund der Diagnose einer leichten Intelligenzminderung aber nicht. Die folgende Übersicht dient dem Verständnis des Behinderungsbegriffes:

Zum Begriff „Behinderung"

Behinderung ist ein Oberbegriff für dauerhafte Abweichungen von einem für das Lebensalter zu erwartenden typischen Zustand körperlicher, geistiger oder seelischer Art. Behinderung leitet sich ab aus einem Verhältnis bzw. einer Interaktion zwischen Merkmalen der Person selbst (z. B. beeinträchtigte Körperfunktionen), personbezogenen Faktoren (z. B. Erziehung, Gewohnheiten, Bewältigungsstile oder sozialer Hintergrund) und Umweltfaktoren (z. B. wirtschaftliche und rechtliche Gegebenheiten, Komponenten der Gesundheit sowie Einstellungen von Menschen), in denen man lebt und sein Leben gestaltet. Behinderung stellt somit eine dynamische Größe dar. Art und Umfang der Aktivitäten und der Teilhabe des Betroffenen in verschiedenen Lebensbereichen sind aufgrund eines komplexen Zusammenspiels der genannten Faktoren veränderbar (vgl. Internetquelle 4).

Zur Relativität von Behinderung

Personen, die man als lernbehindert bezeichnet, gelten nur bezogen auf Erwartungen in einem einzelnen Lebensbereich und in einer begrenzten Lebensphase, nämlich der Schulzeit, als behindert. Die Unterordnung des Begriffs „Lernbehinderung" unter den der „Behinderung" ist daher problematisch.

Generell entscheidend für die Ausprägung einer Behinderung ist die subjektive Verarbeitung derselben und die Folgen, die sich für den Betroffenen aus den Erfahrungen seiner Zuordnung zu einer sozialen Kategorie ergeben.

Zum Leistungsanspruch bei Behinderung

Behinderte oder von Behinderung bedrohte Personen erhalten Leistungen zur Teilhabe und Rehabilitation, die helfen sollen, Betroffene in die Gesellschaft einzugliedern und sie zu einem weitgehend selbständigen Leben zu befähigen. Nach dem SGB IX (allgemeine Regelungen zur Rehabilitation und Teilhabe) und SGB XII (Regelungen zur Eingliederungshilfe) gehören hierzu unter anderem:

- Leistungen der medizinischen Rehabilitation,
- Leistungen zur Teilhabe am Arbeitsleben,
- Leistungen zur Teilhabe am Leben in der Gemeinschaft,
- Hilfen in stationären Wohnformen und
- Unterhaltssichernde und andere ergänzende Leistungen.

Sozialarbeiter begegnen benachteiligten jungen Erwachsenen mit einer leichten Intelligenzminderung daher in der Regel in anderen systemischen Zusammenhängen jenseits von Angeboten für behinderte Menschen.

Allerdings gelangen Betroffene mit zunehmenden Lebensrisiken, die z. B. an der Schwelle zum Erwerbsleben entstehen, und aufgrund hinzukommender Belastungen, wie z. b. Krankheiten, möglicherweise in eine neue Gefährdungsgruppe der „Noch-Nicht-Arbeitslosen" oder „Noch- Nicht-Behinderten" mit entsprechenden Leistungsansprüchen.

Intelligenzminderungen und Behinderungen können mit einer oder mehreren Begleiterkrankungen einhergehen (Komorbidität), die miteinander in Wechselwirkung treten (Multimorbidität). Je stärker die Intelligenzminderung, desto wahrscheinlicher treten *Ko- und Multimorbidität* auf. Mehrere Erkrankungen führen zur Einnahme interagierender Medikamente und zur Dauermedikation mit entsprechenden Nebenwirkungen. Komorbidität ist eine Ursache für einen sehr disharmonischen Verlauf der Gesamtentwicklung.

Tabelle 3 enthält Beispiele möglicher, mit Intelligenzminderungen verbundener Krankheiten sowie Spezifika des Umgangs damit seitens der Klientel. Für Behandlungen und Therapien von Personen mit intellektuellen Problemen muss grundsätzlich zunächst deren geringere Mitwirkungs- bzw. Kooperationsfähigkeit (Compliance) kalkuliert werden. Zu verstehen ist darunter nicht allein die möglicherweise fehlende Einsicht oder Bereitschaft, einen zugewiesenen Part im Rahmen seiner Behandlung, Therapie und Prävention zu übernehmen, sondern vor allem die veränderte oder geringere Fähigkeit, Wirkungen von Medikationen wahrzunehmen, zu verbalisieren oder diese zu kontrollieren.

Tab. 3: Beispiele für Komorbidität bei Formen von Intelligenzminderung

Krankheit	Kurzcharakteristik	Klientelspezifik
Epilepsie	Chronische Erkrankung des zentralen Nervensystems, bei der sich je nach Ausdehnung und Lokalisation der von einer abnormen Aktivität betroffenen Neuronenverbände unterschiedliche klinische Erscheinungsbilder zeigen. Es kommt wiederholt zu epileptischen Anfällen wie dem generalisierten oder partiellen (fokalen) Anfall.	Die für die Diagnose und Therapie erforderliche genaue Anfallsbeschreibung ist aufgrund sensorischer und sprachliche Probleme erschwert. Reizverarbeitungsprobleme und eine beeinträchtigte Selbststeuerung beeinflussen das Reaktionsvermögen.
Aufmerksamkeitsdefizit-/ Hyperaktivitätsstörung (ADHS)	Endogen (primär gestörte Reizschwelle) und/oder exogen (z. B. ständige Reizüberflutung) bedingt, äußert es sich in einer Aufmerksamkeits- und Impulskontrollstörung sowie übermäßigen motorischen Aktivität oder Unruhe.	Chronische intellektuelle Überforderung und eine von Misserfolgen und Beziehungsproblemen gekennzeichnete Lerngeschichte verstärken das Verhalten, ebenso wie Selbstwertprobleme oder mangelnde Bewältigungsstrategien.
Muskelschwäche	Muskelschwäche und/oder gesteigerte Ermüdbarkeit ist/sind Ausdrucksformen einer neuromuskulärer Erkrankung. Auch die Atmen- oder Herzmuskulatur kann betroffen sein. Fortschreitend kann es zum Muskelschwund kommen.	Weniger Mobilität wird möglicherweise als mangelndes Interesse fehlinterpretiert. Aufgrund verringerter Kräfte und erforderlicher Anstrengung ist die Bewegungsmotivation schwer anzuregen.

Obwohl sich im Erwachsenenalter bei den meisten Betroffenen die gesundheitliche Lage stabilisiert (Nicklas-Faust 2002), bleibt für Personen mit intellektuellen Beeinträchtigungen ein steigendes Risiko insbesondere psychiatrischer Komorbidität bestehen. Es wächst im Vergleich zum Bevölkerungsdurchschnitt bis zum Eintritt in das Erwachsenenalter um das Drei- bis Vierfache, wobei Essstörungen, Depressionen und Angststörungen einen erheblichen Anteil daran haben (Internetquelle 39). Die Ursachen dafür liegen zum großen Teil in den Benachteiligungen, die Betroffene erfahren bzw. in der Art, wie sie versuchen diese zu bewältigen. Im jungen Erwachsenenalter können solche Benachteiligungen rasch kumulieren und, auch wenn es z. B. nur leichte intellektuelle Leistungsdefizite sind, die Berufschancen und Lebenswege verstellen.

Festzuhalten bleibt, dass Krankheiten nicht obligatorisch mit einer Intelligenzminderung und Behinderung verknüpft sind. Sie können aber verursachend, begleitend oder als Folge mit ihnen in Verbindung stehen. Gerade für Erwachsene mit leichter Intelligenzminderung (bzw. ehemals Lernbehinderung) können im Entwicklungsverlauf hinzutretende, sich manifestierende Erkrankungen eine Behinderung erst hervorrufen. Für betroffene Personen besteht daher in der Regel Anlass zu einer erhöhten Aufmerksamkeit für ihre Gesundheit.

Es wurde bereits deutlich, dass Intelligenzminderungen nicht nur multikausal verursacht werden, sondern weitere Faktoren während der Entwicklung (*chronologisch-prozessual*) zu den ursprünglichen Ursachen hinzutreten können. Darüber hinaus beeinflussen sich die verschiedenen Komponenten untereinander, so dass Art und Umfang der Beeinträchtigungen und Benachteiligungen trotz ähnlicher intellektuellen Voraussetzungen bei den betroffenen Personen sehr variieren. Kobi (2004) beschreibt in diesem Zusammenhang ein *offen-kreisförmiges Modell der Entwicklung*.

Sind bei leichten Intelligenzminderungen genetische Ursachen beteiligt, so sind es doch die begleitenden psychosozialen und sozioökonomischen Faktoren, die wesentlich die Lern- und Lebenschancen bestimmen. Bei mittelgradigen bis schweren Intelligenzminderungen dominieren pränatale, insbesondere genetische Faktoren. Bei einem Teil bleiben die Ursachen ungeklärt.

Genetische Faktoren, wie z. B. Mutationen, erzeugen meist einen multiplen Defekt, also mehrere Symptome. Diese liegen in verschiedenen Persönlichkeitsbereichen, mit je nach Ausprägungsgrad und Zeitpunkt der Diagnose unterschiedlichen Risiken für spätere Lebensphasen. Die verschiedenen Symptome wirken nicht nur summarisch, sondern greifen in einem komplexen Wirkmechanismus ineinander und ergeben in der Gesamtkonstellation ein Syndrom. Gehen kognitive Leistungseinschränkungen z. B. mit sozial schwierigen Verhaltensmerkmalen einher, so kann das zu ablehnenden Erfahrungen im sozialen Zusammensein bis hin zur Ausgrenzung führen. In der Folge bleiben für den Betroffenen Chancen des (sozialen und sprachlichen) Lernens und kognitive Potenziale ungenutzt. Wichtige soziale oder kommunikative Fähigkeiten für die selbstständige Lebensgestaltung im Erwachsenenalter werden brach gelegt. Mitunter bilden sich Interaktionsmuster, die die Person in späteren Lebensphasen auffälliger kennzeichnen, als dies ihre intellektuellen Kompetenzen „verraten" hätten.

In der frühen Entwicklung sind es im Kontext intellektueller Beeinträchtigungen vor allem die Symptome begleitender Verhaltensstörungen des Kindes wie z.B. erhöhte Reizbarkeit (Erethismus) und Autoaggression, die die Eltern-Kind-Beziehungen massiv belasten. Die Folgen können von elterlicher Hilflosigkeit bis hin zu Beziehungsabbrüchen reichen. Je vorbelasteter die psychosoziale und sozioökonomische Lage der Eltern bereits ist und je nachdem welche Kompetenzen und Chancen sie für die Entwicklung ihres Kindes besitzen, erhalten, wahrnehmen und nutzen können (Lernmöglichkeiten), formen sich kognitive und andere Symptome beim Kind aus (Lernfähigkeiten). Der Begriff Mentale Retardierung, der fälschlicherweise häufig synonym zu dem der Geistigen Behinderung verwendet wird, akzentuiert nicht die Verzögerung der Entwicklung, sondern vor allem deren letztendlich mögliches Ergebnis.

Je nach Art und Dauer der frühkindlichen Belastungen in der Familie einerseits und dem Vorhandensein von Resilienzfaktoren des Kindes andererseits bleiben problematische bis hin zu traumatischen Erfahrungen mitunter bis in das Erwachsenenalter erhalten und beeinflussen das subjektive Elternschaftskonzept des dann Erwachsenen (vgl. hierzu unter 3.4.3).

Nachfolgend werden zwei Beispiele für Syndrome gegeben, die mit einer Intelligenzminderung unterschiedlichen Grades verbunden sein können:

Zu den genetisch verursachten Syndromen zählt das Prader-Willi-Labhart-Syndrom (PWLS). Stein (2003) untersuchte, welche Determinanten den Grad der Intelligenzminderung bei den Betroffenen bestimmen. Im Ergebnis wurde deutlich, dass dieser zunächst von der genauen genetischen Ursache (Deletion im Bereich des Chromosoms 15 oder nicht geglückte Meiose) und vom Zeitpunkt der Diagnose bzw. von der damit potenziell einsetzenden gezielten Förderung abhängig ist. Auf der Ebene der körperlichen Symptome zeigen Betroffene u.a. hormonelle Störungen, so dass erhebliche Gewichtsprobleme entstehen können. Die intellektuelle Leistung variiert in Abhängigkeit vom Gewicht um etwa 20 IQ-Punkte. Für Betroffene wird Adipositas zum lebenslangen Risiko bzw. die Gewichtskontrolle zur lebenslangen Aufgabe. Herz-Kreislauf-Erkrankungen oder Diabetes mellitus sind die häufigsten Todesursachen in diesem Zusammenhang. Übergewicht zusammen mit der beim PWLS vorkommenden Muskelhypotonie (verminderte Spannung der Muskeln) kann zur Skoliose (Verkrümmung der Wirbelsäule) führen. Obwohl man die Betroffenen nach ihrem sogenannten Leitsymptom (dem Symptom, das für den Hilfebedarf primär maßgeblich ist) als „geistig behindert" bezeichnet, besitzen sie darüber hinaus einen erheblichen Bedarf an medizinischer Aufmerksamkeit. Auch ist ihr Verhältnis zum eigenen Körper beeinträchtigt. Verhaltensprobleme der Betroffenen führen wiederum zu weiteren Benachteiligungen mit der Folge verstärkter Retardierung, wenn z.B. Eltern ihre Kinder als nicht mehr tragbar einstufen oder schulisches Lernen durch die Verhaltensproblematik begrenzt wird.

Ein zweites Beispiel mit hoher Prävalenz für kognitive Beeinträchtigungen ist das bereits thematisierte fetale Alkoholsyndrom (FAS). Der Ausprägungsgrad der Intelligenzminderung ist beim FAS tendenziell schwächer als beim PWLS. Es zeigt sich in der Regel eine unterdurchschnittliche intellektuelle Leistungsfähigkeit, die mit beeinträchtigten sozialen Kompetenzen einhergeht. Im Vergleich zur

Normalbevölkerung besitzen Betroffene ein bis um das Sechsfache erhöhtes Risiko für einen Alkoholmissbrauch im Erwachsenenalter (Internetquelle 39). Als Erklärungen für das erhöhte Abhängigkeitsrisiko lassen sich sowohl Personen- als auch soziale Kontextfaktoren (vgl. ICF) heranziehen. Betroffene können komplexe soziale Situationen weniger gut einschätzen, ihnen fehlt Risikobewusstsein und sie sind leicht zu abweichendem Verhalten zu verleiten. Dies erklärt ihre gute Empfänglichkeit für Angebote zum Alkoholkonsum im jungen Erwachsenenalter.

Die Beschreibung von Syndromen bezieht sich überwiegend auf Defizite und Abweichungen von Gesundheit. Für einen Ansatz der sozialen, pädagogischen und gesundheitsorientierten Arbeit ist die Sicht auf Potenziale genauso notwendig. Betroffene mit Lernbehinderungen z.B. haben mitunter starke Bewegungspotenziale. Damit ist nicht nur eine zusätzliche Hyperaktivität gemeint, sondern Freude am Bewegen und am entsprechenden Leistungserleben. Hinsichtlich kognitiver Schwierigkeiten könnte eine entsprechende Anforderung des Betreffenden kompensatorisch wirken. Andere zeichnen sich mitunter durch ein sehr offenes und sensibles Wesen aus, so dass sich für die Betreffenden aus intensiven und verlässlichen sozialen Beziehungen Schutzfaktoren und Ressourcen für ihre Entwicklung gewinnen lassen.

3.1.3 Sozialisationstheoretische Erklärungsansätze

Im Kern verschiedener Sozialisationstheorien geht es darum zu verstehen, wie sich ein Mensch in der ihn umgebenen Realität entwickelt, wie er lernt, seine körperlichen und psychischen Bedürfnisse mit den Vorgaben und Chancen der Umwelt in Einklang zu bringen. Richter & Hurrelmann (2009) gehen in ihrem Sozialisationsmodell von einer Konstellation der Systeme Körper, Psyche, soziale und ökologische Umwelt aus, die der Einzelne zueinander in Bezug setzen und in Einklang bringen muss.

Bezogen auf Lebensphasen betrachtet man die Übernahme typischer Entwicklungsaufgaben und bestimmter Rollen (Havighurst 1982), die für die einzelnen Abschnitte erforderlich sind. Im jungen Erwachsenenalter sind dies primär die Arbeitnehmerrolle sowie die Partner- und Elternrolle. Göpel (2008) unterscheidet soziale Rollen im Gesundheitswesen, wie die des Versicherten, der Angehörigen, des Verbrauchers und Kunden neben der des Patienten, die mit Eintritt in das Erwachsenenalter zunehmend autonom auszufüllen sind. Wie gut Aufgaben gemeistert werden, hängt ab von den sozialen Ressourcen (z.B. vertrauensvolle Beziehungen, Zugang zu Unterstützungs- und Sicherungssystemen, Lernmöglichkeiten) und personalen Ressourcen (z.B. Intelligenz, Selbstbild, Lernfähigkeiten) der Person. Sind Chancen zur Übernahme der Rollen eines Erwachsenen im Fall von Beeinträchtigungen oder Behinderungen möglicherweise stark reduziert, d.h. fehlen Verwirklichungschancen und Zukunftsperspektiven, so wirkt sich das auf die seelische Gesundheit und das Selbstbild aus.

> Selbstbild *und* Identität *sind gleichermaßen Ressource und Ergebnis von Sozialisation. Stigmatisierungen aufgrund intellektueller Beeinträchtigung*

können das Selbst bedrohen oder verunsichern. Eine tragende Säule der Identität, die für junge Erwachse wesentlich ist, stellt der Körper, dessen Aussehen und Leistungspotenzial einschließlich der Sexualität dar. Das Erfahren positiver somatischer Informationen, das Erfahren von positivem Körpergefühl, trägt zum subjektiven Wohlbefinden bei. Für Personen mit kognitiven Beeinträchtigungen ist der Ansatz von Brieskorn-Zinke (2011) interessant. Sie fügt dem wissensbasierten Verständnis von Gesundheitskompetenz eine wahrnehmungsbasierte Ausrichtung hinzu. Demnach unterstützt das achtsam erfahrene Selbst im Gesundheits- und Krankheitserleben die Übernahme von Verantwortung für die eigene Gesundheit. Über Körpererfahrung kann man sensibilisiert werden für gesundheitsrelevante (Warn-)Signale. Dabei es geht auch darum, das Vokabular zum Mitteilen von Wahrnehmungen zu erweitern und Möglichkeiten der gesundheitsförderlichen Selbstregulation zu erschließen.

3.1.4 (Lern-)Psychologische Erklärungsansätze

Als kritischer biografischer Übergang birgt der Eintritt in das Erwachsenenalter Risiken, insbesondere wenn die normativ bestehenden Entwicklungsaufgaben schwer zu meistern sind. Für das Bewältigen von biografischen Übergängen sind unter psychologischer Sicht kognitive und verhaltensmäßige Anstrengungen (Coping) notwendig. Die Bewältigung gelingt dann gut, wenn man über ein breites Repertoire an Copingstrategien verfügt und diese situativ flexibel einsetzen kann. Personen mit kognitiven Beeinträchtigungen können aufgrund ihrer geringeren Transferfähigkeit Erlerntes schwer auf neue Situationen übertragen. Die mit Intelligenzminderungen häufig verbundene Affektverstärkung, die geringere Verbalisierungsfähigkeit von Emotionen und eingeschränkte Problemlösefähigkeiten (metakognitive Fähigkeiten) erschweren darüber hinaus den Aufbau sowohl eines emotionsbezogenen als auch instrumentellen Coping. Zu den Personmerkmalen, die Coping beeinflussen, gehört der „Kohärenzsinn" (Antonovsky 1997), der im Zusammenhang mit der *Unterstützung der Krankheitsbewältigung* noch vertieft wird. Kohärenzsinn, d. h. ein grundlegendes Vertrauen, dass Anforderungen zu bewältigen sind und sich Anstrengung lohnt, bildet sich im Zuge der Sozialisation heraus und gilt ab dem Jugendalter als zeitlich stabiler Persönlichkeitsfaktor. Das für die Gesundheitsentwicklung maßgebliche Kohärenzgefühl wird bei Menschen mit Intelligenzminderung vermutlich schwächer ausgeprägt, weil:

- jeweils neue Entwicklungsherausforderungen aufgrund geringer ausgeprägter kognitiver Leistungen (Vergleichen, Abstrahieren, Transferieren) für die Betroffenen weniger gut strukturierbar und erklärbar sind (Verstehbarkeit),
- zur Verfügung stehende Ressourcen zur Bewältigung weniger gut eingeschätzt werden können und somit weniger Selbstwirksamkeits- und Bewältigungserwartung vorhanden sind (Bewältigbarkeit) und in der Folge
- weniger Initiative sowie Anstrengungsbereitschaft zu erwarten sind (Sinnhaftigkeit).

Während es auf der einen Seite interne Ressourcen (Ebene des Verhaltens der Person) sind, die Coping beeinflussen, sind es auf der anderen externe (Ebene der Verhältnisse, in die die Person eingebunden ist). Ressourcen auf dieser Verhältnisebene bilden z. B. gesundheitsförderliche Umweltbedingungen, Wohnverhältnisse und Arbeitsbedingungen, gesundheitsfördernde formelle und informelle soziale Netze sowie individuelle Problemlösungsangebote. Soziale Hilfen für Menschen mit Behinderungen und Menschen, die von Behinderung bedroht sind, gelten in Deutschland als gut etabliert. Das Gesundheitssystem selbst wird jedoch als weniger gut auf die Belange behinderter Menschen eingestellt eingeschätzt. Ebenso fehlt es an informellen Netzwerken für die Klientel. Als maßgeblich für die Entwicklung von Resilienz gelten folgende Ressourcen:

- Hilfen, wenn sie über einen längeren Zeitraum zur Verfügung stehen,
- Bezugspersonen, mindestens eine, besser in jedem Setting eine verlässliche,
- und Fähigkeiten, die die Hilfe in verschiedenen Settings zueinander in Bezug setzen.

Die Gesundheit des Menschen wird als eine Funktion verfügbarer Ressourcen verstanden. Die Ressourcennutzung kann durch personale und soziale Hindernisse eingeschränkt sein. Das Nicht-Nutzen-Können von Ressourcen erhöht das Erkrankungsrisiko.

Im Leben von Personen mit Intelligenzminderungen werden Einschränkungen von Handlungsspielräumen nicht nur zu deren Schutz vorgenommen. Dies ist z. B. aufgrund von Stigmatisierungen, übermäßiger elterlicher Fürsorge und unprofessioneller Unterstützung möglich. Wurden lebensbegleitende Abhängigkeitserfahrungen, d. h. Begrenzungen selbst wirksam zu werden und ein Ergebnis selbstständig erreichen zu können, verinnerlicht, so treten diese Erfahrungen in Gestalt einer geringen Selbstwirksamkeitserwartung in späteren Lebensphasen als Symptome der *Lernfähigkeit* wieder auf. Zum großen Teil sind diese Symptome aber ein Ergebnis von früheren *Lernmöglichkeiten*. Mitunter waren Menschen mit Intelligenzminderung stark von ungünstigen Fremdbewertungen abhängig, die eher defizitär als ressourcenorientiert ausfielen. Seit den 1970er Jahren ist bekannt, dass der Ausprägungsgrad des Leistungsmotivs bei Lernbehinderten aufgrund von andauernden Versagenserlebnissen nur halb so hoch ist wie in der nichtbehinderten Vergleichsgruppe. Lernbehinderte besitzen in der Regel eine geringere Selbstwirksamkeitserwartung. Gemeint ist, dass sich eine Person eine geringe Kompetenz für die Auseinandersetzung mit einer Aufgabe zuspricht (Bandura 1997). Aus Erfahrungen des Versagens leiten Betroffene die Erwartung ab, bei Aufgaben, die als schwierig wahrgenommen werden, wieder zu versagen. Tritt der Misserfolg ein, so wird er kognitiv und emotional den eigenen Fähigkeiten zugeschrieben (internal attribuiert). Lernbehinderte gelten als misserfolgsorientiert (Schröder 2005). Im Gegensatz dazu ist Erfolg für die betreffenden Personen „bloß Zufall, Glück". Für den Selbstwert der Person, für ihre Motivation sich Ziele zu setzen und Aufgaben zu übernehmen, spielen die Ursachen, die sie in der Regel ihrem (Lern-)Erfolg bzw. Misserfolg zugeschrieben hat bzw. zuschreibt, eine wesentliche Rolle.

Weisen Lernbiografien auf ungünstige Muster der Attribuierung und Selbstbewertung hin, müssen diese in Konzepten der Benachteiligten- und Gesundheitsförderung auch im späteren Lebensalter beachtet werden.

Mit Verlassen der lebenslaufbezogenen Betrachtung halten wir für unsere Zielgruppe fest:

- Erhöhte Vulnerabilität für gesundheitliche Risiken und Krankheiten im Vergleich zu Erwachsenen ohne Intelligenzminderung (mitunter Ko- und Multimorbidität, Dauerpatienten)
- Verminderte interne Ressourcen zur Bewältigung von Entwicklungsaufgaben und (gesundheitlichen) Risiken
- Wahrscheinlich ungünstige Lernerfahrungen und somit fehlende Motivation für den Erwerb weiterer, so auch gesundheitsbezogener Kompetenzen
- Unterschiedliche Erfahrungen im Umgang mit externen Risikofaktoren
- Erschwerter Zugang zu bzw. möglicherweise zurückhaltende Inanspruchnahmen von externen Hilfen und Schutzfaktoren

Gelingt es Sozialarbeitern, theoretische Erklärungsansätze für das Verständnis der im Lebenslauf erworbenen und manifestierten Verhaltens- und Handlungsmuster ihrer Klientel zu nutzen und dabei gleichzeitig die entstandene Heterogenität von Voraussetzungen des Einzelnen zur Gestaltung seiner folgenden Lebensphasen zu beachten, lässt sich von „Biografiesensibilität" als eine notwendige Komponente professioneller Haltung ausgehen.

3.2 Gesundheitliche Ungleichheit bei jungen Erwachsenen mit niedrigem Bildungsstatus

Im Folgenden werden einige Determinanten der Gesundheit in der Lebensphase des jungen Erwachsenenalters selbst dargestellt. Mit Eintritt in das Erwachsenenalter greifen viele formelle Stützsysteme des Kindes- und Jugendalters nicht mehr. Es müssen Verwirklichungschancen bereitgestellt werden, wenn sich benachteiligende Lebensumstände nicht vertiefen oder ausdehnen sollen.

Neben Berufsstatus und Einkommen bestimmt Bildung den sozioökonomischen Status. Wie Abbildung 6 zeigt, wirkt dieser nicht direkt auf die Gesundheit, sondern in Abhängigkeit von materiellen und psychosozialen Risikofaktoren und vermittelt über gesundheitsbezogene Verhaltensweisen.

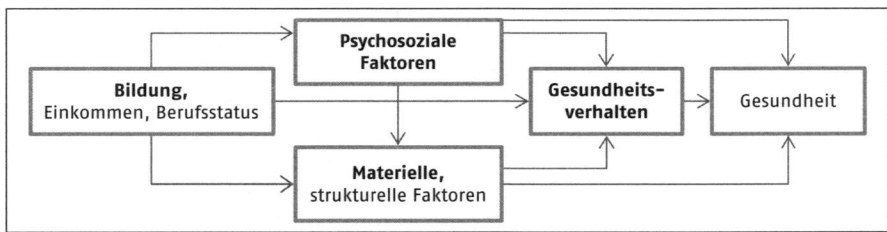

Abb. 6: Einfaches Modell zur Erklärung gesundheitlicher Ungleichheit (zit. n. Kuntz 2011, S. 318)

Für die Kopplung von gesellschaftlicher Ungleichheit an gesundheitliche Phänomene hat sich auch in der deutschsprachigen Debatte der Terminus „Health Inequalities" etabliert (zum Verfolgen der internationalen Debatte vgl. Internetquelle 40).

Da *sozioökonomische und psychosoziale Faktoren* bereits bei der Ausbildung von leichten Intelligenzminderungen (vom Grad der Lernbehinderung) die wichtigsten Ursachen bilden, wird das Risiko gesehen, dass diese im Erwachsenenalter kumulieren können. Die Verbindungen zwischen Bildung – Arbeit – psychosozialen Faktoren und Gesundheit werden deshalb nachfolgend für diejenigen jungen Erwachsenen mit dem Etikett einer Lernbehinderung untersucht. Im Anschluss wird das Gesundheitsverhalten derjenigen Gruppen betrachtet, in die ehemals Lernbehinderte mit Eintritt in das Erwachsenenalter in der Regel einmünden (Arbeitslose, gering qualifizierte Beschäftigte, Arbeitnehmer in prekärer Beschäftigung).

Diejenigen, deren Ressourcen für den Einstieg in die Berufsausbildung nicht ausreichen, gelangen in der Regel in ein sogenanntes Übergangssystem, dem Heuer (2012) entgegen aller schul- und sozialpolitischen Forderungen der Inklusionsdebatte einen Exklusionsmodus vorwirft. Das Übergangssystem ist ein institutioneller Rahmen, der Jugendliche an der Schwelle von der Schule in die Ausbildung und an der zweiten Schwelle von der Ausbildung in den Arbeitsmarkt mit verschiedenen kompensatorischen und berufsbezogenen sozialpädagogischen und Bildungsangeboten hilft, in das Arbeitsleben integriert zu werden. Fehlende Erfolge des Systems führt er auf die kurze Dauer der Hilfen und die hohen Ansprüche an Aktivität und Motivation der jungen Erwachsenen zurück. Derartige Anforderungen können die Betroffenen angesichts ihrer bisherigen ungünstigen Lernbiografie (unzureichende schulische Basiskenntnisse und metakognitive Fähigkeiten sowie sekundär entstandene Verhaltensproblematiken) so schnell nicht umsetzen. Sie drohen aus dem System zu fallen.

Daten des Berufsbildungsberichts 2012 (Internetquelle 41) verweisen auf eine Verbindung zwischen Schulbildung und erfolgreicher Ausbildung. Im Jahr 2011 ist die Anzahl der jungen Erwachsenen im Übergangssystem erstmals unter 300 000 gesunken. Darunter bilden Hauptschulabgänger (möglicher Schulabschluss auch bei Lernbehinderung) die größte Gruppe. Sie sind mit über 70 % (Internetquelle 41, S. 35) in Bildungsgängen vertreten, die eine berufliche Grundbildung vermitteln. Diese führen nicht unmittelbar in eine Berufsausbildung. Man braucht also einen langen Atem. „Verschwinden" die Teilnehmer aus dem Übergangssystem wieder ohne in eine Ausbildung zu münden, werden die Ursachen dafür mit Begriffen wie „fehlende Ausbildungsreife" oder „nicht Ausbildungsinteressierte" bezeichnet, also eher personalisiert. „Rund 15 Prozent (hochgerechnet 1,46 Millionen) der jungen Erwachsenen zwischen 20 und 29 Jahren in Deutschland verfügen über keinen Berufsabschluss und somit nicht über die Voraussetzung für eine qualifizierte Beteiligung am Erwerbsleben" (Internetquelle 41, S. 43). Ungelernte Erwerbstätige haben neben den gering qualifizierten und in prekären Beschäftigungsverhältnissen befindlichen Erwerbstätigen ein dreimal so hohes Arbeitslosigkeitsrisiko. Fehlende Zukunftsperspektiven und das Risiko, arbeitslos zu werden, stehen im Zusammenhang mit psychischer Beanspruchung.

Daten der Gesundheitsberichterstattung des Bundes, auch der „Studie zur Gesundheit Erwachsener in Deutschland" (Robert Koch Institut 2012, Internetquelle 42) belegen folgende Kernaussagen:
- Krankheiten können Ursache und Folge von Arbeitslosigkeit sein.
- Arbeitslose sind im Durchschnitt zehn Tage im Jahr mehr arbeitsunfähig als Erwerbstätige.
- Prekär Beschäftigte und Arbeitslose haben mehr gesundheitliche Beschwerden.
(Die höchste Prävalenz haben dabei psychische und Verhaltensstörungen.)

Auf Aussagen zu psychischen Folgen von Arbeitslosigkeit konzentriert sich die Sächsische Längsschnittstudie (Berth et al. 2011). Bei jungen Erwachsenen wurden in den Jahren zwischen 2004 und 2008 Ängstlichkeit und Depressivität mit der Hospital Anxiety and Depression Scale (HADS) erfasst, einem standardisierten Befragungsinstrument. Es ergab sich eine Korrelation zwischen psychischen Beanspruchungen und dem Umfang von Arbeitslosigkeitserfahrungen.

Die für Personen mit niedrigem Bildungs- und Berufsabschluss erreichbaren Arbeitsplätze sind eher mit gesundheitlichen Risiken verbunden wie z. B. Herzinfarkt, Schlaganfall oder Diabetes mellitus (Kuntz 2011), wobei der Anteil psychosomatischer und Suchterkrankungen unter den auftretenden Erkrankungen gestiegen ist (Wallner 2002). Ursachen dafür können die mit diesen Berufen häufiger verbundenen stärkeren körperlichen Anforderungen sein. Auch ein andauernd schlechtes Verhältnis zwischen Leistung und Belohnung/Entlohnung sowie unbefriedigende Mitgestaltungs-, Entscheidungs- und Kontrollmöglichkeiten (Partizipationschancen) gelten als gesundheitsbelastend.

Welche Überlegungen ergeben sich für Sozialarbeiter?

Die Symptome eines sogenannten „Cooling-Out", die junge Erwachsene in Folge frustrierender Lern- und Motivationskarrieren zeigen, verleiten möglicherweise dazu, ihr tatsächlich vorhandenes Bestreben nach mehr (ökonomischer) Selbstständigkeit und Partizipation nicht wahrzunehmen. Die mit einer Ausbildung und Erwerbstätigkeit entstehenden neuen, anderen und bedeutenden Chancen für die Lebensplanung und -qualität sind dadurch gefährdet und weitere, wie gezeigt wurde auch gesundheitliche Benachteiligungen, drohen. Daher ist seitens der Sozialarbeit gerade angesichts der zu erwartenden Rückschläge während der beruflichen Eingliederung eine biografiesensible prospektive Identitätsarbeit zu leisten. Es wäre zu beobachten und zu prüfen, inwieweit junge Erwachsene in ihren geringen Wirksamkeitserwartungen verhaftet bleiben, obwohl sich die Art der Leistungsanforderung während der Ausbildung und der Berufseinstiegsphase ändert. In der Regel wird mehr praxisorientiertes Lernen gefordert, mit dem sich für die Auszubildenden ein anderer Sinn verbinden lässt. Das arbeitsprozessbezogene und ergebnisorientierte Lernen auf einer weniger abstrakten Ebene kommt darüber hinaus den Voraussetzungen der bislang lernschwächeren Klientel entgegen. Lernen on the job wird – verbunden mit Erfahrungen sozialer Zugehörigkeit und Wertschätzung im Team – für diese Zielgruppe zu einem kompensatorischen

Handlungsansatz. Es kommt also darauf an, die entsprechende Andersartigkeit von Lernprozessen für die Betreffenden deutlich und wirksam zu machen. In der Folge können sie schrittweise erfahren, dass ihre langjährige Misserfolgserwartung nicht stabil bleiben muss und die Reihe der Erfahrungen des Versagens unterbrochen werden kann. Ein bislang unsicheres oder negatives Selbstbild lässt sich so auf langfristige Sicht ändern und man darf vermuten, dass sich positive Erfahrungen dieser Art auf die Einsicht und die Motivation auswirken, die eigene Lebenssituation auch in anderen Lebensbereichen stärker selbst beeinflussen zu können.

Darüber hinaus gibt es gute Gründe auch gesundheitsbezogenes Lernen im Setting Arbeit einzubinden. Erstens ist die Herstellung und der Erhalt von Arbeitsbewältigungsfähigkeit (workability) ohnehin ein Ziel der betrieblichen Gesundheitsförderung. Zweitens sind Ausbildungsinhalte je nach Beruf in unterschiedlichem Maß mit gesundheitlichen Themen verbunden, z. B. zum Sicherheits- bzw. Gesundheitsschutz oder zu Themen wie Hygiene und Umgang mit Nahrungsmitteln. Sozialarbeiter in der Ausbildungs- und Arbeitsförderung kooperieren richtig mit den Ausbildern, wenn sie ermuntern und mit dafür sorgen, dass das zunächst für den Arbeitsbereich gesundheitsrelevante Wissen auch alltagspraktisch plausibel gemacht werden kann.

Jugendberufshilfe, Betriebliche Gesundheitsförderung und Sozialarbeit sind damit aufgefordert, gemeinsam didaktische Überlegungen anzustellen, damit besser gelernt werden kann:

- Gesundheit als Voraussetzung und Determinante von Arbeits-(bewältigungs-)fähigkeit zu begreifen (instrumentelle Funktion von Gesundheit)
- Gesundheitliche Risiken von Arbeitsbedingungen zu erkennen sowie
- *Gesundheitsverhalten* aktiv zu entwickeln und entsprechende Effekte über den Bereich Arbeit hinaus wahrzunehmen.

Begründungen für eine Unterstützung und Anwaltschaft für die Zielgruppe angesichts drohender „Health Inequalities" sind die eine Seite. Auf der anderen Seite bilden junge Erwachsene, auch wenn sie mit einem niedrigen Bildungsstatus in das Erwerbsleben starten, eine Arbeitsmarktreserve. Auch in Anbetracht der demografischen Entwicklung kann zukünftig auf keine Arbeitsmarktreserve mehr verzichtet werden. Ein Schulterschluss zwischen Sozialarbeit und (zukünftigen) Arbeitgebern ist zumindest i. d. S. nötig.

Zum *Gesundheitsverhalten* zählen alle Verhaltensweisen von gesunden Menschen, die nach epidemiologischen Erkenntnissen die Wahrscheinlichkeit erhöhen, gesund zu bleiben. Es wird von verschiedenen Faktoren (vgl. Abb. 6) direkt beeinflusst. Diese Faktoren treffen allerdings auf ein bereits im Sozialisationsprozess entstandenes Gesundheitsverhalten. Zum Beispiel sind Muster von Ernährung, Bewegung oder Hygiene aus der Herkunftsfamilie vorhanden. Im Ergebnis einer Längsschnittstudie bei jungen Erwachsenen zwischen dem 16. und 24. Lebensjahr wurde deutlich, dass in dieser Altersphase zwar gesundheitliches Risikoverhalten gezeigt wird, 80 % der über 2023 Befragten sich aber wohl fühlen; dies trotz wahrgenommener sehr starker Belastungen im Bereich Schule/Ausbildung/Beruf seitens etwa der Hälfte der Untersuchungsgruppe. 43 % der

Befragten stimmten der Aussage „meine Gesundheit ist mir wichtig" sehr zu (Internetquelle 43).
Laut einer Studie von Kaminski, Nauert und Pfefferle (2008) zeigen Auszubildende ein ungünstiges Ernährungs- und Bewegungsverhalten. Mit Eintritt in das Berufsleben werden sportliche Aktivitäten signifikant reduziert mit der Begründung weniger Zeit zu haben. Es wird unregelmäßig gegessen, und man greift häufig zu kalorienreichen Snacks.

Junge Erwachsene mit niedrigem Bildungsabschluss glauben aufgrund ihres erworbenen Attribuierungsmusters, dass sie keine oder nur geringe Kontrolle über ihr Leben haben und bewerten ihre Gesundheit eher schicksalhaft als selbst beeinflussbar. Sie zeigen gegenüber ihren Altersgenossen mit höherem Bildungsabschluss mehr gesundheitsrelevantes Risikoverhalten, bewegen sich weniger, rauchen häufiger und stärker. Übergewicht und Adipositas haben in der Gruppe von Erwachsenen mit niedrigem Bildungsstatus eine höhere Prävalenz. Die Ergebnisse einer internationalen Vergleichsstudie zeigen: „A less-than-‚good' health status is almost always more prevalent in lower than in higher socio-economic groups" (Mackenbach 2006, S. 21). Das Ergebnis beruht auf einer Selbsteinschätzung von Erwachsenen im Alter ab 25 Jahren. Bereits der Gesundheitssurvey 2003 ergab, dass Erwachsene, die man der sozialen Unterschicht zurechnet, ihren Gesundheitszustand im Vergleich zur Mittel- und Oberschicht grundsätzlich als weniger gut einschätzen. Dies ist in der Altersgruppe 30–44 Jahre am deutlichsten. Bezieht man die Erwerbssituation der Betroffenen ein, so spielen o. g. Arbeitslosigkeit, Arbeitsbedingungen oder eine erschwerte Work-Life-Balance eine Rolle. Solche Faktoren können psychosozialen Stress erzeugen, der direkt auf die Gesundheit wirkt (vgl. hierzu Kapitel *Stress und vegetatives Nervensystem*). Dies geschieht besonders dann, wenn eine Benachteiligung bereits besteht, Anstrengungen zur Veränderung als nicht lohnend und Bewältigungsressourcen als weniger vorhanden eingeschätzt werden. Indirekt wirkt Stress auf die Gesundheit, indem z. B. Tabakkonsum von den jungen Erwachsenen als Bewältigungsstrategie genutzt wird.

Insgesamt beeinträchtigen mehrere Determinanten sozioökonomischer und psychosozialer Art die Gesundheit, die sowohl direkt als auch indirekt über das Gesundheitsverhalten wirken (vgl. Abb. 6). Das bislang erworbene subjektive Gesundheitskonzept (Wahrnehmbarkeit und Erlebbarkeit von Gesundheit) ist in unteren Statusgruppen eher negativ und instrumentell geprägt (Faltermaier 2011). Darüber hinaus ergibt sich in Anbetracht von ungünstigen Lernvoraussetzungen und -erfahrungen ein besonderer Anspruch an die Soziale Arbeit, diese Zielgruppe im Erwerb von Gesundheitskompetenz zu unterstützen.

> **Praxistipp**
> Die Angebotspalette zur Gesundheitsförderung für sozial Benachteiligte ist sehr breit. Die Bundeszentrale für Gesundheitliche Aufklärung veröffentlicht Kriterien guter Praxis und entsprechende Beispiele in regelmäßigen Abständen (BZgA 2010). Weitere Recherchen sind unter Internetquelle 44 zu empfehlen. Konzepte

> für die Gesundheitsförderung ehemals Lernbehinderter im Bereich der Ausbildungsförderung und Betrieblichen Sozialarbeit sind rar, da diese Klientel kaum mehr von anderen jungen Erwachsenen mit sozialpädagogischem Hilfebedarf unterschieden wird. Ob dies Stigmatisierungen auflöst oder neue ungleiche Chancen schafft, bleibt eine Frage.

3.3 Gesundheitskompetenz und Kompetenzerwerb

Gesundheitskompetenz ist eher als Konzept als ein Begriff zu verstehen. Das Netzwerk „European Health Forum" formuliert in diesem Zusammenhang folgende Ziele: Schaffung eines einheitlichen Modells zur Beschreibung von Gesundheitskompetenz (Health Literacy), Kompetenzförderung sowie Erfassung und Evaluation entsprechender Strategien der Gesundheitsförderung. „Der europäische Survey zur Gesundheitskompetenz" (Internetquelle 45) legt das Verständnis von Sørensen et al. (2012) zugrunde:

> *„Gesundheitskompetenz ist mit Bildung und Lesefähigkeit verknüpft und umfasst Kompetenzen, Wissen und Motivation der Bevölkerung, um auf Informationen zuzugreifen, sie zu verstehen, zu beurteilen und anzuwenden, um sich ein Urteil zu bilden und Entscheidungen in Bezug auf Therapie und Versorgung, Prävention und Gesundheitsförderung im Alltag zu treffen und die Lebensqualität während der ganzen Lebensspanne zu fördern und zu verbessern."*

Dabei soll nicht der Eindruck entstehen, dass Gesundheitskompetenz zu einer personenbezogenen Variablen verkürzt wird. Das Konzept der Health Literacy bezieht soziale Ressourcen, die der Person potenziell zur Verfügung stehen, Fragen der Aufbereitung und Zugänglichkeit der gesundheitsbezogenen Informationen und Fragen der Partizipation mit ein. Da Gesundheitskompetenz über die gesamte Lebensspanne entwickelt wird, sind im Folgenden für das junge Erwachsenenalter und unseren Personenkreis Akzente gefragt zu:

- Gesundheitskompetenz und Verantwortungsübernahme und
- kognitiven Voraussetzungen/Beeinträchtigungen beim Kompetenzerwerb.

Die Art und das Maß der Eigenverantwortung für Gesundheit beruhen auf in der Sozialisation erworbenen individuell relevanten Wertvorstellungen, die in das subjektive Gesundheitskonzept eingehen und das Gesundheitshandeln bestimmen. Gesundheitshandeln wird in Abgrenzung zum o.g. Gesundheitsverhalten verstanden als „das subjektiv bedeutsame Handeln von gesunden und kranken Menschen ..., das mehr oder weniger bewusst mit dem Ziel der Gesunderhaltung im sozialen Alltag erfolgt" (Faltermaier 2011, S. 312). Das Gesundheitshandeln der hier betrachteten Gruppe junger Erwachsener gehört nicht auf die Anklagebank (vgl. Ursachen gesundheitlicher Ungleichheit), sondern ist als relativ veränderungsresistentes Verhaltens- und Handlungsmuster bei der Erarbeitung von

Konzepten zur Gesundheitsförderung zu beachten (Biografiesensibilität). Bezogen auf das Ziel der Verantwortungsübernahme muss Soziale Arbeit unterscheiden zwischen retrospektiver und prospektiver Verantwortung.

Statt einer Risiko- soll eher eine Ressourcenkommunikation stattfinden. Es geht um die *prospektive Verantwortungsübernahme* (Sommerhalder & Abel 2007) i.S. eines individuell zu bestimmenden Maßes an Eigen- und Mitverantwortung und nicht um „blaming the victim"-Strategien. Dabei stehen auf der einen Seite der mündige Erwachsene und sein subjektives Wohlbefinden. Auf der anderen Seite besteht die gesellschaftliche Erwartung, dass Menschen auf ihre Gesundheit achten sollen. Der Sozialarbeiter bewegt sich zwischen den zwei Seiten und erwartet ausgehend von seinem professionellen Eigeninteresse, dass seine Angebote der Gesundheitsförderung auch genutzt werden. Anwaltschaft („advocacy") des Sozialarbeiters auf verschiedenen Systemebenen (Person, Gruppe, Organisation, Gemeinwesen) und Vermittlung zwischen diesen Ebenen („mediate") ist immer dann angezeigt, wenn das Ziel Gesundheit als vom Klientel nicht genügend artikulations- und durchsetzungsfähig angesehen wird. Machen stärkere kognitive Beeinträchtigungen Betreuungsbedarf rechtlich erforderlich, so bleibt ein Anspruch auf Autonomie bestehen, ebenso wie die Leitlinie Empowerment. Empowerment fördert die Bemächtigung von Einzelnen und Gruppen weitestgehend selbstbestimmt und eigenverantwortlich zu leben. Dazu gehört die Überzeugung über Kompetenzen zu verfügen, um Entscheidungen für die eigene Gesundheit treffen zu können. Gesundheitskompetenz kann aus dieser Sicht Empowerment ermöglichen („enable"). Darüber hinaus soll Gesundheitsförderung durch Empowerment mit bestimmt werden. Wenn Sozialarbeiter ihre Klientel zur Selbstbestimmung in Fragen Gesundheit befähigen, sie ermutigen entsprechende Entscheidungen selbst zu treffen und aktiv zu werden, brauchen sie einen Blick für JoJo-Effekte: Selbst verantwortet entschieden zu haben, bedeutet eben auch, dass die Entscheidung bzw. die Verantwortung für diese Entscheidung rückwirkend individuell zugeschrieben werden kann – erst recht, wenn daran Aktivierung geknüpft war. Je höher die Risiken sind zu scheitern, desto wahrscheinlicher ist ein solcher eher negativer Effekt i.S. von „nicht durchgehalten, nicht erreicht haben". Deshalb müssen die Erwartungen, die man an die Verantwortung des Einzelnen für seine Gesundheit stellt, an seinen individuellen Ressourcen bemessen sein sowie an den bestehenden externen, meist zu verbessernden Verhältnissen, in denen er gesund leben soll.

Verantwortungsübernahme für Gesundheit setzt das Vermitteln von Gesundheitskompetenz voraus. Soellner et al. (2010) generierten auf Basis empirischer Befunde zu gesundheitsrelevanten Fähigkeiten vier Cluster eines Kompetenzstrukturmodells, die die inhaltliche Basis der Abbildung 7 bilden. Dieses Modell wird im vorliegenden Zusammenhang auf Basis des Health Action Process Approach ergänzt, in welchem die sozial-kognitive (Lern-)Theorie auf die Entwicklung von Gesundheitsverhalten und -handeln übertragen wird (Seibt 2011). Die sozial-kognitive Theorie beschreibt, wie Menschen in Interaktion mit ihrer Umwelt Verhalten lernen. Aus den Überlegungen der vorangegangenen Abschnitte geht hervor, dass Gesundheitshandeln durch biografische und verschiedene Faktoren der gegenwärtigen Lebensumstände bestimmt wird und demnach ebenso die Veränderung und der Erwerb von Kompetenzen nicht unabhängig von solchen Faktoren erfolgt. Es ist also auf der einen Seite zu fragen, wie Motive im Umfeld des Einzelnen verankert sind, und wie auf der anderen Seite die Umfeldgestaltung, die Gestaltung des Settings, den Kompetenzerwerb unterstützt. Die Motivation selbst beruht auf sozialisierten Werten, die die Person der Gesundheit beimisst.

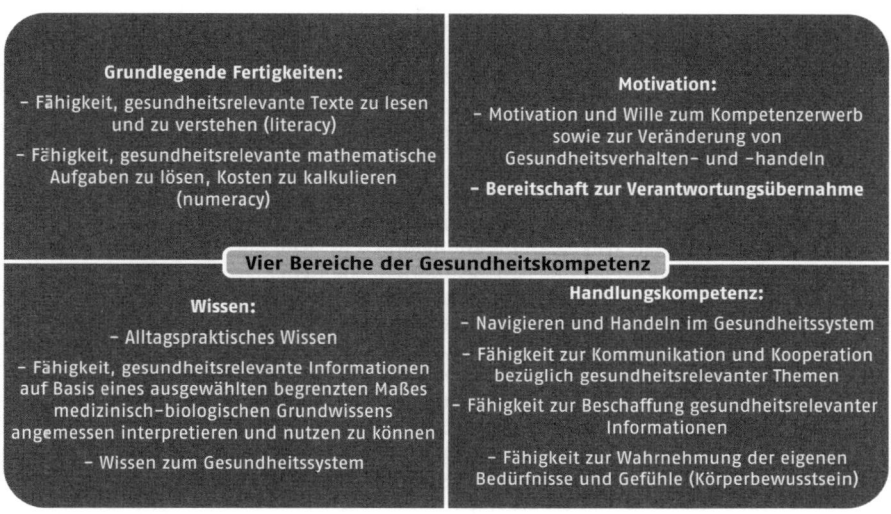

Abb. 7: Vier Bereiche der Gesundheitskompetenz (auf Basis von Soellner et al. 2010)

Man unterscheidet *drei Stufen oder Dimensionen der Gesundheitskompetenz:*
Die *Funktionale Kompetenz* als grundlegende Fertigkeiten im Lesen und Schreiben, die in die Lage versetzen, gesundheitsrelevante Informationen zu verstehen und alltagspraktisch anzuwenden. Diese Kompetenz kann bezogen auf umfängliche, sprachlich und medial aufbereitete Informationen auch von Personen mit Lernschwierigkeiten gut erreicht werden. Die *Interaktive Kompetenz* ermöglicht, eine aktive Rolle im Umfeld einzunehmen, sich gesundheitsrelevante Informationen zu beschaffen, auszutauschen und im Alltag umzusetzen. Die *Kritische Kompetenz* ermöglicht der Person, sich kritisch mit gesundheitsrelevanten Informationen und dem Gesundheitssystem auseinanderzusetzen. Sowohl für die interaktive als auch kritische Kompetenz sind fortgeschrittene kognitive und soziale Fertigkeiten notwendig.

Obwohl im Kompetenzkonzept, welches hier zugrunde gelegt ist, Persönlichkeitseigenschaften (Empathie, Flexibilität) nicht explizit betrachtet werden, haben sie grundsätzlich Einfluss auf die Kompetenz einer Person. Solche Persönlichkeitsmerkmale korrelieren in unterschiedlichem Maß mit der intellektuellen Fähigkeiten. In Tabelle 4 sind den einzelnen Bereichen der Gesundheitskompetenz personale Faktoren zugeordnet, die Personen mit kognitiven Schwierigkeiten den Kompetenzerwerb erschweren bzw. das Maß der ihnen zuschreibbaren Verantwortung mit bestimmen.

Tab. 4: Gesundheitskompetenz und ihre intrapersonale Determinanten bei kognitiven Beeinträchtigungen

Kompetenzbereich	Intrapersonale Merkmale bei kognitiven Beeinträchtigungen	Beispieläußerungen
Grundlegende Fertigkeiten	• Unterschiedliches Alphabetisierungsniveau • Rasche Informationssättigung • Umfangreiches Einzelwissen kann nicht problemgemäß, systematisch organisiert werden • Geringes Aufgabenverständnis bei mathematischen Sachaufgaben; bei geistiger Behinderung numeracy nicht zu erwarten	„Ich habe es gelesen, aber schon wieder vergessen." „Das ist zu viel, das brauche ich nicht."
Motivation	• Schwächere Verhaltensintension bei kurzatmiger Planung, Tendenz zu Sofortlösungen • Handlungsergebniserwartung gering • Geringe Risikowahrnehmung und schwache Antizipationsleistung von gesundheitlichen Effekten, die sich häufig erst nach längerer Zeit einstellen oder für den Laien wenig erkennbar sind • Situationsabhängigkeit und Instabilität der Neigungen, wenig Beharrlichkeit und geringe Tendenz zur Aufrechterhaltung gesundheitsfördernden Verhaltens, schwacher Kohärenzsinn • Abhängigkeit von Art der personaler Vermittlung • Anspruch auf Autonomie und Wille zur selbstständigen Entscheidung	„Ich probiere das mal schnell." „Ich habe andere Sachen zu tun." „Das schaff ich sowieso nicht." „Wenn ich aufhöre zu rauchen, wird auch nichts besser."
Wissen	• Umfangreiches, auch auf die Meisterung schwieriger Lebenswelten bezogenes alltagspraktisches und deshalb als sinnhaft bewertetes Wissen (Einfallsreichtum und Kreativität vorhanden) • Wissen ist stark am Detail und Beispiel verhaftet • Biologisches Grundwissen inselhaft vorhanden • Herauslösen relevanter Informationen aus einem Ganzen und Interpretation dieser für individuellen Kontext schwierig • Systemwissen begrenzt aufgrund eines aspekthaften, am Detail orientierten Wahrnehmens oder wenig und falsch verbundenen Wissens	„Ich mache das ganz einfach." „Was heißt das konkret?" „Damit kann ich nichts anfangen." „Das ist mir zu durcheinander."
Handlungskompetenz	• Transferproblematik erschwert Wissensübertragung auf fremde Situationen • Haften bleiben an bekannten Abläufen • Stigmatisierungserfahrungen, geringere kommunikative Kompetenz und langsame Informationsverarbeitung erschweren die Interaktion • Verschieden ausgeprägte Frustrationstoleranz • Informationsbeschaffung mehr über Kontaktpersonen als über Informationssysteme • I. d. R. gute Fähigkeiten zur Körperwahrnehmung bei möglicherweise ungewohnter Inanspruchnahme und Verbalisierungsbegrenzung	„Das ist jetzt ganz anders als sonst." „Die nehmen mich nicht für voll." „Das ist mir egal." „Ich frage lieber." „Ich kann das nicht so sagen."

Welche Schlussfolgerungen lassen sich aus dem Konzept Gesundheitskompetenz für die Soziale Arbeit mit jungen Erwachsenen ableiten, die über geringere Ressourcen für den Erwerb von Gesundheitskompetenz verfügen als diese in der Altersgruppe zu erwarten sind?

Bereits für die funktionale Kompetenz wird deutlich, dass nicht nur personale Fähigkeiten deren Erwerb beeinflussen, sondern auch der Zugang zu verlässlichen und verständlichen Informationen. Für die interaktive Kompetenz wären die Einstellung und eben auch die Kompetenz von Interaktionspartnern im Gesundheitssystem zu nennen, um mit unterschiedlichen Voraussetzungen von Patienten angemessen umzugehen. Sozialarbeit muss also auf zwei Ebenen agieren: Auf der Ebene des Vermögens des Einzelnen sich gesundheitskompetent zu verhalten, aber auch seine Frustrationstoleranz und seinen Selbstwert zu entwickeln und auf der Ebene der Verhältnisse, um das kompetente Handeln zu begünstigen. Im Zusammenspiel der beiden Handlungsebenen ergibt sich die Chance, in einem kleinschrittigen Empowermentprozess Betroffene zu befähigen, sich ihrer externen Ressourcen auch selbst kritisch-gestaltend zuzuwerden.

Um Kompetenzen im Bereich der *grundlegenden Fertigkeiten* zu unterstützen, lassen sich gesundheitsrelevante Informationen in leichter Sprache nutzen (Internetquellen 47–49). Sozialarbeiter treffen eine Vorauswahl von Informationen. Dabei sind sowohl die Dosierung des Umfangs als auch die Sensibilität für das subjektive Gesundheitskonzept, der Lebenswelt- und Alltagsbezug wichtig. Sozialarbeiter regen darüber hinaus selbstständige Suchprozesse des Betroffenen an, zeigen Informationswege, suchen und informieren Bezugspersonen, mit denen geübt werden kann. Sozialarbeiter sollten selbst zwischen Sprachcodes wechseln können, ohne zu stigmatisieren. Für die wünschenswerte Verbindung von lebensweltbezogener Alphabetisierung und literacy müssen sich reine edukative Programme und das Üben aufgrund eines konkreten Bedarfs ergänzen. Ebenso kann der Erwerb von numeracy z.B. über Kenntnis von Zuzahlungsoptionen bzw. Sparmöglichkeiten motiviert werden.

Um *Motivation* zu unterstützen, sind bereits vorhandene gesundheitsförderliche Verhaltensweisen zu erfragen und, auch wenn diese nicht ideal erscheinen, anzuerkennen. Erworbene Verhaltensmuster mehr oder weniger gesundheitsförderlich zu leben, basiert auf Werten, die für den Einzelnen bislang sinngebend waren. Dieser Sinn kann vom Sozialarbeiter nicht unvermittelt in Frage gestellt werden. Eine neue Wertorientierung in Fragen Gesundheit kann sich erst aufbauen, wenn die Person im Vergleich zum früheren Verhalten wirklich Vorteile für ihre Lebensgestaltung und -perspektive sehen kann. Beim Aufbau neuer Kompetenzen sollten grundsätzlich verschiedene Handlungsoptionen zur Wahl stehen und ausprobiert werden können. Will man beispielsweise sein Bewegungsverhalten ändern, sind biografisch gewachsene Einstellungen zur Bewegung und gewohnte Arten von Sport genauso entscheidend wie vielleicht der Wunsch, über Aktivitäten soziale Kontakte zu knüpfen oder eher die physische Leistungsfähigkeit zu erhöhen. Externe Ressourcen (Bewegungsmöglichkeiten und -angebote im nahen Raum, Budget, Zeit) müssen besprochen und abgewogen werden. Für die Motivation der Klientel ist es ein Vorteil, wenn der Sozialarbeiter selbst

Begeisterung für Gesundheitsverhalten zeigt. Weder der Übermensch noch der Sportsmann ist gefordert, aber ein gesundes Maß an Authentizität darf es schon sein. Darüber hinaus motivieren glaubwürdige realistische Rollenmodelle, die der Sozialarbeiter für das erwünschte Handeln finden kann. Bei kaum ausgeprägtem Gesundheitsverhalten entscheiden die Angemessenheit der Ziele und die Kleinschrittigkeit der Planung besonders über die Wirksamkeitserwartung und Aktivität. Zu Beginn sollten Aktivitäten mit eher kurzfristig wahrnehmbaren Effekten auf dem Programm stehen (Sportangebot – Körpergefühl/Spaß, Ernährung – Genuss, Therapiegespräch – Abstimmung zu Terminen). Nicht nur vom „großen Wurf" des gesundheitsbewussten Lebensstils ist auszugehen, sondern auch „Schadensbegrenzung" und „Coping" sind als Ziele zu akzeptieren. Selbstinitiierte Belohnungen und Anreize stützen das Aufrechterhalten der Anstrengungen, d. h. subjektiv bedeutsame Anreize sollen ausgewählt werden. Die für den Einzelnen vorhandenen Ressourcen sollten mit ihm gemeinsam „sortiert" werden, d. h. wie sehen persönliche Handlungsvoraussetzungen aus und welche Risiken und Ressourcen im Umfeld bestimmen das Gesundheitshandeln. Die wenigsten ungünstigen Umfeldfaktoren lassen sich (gleich) ändern, so dass sowohl im Vorfeld der Aktivität als auch aktivitätsbegleitend am Attribuierungsmuster zu arbeiten ist. Ganz allmählich kann so eine kritische Sicht auf externe Faktoren entstehen, die z. B. im Gesundheitssystem liegen können (vgl. *Kritische Gesundheitskompetenz*).

Um gesundheitsrelevantes *Wissen* zu vermitteln, kann auf offene Angebote der Erwachsenenpädagogik nur bedingt zugegriffen werden, wenn diesen der zielgruppenspezifische Zuschnitt fehlt. Soll ein Zielgruppenbezug gelingen, so sind kleine kurze Module anzubieten, die zwar zum einen Kontinuität möglich machen, zum anderen aber auch Wiederholung und ein intermittierendes Arbeiten i. S. von Hillers Vorgehen beim „Ausbruch aus dem Bildungskeller" (Hiller 1997).

Obwohl der Bedarf an Wissen in dieser Zielgruppe eher zu kompakter Wissensvermittlung verleitet, ist eine niederschwellige und dosierte Form der Vermittlung entscheidend, dies insbesondere im Rahmen der primären Prävention und der Vermittlung alltagspraktischen Wissens. Informelles Wissen (personengebundenes professionelles Erfahrungswissen) lässt sich gut über „story telling" im Rahmen von offenen oder aufsuchenden Angeboten weitergeben. Aufsuchende Hilfen wirken einerseits im Alltag handlungsbegleitend und sind damit automatisch auf den situativen Bedarf zugeschnitten, anschaulich und ergebnisorientiert. Unbenommen davon bleibt die Beratung und Schulung von professionell im Gesundheitssystem Tätigen zum Umgang mit der Zielgruppe eine Aufgabe des Sozialarbeiters, da diese maßgeblich und fallbezogen Wissen vermitteln sowie Mitverantwortung und Kooperation des Patienten in der Therapie (Compliance) erreichen müssen.

Ein Gesundheits- oder Patientenpass (Internetquelle 50), der Auskunft über die gesundheitliche Situation gibt, fördert die *Handlungskompetenz* und kompensiert in gewissem Umfang Wissens- und Kommunikationsdefizite. Der Sozialarbeiter unterstützt bei der Beantragung und koordiniert dessen Pflege. Ausgehend von den Motiven des Einzelnen und selbstverständlich unter Be-

rücksichtigung seiner gesundheitlichen Voraussetzungen sind nun verschiedene Transfermöglichkeiten für das erworbene Wissen zu finden sowie ein Rahmen abzustecken, um Wissen zu erproben. Verschiedene Ebenen des Handelns lassen sich unterscheiden: das Handeln in Systemen und das Aktivsein für die Gesundheit im persönlichen Raum. Beim Handeln, insbesondere beim Erproben neuer Handlungsweisen, hinterfragt die Person ihre Wirksamkeit, ihr Wissen, Sinn und Nutzen der Aktivität und ihre Motive. Sozialarbeiter müssen hier alle Bezugspersonen soweit beraten, dass sie in diesem Prozess kontinuierlich stützen und kleinste Erfolge sichern. Ein Zurückfallen in alte Muster ist hierbei genauso zu erwarten wie Fehler, d.h. Neulernen braucht eine „schuldfreie Atmosphäre" und Zeit. In einigen Bereichen (z.B. Hygiene, Sport) kann man Handlungsweisen soweit trainieren, dass sie den Charakter von Fertigkeiten erhalten (automatisierte Tätigkeitskomponenten). Für die vielfältigen Anforderungen an das Handeln im gesundheitlichen Versorgungssystem können Sozialarbeiter assistierende, begleitende Dienste für die Wahrnehmung von Rechten und Pflichten selbst anbieten oder vermitteln. In der Regel erfordert Gesundheitshandeln die Fähigkeit, immer wieder neue Situationen und Herausforderungen zu bewerten, also komplexe Problemlösefähigkeit – für Personen mit kognitiven Schwierigkeiten eine starke Herausforderung. Komplexität reduziert sich, indem man Anforderungen inhaltlich und zeitlich zerlegt und Wissensinseln in einzelnen Bereichen nacheinander verbindet. Sozialarbeiter analysieren die bestehende Praxis zur Gesundheitsförderung und -versorgung bezüglich Zugänglichkeit, Inanspruchnahme und Akzeptanz (Sensibilität für Barrieren). Sie stellen soziale Determinanten gesundheitlicher Ungleichheit in verschiedenen Settings immer wieder in Frage und hinsichtlich der Verantwortung des Einzelnen in Rechnung.
Die Ausbildung gerade von Handlungskompetenz stellt keinen abgeschlossenen Prozess dar. Sie entsteht in einer Vielzahl von Kontexten und muss sich besonders in belastenden Lebenssituationen immer wieder neu beweisen und generieren.
Das staatliche und professionelle Interesse, Menschen sollten sich um ihre Gesundheit kümmern, trifft (bei sozial benachteiligten) jungen Erwachsenen auf verschiedene Widerstände:

- Gesundheit ist ein Wert, der mit anderen Werten wie Genuss und Risiko konkurriert.
- Das bisheriges Gesundheitsverhalten ist plausibel, da man bei guter Gesundheit ist.
- Man hat in der Schule bereits genug über gesunde Lebensführung gehört.
- Gesundheit als Pflichtaufgabe erzeugt Widerstand, da man, nun endlich erwachsen, selbst bestimmt, erst recht über den eigenen Körper und die eigene Psyche.
- Korreliert Gesundheit überwiegend mit gutbürgerlichem Leben und glänzt so dargestellt und vermittelt über attraktiver Bilder in den Medien, können die als zu hoch empfundenen Erwartungen Frustration statt Motivation hervorrufen.

108 Junge Erwachsene mit intellektueller Beeinträchtigung

Sozialarbeiter sollten diese Widerstände im Kopf haben, um eher die Rolle eines Gesundheitscoachs als die eines Gesundheitsapostels einzunehmen und um sich mit ihrem Auftrag in der Werte- und Zielstruktur der Klientel richtig zu verorten.

3.4 Gesundheitskompetenz als Ressource für Aufgaben im jungen Erwachsenenalter – eine Fallbetrachtung

Der folgende Abschnitt soll den Zusammenhang zwischen Zielen im jungen Erwachsenenalter und der Rolle gesundheitlicher Kompetenzen, die in dieser Lebensphase an Bedeutung gewinnen kann, veranschaulichen.

3.4.1 Zur Zielstruktur junger Erwachsener

Die oben dargestellten vier Dispositionen der Gesundheitskompetenz lassen sich funktional auf Kontexte wie Familie, Schule, Arbeitsplatz und Freizeit beziehen. Im jungen Erwachsenenalter gelten Ziele im Lebensbereich Arbeit und im Lebensbereich Partner/Familie als dominant. Darüber hinaus sind die Gründung eines eigenen Haushalts und der Aufbau eines sozialen Netzes traditionelle Ziele in dieser Lebensphase. Die subjektive Bedeutung dieser *Zielstruktur* bestätigen die 16. Shell Jugendstudie (Shell Deutschland Holding 2010) sowie Erkenntnisse aus der Übergangsforschung (Stauber et al. 2007). Jedes Ziel umfasst darüber hinaus viele Teilziele, es entstehen multiple Zielstrukturen. Sowohl die Zielbereiche als auch einzelne Aufgaben darin können an die Person widersprüchliche Anforderungen stellen, die im Alltag reguliert werden müssen. Man spricht von Selbstmanagement. Ein Beispiel ist die „work-life-balance". Gelingt die Regulation verschiedener Anforderungen, die Balance zwischen ihnen bzw. den eigenen Ressourcen nicht, kommt es mitunter zu gesundheitlichen Überforderungen. Obwohl Gesundheit also dringend gebraucht wird, scheint gerade in Phasen übermäßiger Beanspruchung keine Aufmerksamkeit, keinen Platz mehr für gesundheitliche Selbstsorge gegeben.

Multiple Zielstrukturen können aber auch eine Art Pufferbildung haben und selbstwertstabilisierend wirken, indem bei Nichterreichen eines Ziels ein anderes adaptiert wird. Aus Lebenslaufstudien junger lernbehinderter Frauen (Orthmann 2000) ist die frühe Elternrolle bekannt als ein Kompensationsversuch für die erwartete, zu erwartende oder tatsächlich fehlende Rolle als Auszubildender und/oder späterer Arbeitnehmer. Andere jungen Frauen sehen die Elternrolle naiv als Ersatz für fehlende Beziehungen. „Ein Baby ist einfach jemand, der immer da ist, der mich liebt, ohne Fragen zu stellen" (Internetquelle 51).

„Als eine wesentliche, möglicherweise übergreifende Entwicklungsaufgabe könnte [für junge Erwachsene, d.V.] die Ausarbeitung allgemeiner Ressourcen für lebenslange Entwicklung gelten, die ihrerseits das Verfolgen bereichsspezifischer Ziele erleichtert" (Wiese 2000, S. 81). Gesundheitskompetenz kann also, wenn sie sich für die Person sinnhaft in die eigene Zielstruktur einpasst, zu einer solchen Entwicklungsaufgabe werden und das aktuelle Gesundheitshandeln sowie auf lange Sicht das Gesundheitskonzept verändern. Ein Integrieren von Gesundheitskompetenz erscheint sinnvoll, da junge Erwachsene ihre Gesundheit im Vergleich zu späteren Lebensphasen als stabil bewerten und sie deshalb in Zeiten normaler Beanspruchung nicht zum zentralen Thema avanciert.

3.4.2 Fallskizze

Wie können Sozialarbeiter Ziele des Einzelnen aufnehmen und an diese den Erwerb von Gesundheitskompetenz anschlussfähig machen?

Dies soll am Beispiel einer jungen Frau mit beeinträchtigten intellektuellen Fähigkeiten exemplarisch veranschaulicht werden. Sie steht mit fast 18 Jahren an der Schnittstelle zwischen Schule und Ausbildung und vor allem aufgrund einer Schwangerschaft vor der Aufgabe, ihr Leben neu einzurichten. Darüber hinaus erhalten ihre gesundheitsbezogenen Voraussetzungen im Rahmen der Schwangerschaft und zukünftigen Mutterrolle eine veränderte Bedeutung.

Zur Falldarstellung
Mandy steht ein halbes Jahr vor ihrem Abschluss der 9. Klasse und „mal seh'n ob's reicht, aber das tut's mir lange", so Mandy immer wieder. Sie will danach die Schule verlassen und „was Gutes arbeiten".

Mandy wurde mit acht Jahren mit der Diagnose Fragiles X-Syndrom erst in eine Förderschule eingeschult und schaffte nach dem Wohnortwechsel zu ihren Pflegeeltern ab der 7. Klasse den Übergang in eine integrative Schulform mit Mühe. Die 7. und 8. Klasse musste sie wiederholen. Dies wurde sowohl von ihren damaligen Pflegeeltern als auch von ihr selbst mit dem Schulwechsel begründet. Mandy kam spät zu Pflegeeltern, erst mit 14 Jahren. Ihre Mutter wurde damals frühberentet. Seit einem Jahr ist die Mutter pflegebedürftig. „Es war irgendwie besser als zu Hause", so sagt sie selbst über ihre Zeit bei Sabine und Lutz M., ihren Pflegeltern. „Die haben wegen dem ganzen Tablettenkram geguckt." Mandy hat sich nie krank gefühlt, „das ging immer gleich wieder". Sie ist Epileptikerin, leidet unter partiellen (einfachen fokalen) Anfällen. Sie zeigte auch bei ihren Pflegeeltern eine extreme Reizbarkeit, aber bei weitem keine ausgeprägten Aggressionen wie zuvor mitunter gegenüber ihrer Mutter und ihren zwei älteren Geschwistern. Es erfolgte mit 14 Jahren die bislang letzte medikamentöse Einstellung. Ihr Freund Rico, den sie vor knapp einem Jahr kennenlernte, weiß nichts von ihrer Krankheit. „Der weiß nicht, dass ich in der Kloppischule war." Mandy legt viel Wert darauf, dass es ein „richtiges Zeugnis" gibt. Das war „überhaupt eine gute Tat von Lutz", so Mandy. Der Pflegevater redete damals auf Mandys Wunsch mit dem leitenden Sozialarbeiter der Wohngruppe – der bisherige Schulweg blieb tabu. Rico wohnte damals schon in der Wohngruppe, hatte gerade mit seinem Abschluss der 10. Klasse zu tun und war Anlass dafür, dass Mandy versuchte, auch einen Wohnplatz dort zu bekommen. Er war auch Anlass, mit dem Rauchen aufzuhören. Jetzt wohnt Mandy seit drei Monaten dort und Rico hat vor einem Monat einen Ausbildungsplatz in einer anderen Stadt bekommen.

Direkt von der Schule aus wird Mandy stationär aufgenommen. Sie hat seit einigen Wochen verstärkt Schwindelanfälle und reagiert wesentlich verlangsam-

110   Junge Erwachsene mit intellektueller Beeinträchtigung

ter, auch stärker gereizt als sonst. Man vermutet, dass die Antiepileptika neu eingestellt werden müssen. Es wird eine Schwangerschaft am Anfang des fünften Monats festgestellt. „Hab's gewusst, von meiner Freundin", so Mandy.

Sie wollte nichts sagen, „wegen Schule und so". Mandy hatte schon öfter über ihre Mutter gesagt, „die wollte mich nicht mehr, aber hat wohl nicht zeitig aufgepasst". Mandy wird ihr Kind kurz vor ihrem 18. Geburtstag bekommen.

> **Rechercheaufgabe**
>
> Bitte recherchieren Sie unter der Internetquelle 52 zum FXS (synonym: Marker-X-Syndrom, Martin-Bell-Syndrom). Machen Sie sich ein Bild vom heterogenen Erscheinungsbild der von diesem Syndrom betroffenen Personen!
>
> Hinweis: Beim FXS handelt es sich nach dem Down-Syndrom um das zweithäufigste genetisch verursachte Syndrom, welches sich bei betroffenen Mädchen bzw. Frauen in der Regel schwächer ausprägt als bei männlichen Betroffenen. Die mit dem FXS verbundenen möglichen Beeinträchtigungen der Intelligenz können unterschiedlich. Die Intelligenz nimmt mit zunehmendem Alter tendenziell ab, Sprachstörungen sind typisch. Frauen, die Trägerin des mutierten X-Chromosoms sind, vererben das Syndrom mit einer Wahrscheinlichkeit von 50%, wobei Töchter dies wieder zu 50% weiter vererben können. Eine Pränataldiagnostik für Schwangere ist möglich.

Zur Fallbetrachtung unter dem Aspekt der Gesundheitskompetenz:

Der Sozialarbeiter beginnt mit einer Analyse der Ausgangssituation und der Rahmenbedingungen. Dabei erfasst er in einem Prozess Informationen unter folgenden Schwerpunkten:

- *Diagnostik/Anamnese:* z. B. Trägerin des Fragilen- X-Syndroms (FXS) mit beeinträchtigter Intelligenz, vermutlich im Bereich einer „Leichten Intelligenzminderung" (vgl. ICD-10, F 70.), und einer entstandenen Lernbehinderung; sowie Vorliegen einer Komorbidität (Epilepsie) und damit verbundener Belastungen wie Dauermedikation, Langzeittherapien und spezifische medizinische Kontrolluntersuchungen
- *Salutogenese* und vorhandene *Gesundheitskompetenzen:* z. B. Wissen, Handlungskompetenzen, kooperatives Verhalten bzw. Bereitschaft zur aktiven Mitwirkung (Compliance) im Rahmen der Epilepsiebehandlung
- *Lebens- und Lernbiografie:* z. B. Erfahrung mit familiären Rollen sowie erlebte Erziehung, kritische Lebensereignisse und Coping, Lernbiografie und Einstellung zum Lernen
- *Leistungsansprüche:* z. B. Eingliederungshilfe, Schwerbehindertenstatus, rechtliche Betreuung
- *Bestehende formelle und informelle Netzwerke und sozialraumnahe Strukturen:* z. B. „Begleitete Elternschaft", Schulsozialarbeit, Berufsbildungsangebote, Nachbarschaftsstrukturen, Ehrenamtliche Hilfen, Angebotsstruktur des regionalen Gesundheitssystems und gesundheitsrelevante Angebote im Gemeinwesen

- *Rechtliche Fragen zur Vaterschaft*, die an dieser Stelle nicht weiter behandelt werden.

> **Übungsaufgabe**
> Welche Fragen stellen Sie sich zur Biografie von M., die für die Bewältigung ihrer jetzigen Situation und die Entwicklung ihrer Gesundheitskompetenz relevant sind? Von welchen lebenslaufbezogenen Erklärungsansätzen lassen Sie sich bei der Auswahl Ihrer Fragen leiten?

Hinweise zur Bearbeitung: Fragen nach ihren Lernerfahrungen auch außerhalb der Schullaufbahn wie etwa zu notwendigen Compliance bei der Behandlung von Epilepsie sind relevant. Darüber hinaus ist die Frage nach dem Selbstbild vom M. wichtig. Inwieweit ist es von ihren Erfahrungen in der Herkunfts- und Pflegefamilie, ihrem Wissen um ihre Schullaufbahn und ihre gesundheitliche Belastbarkeit geprägt? Von welchen Vermutungen hinsichtlich der Einstellung Dritter gegenüber ihrer Person lässt sie sich leiten, wenn es z. B. um die Annahme von Herausforderungen oder die Inanspruchnahme von Hilfen geht?

Für die hypothetische Beantwortung der Fragen lassen sich unterschiedliche Erklärungsansätze aus dem Abschnitt 3.1 heranziehen, insbesondere das offenkreisförmige Modell von Kobi (2004), Aussagen der Sozialisationstheorien oder der Lernpsychologie.

An die Auswertung der vorläufigen Informationen schließt sich der Prozess der Aushandlung von Zielen an. Hier sind zwei Fragen zu stellen: Inwieweit gehören Gesundheitskompetenzen direkt zu den Zielen von M.? Und: Inwieweit unterstützt Gesundheitskompetenz als übergreifende Ressource indirekt das Erreichen von anderen Zielen? Dabei ist zunächst die Zielstruktur von M. zu erkunden, die einen idealistischen Charakter oder Fragmente eines Zukunftsszenarios aufweisen könnte, da aufgrund der intellektuellen Beeinträchtigung Antizipationsfähigkeiten fehlen und die neuen Rollenanforderungen wenig überschaubar sind. Trotzdem bzw. gerade deshalb muss M. an der Erarbeitung ihrer Ziele beteiligt sein (partizipative Zielvereinbarung). Die Funktion der Gesundheitskompetenz als allgemeine Ressource zur Bewältigung der Ziele kann nur schrittweise erarbeitet bzw. erfahren werden. Vorhandene Gesundheitskompetenzen müssen kontinuierlich Wertschätzung erfahren (z. B. nicht zu rauchen), um Motive und Selbstwirksamkeitserwartungen für Gesundheitsverhalten zu fördern. Der Sozialarbeiter kann in diesem Prozess auf Haltungen und Techniken der Klienten- und lösungsorientierten Gesprächsführung sowie Strukturen eines Hilfeplangesprächs zurückgreifen. In Absprache mit M. können (z. B. Mutter, Freund) bzw. müssen Dritte (z. B. rechtlicher Betreuer, Kosten- u. Leistungsträger) am Prozess der Zielfindung beteiligt werden.

Die mögliche Zielstruktur von M. könnte zu Beginn der Fallarbeit wie in Abbildung 8 dargestellt aussehen.

112   Junge Erwachsene mit intellektueller Beeinträchtigung

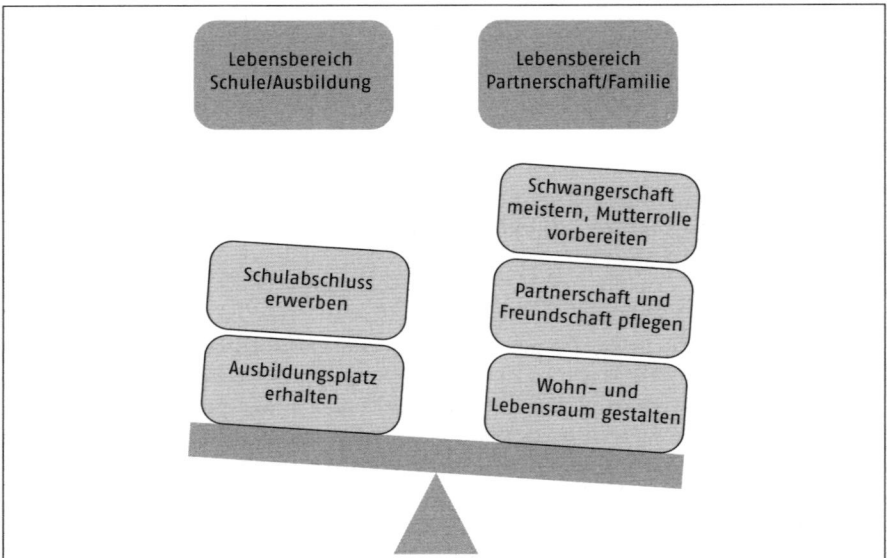

Die Ziele in den Lebensbereichen wirken über längere Zeiträume (Wirkungsziele, Richtungsziele). Um sie zu erreichen, ist Gesundheit bereits erforderlich. Andererseits, differenziert man sie in Teil- oder Grobziele, lassen sich Gesundheitskompetenzen in unterschiedlichem Umfang selbst als Teilziele formulieren. Eine Zielanpassung erfolgt im Abstand von ca. einem halben Jahr. Einige Zielinhalte werden in bestimmten Zeitphasen intensiv angefordert und sind dann gut vermittelbar. Das Kennenlernen von gesundheitlichen Anforderungen in der Schwangerschaft und das entsprechend bewusste Handeln bilden eine sehr intensive Phase der Kompetenzvermittlung mit hohem Unterstützungsbedarf. Andere Kompetenzen wie die zur gesunden physischen und psychischen Entwicklung des Kindes, zur gesundheitlichen Selbstsorge in der Mutterrolle, zur Gesundheit und Leistungsfähigkeit für die Schule und Ausbildung haben eher langfristigen Charakter. Entscheidend bleibt der Balanceakt, die Kompetenz zur Selbstregulation interner und externer Ressourcen. Das erfolgt z. B. über das Erkennen von Zusammenhängen zwischen verlässlichen (Partnerschafts-)Beziehungen, schulischer bzw. (Arbeits-)Leistung, gelingender Mutterrolle und gesundheitlichem Wohlbefinden.

Abb. 8: Zielstruktur zur Fallskizze

Im Ergebnis der Konkretisierung und Aushandlung von Zielen soll für M. erkennbar sein, dass sie ihre Gesundheit für verschiedene Ziele braucht, Möglichkeiten besitzt, selbst darauf zu achten, und Unterstützungsmöglichkeiten vorhanden sind, um notwendige Kompetenzen zu erlernen.

In einem ersten Hilfeplan könnten z.B. die in der Abbildung 9 formulierten Teilziele für die Zeit der Schwangerschaft eine Rolle spielen.
Entscheidend für die Arbeit mit M. ist es, alle für sie wichtigen Ziele im Auge zu haben, dabei die Aufgaben für M. umfänglich und zeitlich überschaubar zu halten und Verantwortung dosiert anzubieten bzw. einzuräumen. Verantwortungsbewusstsein kann dabei entstehen:

- hinsichtlich einer selbstständigen Information und Bearbeitung vorbereiteter Informationen,
- i. S. einer Mitverantwortung für das Nutzen zugänglicher externer Ressourcen,
- i. S. einer Mitverantwortung für die gesundheitliche Selbstsorge und Einteilung interner Ressourcen,
- hinsichtlich der Verantwortung für ausgewählte vereinbarte Compliance oder
- i. S. einer ersten Mitverantwortung für die gesunde Entwicklung des Kindes.

Es sollte nach einem Setting gesucht werden, das die multiple Zielstruktur von M. erfasst und einen Rahmen zur Verfügung stellt, der den Kompetenzerwerb begünstigt und Raum für Autonomie lässt.

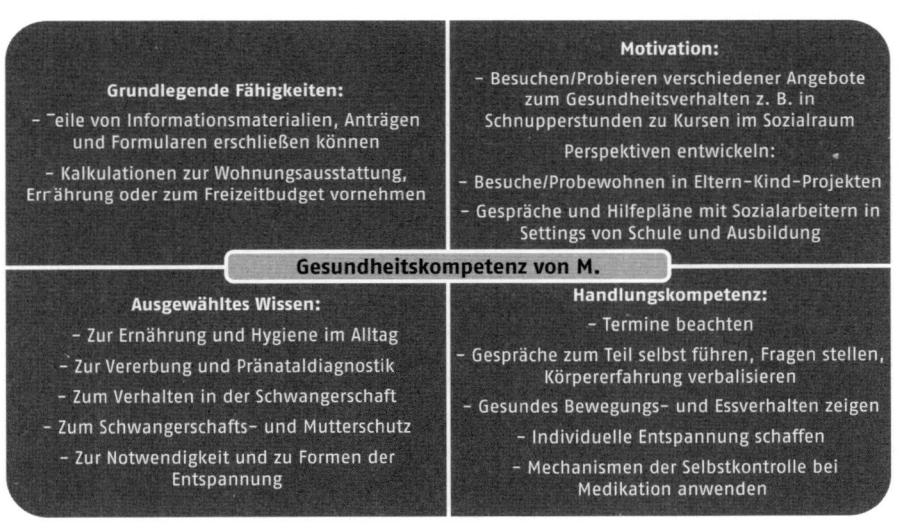

Abb. 9: Fallbezogene Teilhabe in den Bereichen der Gesundheitskompetenz

3.4.3 Der Handlungsansatz „Begleitete Elternschaft"

Zunächst wird die Frage beantwortet, worin Begründungen für ein solches Konzept liegen und inwieweit es sich für M. eignet. Anschließend wird die Frage des Leistungsanspruchs erläutert.

Sowohl der Wunsch als auch das Recht auf Elternschaft wird für Menschen mit Intelligenzminderung im fachlichen Diskurs nicht mehr in Frage gestellt (Lenz et al. 2011). Vielmehr arbeitet man seit gut zehn Jahren an Formen geeigneter Unterstützung, weil nur wenige der Betroffenen in ihrer Kindheit positive elterliche Autorität, Fürsorge und Wärme kennengelernt haben und somit ihrem eigenen subjektiven Elternschaftskonzept entsprechende Kompetenzen fehlen. Ein subjektives Elternschaftskonzept repräsentiert Wissen und relativ stabile Überzeugungen zur gesunden Entwicklung von Kindern und deren Beeinflussbarkeit durch elterliche Kompetenz. Einzuräumen ist selbstverständlich, dass nicht nur intellektuell beeinträchtigten Eltern solche Kompetenzen fehlen können. Bei diesem Personenkreis treten allerdings wahrscheinlicher Faktoren hinzu, die zur Unterstützung der elterlichen Fürsorge und gesundheitlichen Selbstsorge veranlassen. Dazu gehören der Betreuungsbedarf und gesundheitliche Belastungen der Eltern selbst oder die verminderte Fähigkeit zur Wahrnehmung, Interpretation und verlässlichen Befriedigung der Bedürfnisse des Kindes. Das tatsächliche Handeln der Eltern entspricht nicht allein den Überzeugungen des subjektiven Elternschaftskonzepts (Kalicki 2003), sondern ist zum anderen abhängig von den aktuellen Handlungszielen der Person, d.h. inwieweit eine Integration der Elternrolle in das gesamte Ziel- und Wertkonzept der Person gelingt. Darüber hinaus entscheidet der Bedarf des Kindes, d.h. inwieweit frühe gesundheitliche Beeinträchtigungen und Entwicklungsgefährdungen die Kompetenzen der Eltern heraus- oder überfordern.

Somit ergeben sich aus der Sicht einer Bedarfsdeckung mehrere Gründe für eine Inanspruchnahme des Konzepts der begleiteten Elternschaft für M.: Zunächst ist es die eigene gesundheitliche Belastung. Zum Beispiel sind im Rahmen von Epilepsie ein stabiler Schlaf-Wach-Rhythmus sowie eine feste Tagesstruktur wichtig, die in diesem Setting eher möglich werden. Inwieweit M. in ihrem subjektiven Elternschaftskonzept Kompetenzen zur Wahrnehmung, Interpretation und angemessenen Befriedigung der Bedürfnisse des Kindes mitbringt und inwieweit ihre kognitiven Fähigkeiten, ihre Aufmerksamkeitsspanne oder Affektivität für eine Sicherung des Kindeswohls ausreichen, bleibt zumindest abzuwarten. Offen ist, ob das Kind infolge einer möglichen erblichen Belastung mit dem FXS Besonderheiten in seiner frühkindlichen Entwicklung zeigt. Eine mit Medikation verbundene Epilepsie der Mutter gilt ebenfalls als pränatales Risiko. Darüber hinaus muss M. den Drahtseilakt zwischen Elternrolle und ihren weiteren Handlungsziele wie Schule, Ausbildung und Partnerschaft leisten und insgesamt mit einer neue Wohn- und Lebenssituation umgehen lernen. Eine rechtlich bestellte Betreuung für einen Elternteil zu Fragen der eigenen Gesundheit ist unabhängig organisierbar. Darüber hinaus prüft man, ob Hilfen durch die Herkunftsfamilien der Elternteile mobilisiert werden können. Eine erhebliche Entlastung liefert das Konzept, weil es strukturell und institutionell fallbezogen die Zusammenarbeit gesundheitsnaher und ferner Kosten- und Leistungsträger (siehe weiter unten) und Angebote (Arztpraxen, Kindertagesstätten und Schulen, Beratungsstellen, Betreuungsbehörde) koordiniert. Langfristige Auswirkungen auf die Gesundheit und eine andauernde Motivation lassen sich nur erzielen, wenn verschiedenen Settings kongruente Ziele teilen. So kooperiert der Sozialarbeiter z.B. mit der Schule/später Ausbildungsinstitution, um Aspekte zu klären wie:

- Umgang mit Ermüdung und übermäßiger Beanspruchung durch besondere Pausen sowie Sitz- und Bewegungsmöglichkeiten,
- Organisation einer Patenschaft zum Ausgleich möglicher gesundheitsbedingter Fehlzeiten,
- Aufklärung zu besonderen gesundheitlichen Belastungen des Betroffenen oder
- Prüfungsmodalitäten und Mutterschutz.

Das Angebot der begleiteten Elternschaft ist primär proaktiv ausgerichtet. Als Resilienzfaktor für eine gesunde Entwicklung gilt u. a. die konstant verfügbare Hilfe einer verantwortungsfähigen Person. Begleitete Elternschaft bedeutet keine dauerhafte Präsenz einer professionellen Erziehungs- oder Haushaltshilfe, die Eltern beaufsichtigt und so den Sorgerechtsanspruch für das Kind indirekt permanent in Frage stellt. Empirische Befunde belegen (Internetquellen 53 und 54), dass Eltern Hilfsangebote schnell als Störung ihres Zusammenlebens empfinden und sich zurückziehen, um ihre Unabhängigkeit zu beweisen. Selbst in der stationären Angebotsform gibt es deshalb vereinbarte Kontaktzeiten und -formen. Bestandteil des Konzepts ist es, dass Mutter bzw. Eltern und Kind einen abgeschlossenen Wohnraum für sich zur Verfügung haben. Diesen können sie beispielsweise anmieten. Beabsichtigt ist, dass Eltern Informationen und Unterstützung gezielt anfragen. Kernbereiche im Aufgabenfeld der begleiteten Elternschaft sind die Kompetenzerweiterung der Eltern in alltagspraktischen Fragen, die Sicherstellung eines dauerhaften Zusammenlebens von Eltern und Kind, die Stärkung der elterlichen Verantwortung für die gesunde Entwicklung ihres Kindes sowie die Erhöhung dessen Entwicklungs- und Lebenschancen. Eine Anleitung zur gezielten Förderung der kognitiven, sprachlichen oder motorischen Entwicklung des Kindes gehört dazu. Für die Förderung elterlicher Kompetenz stehen unterschiedliche Methoden (z. B. Video-Home-Training), Techniken (z. B. der Löffel, der sich verfärbt, wenn die Nahrung zu heiß für das Kind ist) und nicht zuletzt das Modell des Helfers im alltagspraktischen Kontext zur Verfügung.

Aus der Perspektive der Förderung scheint das Konzept ebenso geeignet für M., da der Kindeswunsch besteht und sie offensichtlich sensibilisiert für die Zuwendung der Mutter zum Kind ist. M. verfügt vermutlich über ein selbstwertstabilisierendes Stigmamanagement (Umgang mit negativen Zuschreibungen) und den Willen, ihre Ziele zu erreichen. Demnach kann der Sozialarbeiter das Angebot der begleiteten Elternschaft über die Zeit in verschiedener Form in Aussicht stellen, beginnend mit der stationären Begleitung, über die teilstationäre Form mit mindestens sechsstündiger Unterstützung pro Tag hin zur ambulanten Form mit einer stundenweisen Beratung und Unterstützung. Das Maß der Belastung und Beanspruchung werden für M. erst im Prozess deutlich, dem man mit einer dynamischen Hilfeplangestaltung entgegenkommt.

Das Konzept der begleiteten Elternschaft folgt dem epidemiologischen Setting-Ansatz (vgl. Teil I, Punkt 1). Der Gesundheitsschutz und die Gesundheitsförderung sowohl für Eltern mit besonderen gesundheitlichen und psychosozialen Risiken als auch für ihre Kinder bilden Querschnittsaufgaben, wobei die Eltern für ihre Gesundheit und somit für die ihres Kindes zunehmend kompetent werden. Gelingt die Eltern-Kind-Beziehung, wirkt dies auf die Gesundheit beider Seiten. Das professionelle Setting selbst und die entstehende Chance für die Person, Kräfte für ihre Ziele in dieser Lebensphase zu mobilisieren und damit ihre soziale Situation zu stabilisieren, bilden ein Gegengewicht zur „sozialen Vererbung" gesundheitlichen Ungleichheit.

Für den Sozialarbeiter sind derzeit folgende rechtliche Rahmenbedingungen und Finanzierungsgrundlagen entscheidend.

116 Junge Erwachsene mit intellektueller Beeinträchtigung

Nach § 19 SGB VIII besteht ein Regelanspruch auf Betreuung eines alleinerziehenden Elternteils mit einem unter sechs Jahre alten Kind in einer gemeinsamen Wohnform, wenn der Elternteil aufgrund seiner Persönlichkeitsentwicklung der Unterstützung bedarf. Ist davon auszugehen, dass eine dem Kindeswohl entsprechende Erziehung nicht gewährleistet ist, kommt nach §§ 27 ff. SGB VIII Hilfe zur Erziehung in Betracht. Diese Hilfen sind ambulant oder stationär möglich und können auch die Aufnahme des Kindes in eine Pflegefamilie ermöglichen. Unter den allgemeinen Voraussetzungen der Grundsicherung besteht nach § 53 SGB XII Anspruch auf Eingliederungshilfe, wenn eine wesentliche Behinderung eines Elternteils droht und somit Hilfebedarf für ein familiäres Zusammenleben erforderlich ist. §§ 54 SGB XII, 55 SGB IX gewähren Hilfe zur Teilhabe am Leben in der Gemeinschaft, wozu auch das Familienleben gehört. Möchte und kann die zu betreuende Familie in einer selbst angemieteten Wohnung leben, so erfolgt die Finanzierung über Fachleistungsstunden über den örtlichen Leistungsträger der Jugend- und/oder Sozialhilfe. Besteht allein eine Lernbehinderung, so ist diese Hilfeform eine pflichtgemäße Ermessensentscheidung. Darüber hinaus können für die Eingliederungshilfe seelisch behinderter Kinder und Jugendlicher sowie junger Volljähriger §§ 35a, 41 SGB VIII herangezogen werden. Die Leistungszuständigkeit betreffend besteht kein einheitliches Hilfesystem.

Für Sozialarbeiter ergeben sich im rechtlichen Kontext zum einen koordinierende Aufgaben den Leistungsanspruch, die Mischfinanzierung und die Beteiligung an der Hilfeplanung betreffend. Als Mitarbeiter des Jugendamts bzw. des ASD haben Sozialarbeiter den Auftrag zu definieren, ob das Kindeswohl gefährdet ist oder nicht.

Rechercheaufgabe
Das Konzept der begleiteten Elternschaft wird hier nicht umfassend behandelt. Weiterführende Fragen des Zusammenlebens der Eltern oder einer Alleinerziehung des Kindes durch die Mutter oder Fragen der Kindeswohlgefährdung im Rahmen einer intellektuellen Beeinträchtigung von Eltern können mit Hilfe der Internetquellen 53 und 54 beantwortet werden. Sie finden dort auch empirische Befunde zur Entwicklung elterlicher Kompetenzen oder zum kognitiven Entwicklungsniveau der Kinder im Vergleich zu ihren Eltern.

3.4.4 Alternative und ergänzende Handlungsansätze

Das Konzept der begleiteten Elternschaft ist vorwiegend ein Handlungsansatz auf der *Personebene,* in das andere gesundheitsförderliche Aktivitäten über ein Case Management aufgenommen werden können.

Eine ebenfalls primär auf der Personebene liegende, aber bezogen auf die begleitete Elternschaft als Alternative zu wertende Hilfeform wurde über das Modellprojekt „Pro Kind" erarbeitet (Brand & Jungmann 2010). Die Alternativen bestehen insbesondere in der ambulanten und aufsuchenden Form der Angebote von „Pro Kind". Die Vorbereitung auf die Elternrolle sowie die persönliche Gesundheit der Eltern kennzeichnen das Wesen des Projekts. Sozial benachteiligte

Gesundheitskompetenz als Ressource für Aufgaben im jungen Erwachsenenalter

Erwachsene in besonderen finanziellen Problemlagen (ALG II, Sozialhilfe) bilden die Hauptzielgruppe, wobei mindestens ein zusätzlicher Belastungsfaktor (minderjährig, Gewalt- oder Missbrauchserfahrung, soziale Isolation, keine abgeschlossenen Ausbildung oder Gesundheitsprobleme) hinzukommen muss. Der Familien- und Freundeskreis wird soweit als möglich in die Arbeit einbezogen. Es erfolgt eine Verknüpfung mit formellen Hilfen im Gemeinwesen. Fragen der Arbeitsvermittlung spielen gleichermaßen eine Rolle. Die umfassende Zielstruktur junger Erwachsener wird beachtet.

Evaluationsergebnisse dieses Projekts machen deutlich, dass für jungen Frauen dieser Zielgruppe häufig eine Vernetzung mit psychotherapeutischen Angeboten erforderlich ist, da sie z.B. Gewalterfahrungen in ihrer Kindheit noch nicht verarbeitet haben und in der Folge depressive oder Borderline-Symptome zeigen. Bei „Unterschichtsmüttern" war eine Tendenz zur Selbstüberschätzung ihrer Fähigkeiten als Mutter während der Schwangerschaft bis zum sechsten Lebensmonat des Kindes erkennbar. Dies spricht dafür, dass Sozialarbeiter Angebote zwischen dem Autonomieanspruch der jungen Mütter und ihrem Hilfebedarf kontinuierlich hinterfragen müssen.

Ein Beispiel für die Förderung der Gesundheitskompetenz von M. auf der *Gruppenebene* ist „Pepe" (Internetquelle 55), ein multimediales Programm zum Umgang mit den krankheitsbedingten Einschränkungen und Verhaltensanforderungen bei Epilepsie (*Handlungskompetenz*), welches speziell für Patienten mit leichten intellektuellen Beeinträchtigungen entwickelt wurde. Ziel ist die Fähigkeit zur Selbstorganisation und selbstständigen Lebensführung der Teilnehmer, indem an Compliance und der Akzeptanz der chronischen Erkrankung gearbeitet wird (*Motivation, Verantwortungsübernahme*). Nicht nur mit der Krankheit verbundene Stigmatisierungen bespricht man in der Gruppe, sondern gleichermaßen Erfahrungen mit der intellektuellen Beeinträchtigung bzw. den Lernproblemen. Erste Selbsthilfeeffekte regen ein Empowerment an. Die Inhalte sind vereinfacht, in ihrer Komplexität reduziert und auf ein absolut unerlässliches Minimum gekürzt, trotzdem werden Schwangerschaft und Kinderwunsch thematisiert *(Wissen)*. Über zwei fiktive Modelle Pepe und Pepa werden Gesundheitskompetenzen in verschiedenen lebenspraktischen Situationen/Szenen vermittelt. Das kommt den Transferproblemen der Zielgruppe entgegen. Ähnlich didaktisch aufbereitete Kompetenztrainings haben langfristig das Gesundheitshandeln positiv beeinflussen können. Der Sozialarbeiter befähigt M., selbst Zugang zu solchen Angeboten zu finden, zu recherchieren, Vorinformationen zu verstehen, Teilnamegebühren zu kalkulieren und sich letztlich zu entscheiden (*Motivation, Handlungskompetenz, literacy, numeracy*).

Ein weites Aufgabenfeld findet der Sozialarbeiter auf der *Ebene der Organisation*. Laut der Stellungnahme der Fachverbände für Menschen mit Behinderungen 2011 (Internetquelle 56) werden Beratungsstellen und medizinische Einrichtungen besonderen gesundheitsbezogenen Bedarfen von Erwachsenen nicht gerecht. Es fehlen Beratungskompetenz, Leistungen zur Leistungserschließung, ein multidisziplinäres Assessment einschließlich gesundheitsbezogener Anteile des Teilhabeplans, Information und Schulung von Bezugspersonen und Assistenzteams, Leistungen zur Unterstützung der Beschäftigungsfähigkeit sowie eine Kooperation mit der Selbsthilfe. Der Sozialarbeiter operiert im Rahmen eines Case-Managements wie im Fall M. zwischen den Interventionen der Sozial- und Gesundheitspolitik und der Befähigung des Betroffenen, mit den Gegebenheiten umzugehen.

Muss M. eine Beratung oder den Arzt aufsuchen, kann der Sozialarbeiter Assistenzdienste anbieten. Er erinnert M. an das Nutzen des Patientenpasses, dessen Informationen Anamnese- und Therapiegespräche erleichtern (*Handlungskompetenz*). Vor allem ist dafür zu sorgen, dass ärztliche Befunde und Therapien koordiniert werden. Die Komplexität der erforderlichen gesundheitlichen Betreuung reduziert sich so möglicherweise für M. (z. B. Neurologe, Hausarzt, Gynäkologe, Arzt in der Pränataldiagnostik, Zahnarzt, später Kinderarzt). Bei der Vergabe von Terminen kann M. schrittweise selbst darauf achten, dass sie in ihren Zeitplan passen. Diese oder die Anforderung Fragen zum Gebrauch von Hilfs-, Heil oder Arzneimitteln selbst zu stellen, fordert M.s *Wissen* und *Handlungskompetenz*. Sind Klinikaufenthalte erforderlich, sollten vorbereitende Gespräche mit dem Pflegedienst, vorteilhaft zusammen mit dem Krankenhaussozialarbeiter vor Ort stattfinden. Ein vorbereitender Besuch der Klinik oder das Regeln von Umfang und Form eines angemessenen Kontaktes zu einer Bezugsperson während des Aufenthalts sind hilfreich.

Maßstäbe der Gesundheitswirtschaft bemessen den ärztlichen und pflegerischen Aufwand an der Behandlungsindikation. Besondere Verhaltensweisen, z. B. die Reizbarkeit von M., und eine weniger effektive und effiziente Kommunikationsfähigkeit können die Behandlung beeinträchtigen. Hier entsteht eine der vielen Schnittstellen zwischen dem Agieren des Sozialarbeiters einerseits auf der Organisations- und andererseits auf der Personebene. Beide Seiten der Interaktion sind vorzubereiten.

Zu Handlungsansätzen im *Gemeinwesen* zählt das Gewinnen von Hausärzten oder Beratungsstellen, d. h. das Sensibilisieren gesundheitsrelevanter Angebote für besondere klientelspezifische Bedarfslagen. Es ist vom sozial benachteiligten jungen Erwachsenen mit schwierigen Erfahrungen in der Interaktion kaum zu fordern, für sich selbst zu werben, d. h. z. B. einen Termin in der nahe gelegenen Praxis zu bekommen. Sozialarbeitern bleibt das „Klinkenputzen" nicht erspart, angesichts des regional unterschiedlich weitmaschigen Netzes gesundheitlicher Versorgung und der spezifischen Kompetenz, die für einzelne Syndrome erforderlich ist, kann man auch im Zeitalter der Inklusion nur kleine Wunder erwarten. Sozialblinde Kommstrukturen erhalten gesundheitliche Ungleichheit. Das Netzwerk „pro familia" z. B., eine der größten nichtstaatlichen Organisationen für Sexual-, Schwangerschafts- und Partnerberatung in Deutschland, zeigt sich auch bei intellektuellen und sozialen Schwierigkeiten ihrer Kunden offen und zuständig.

Sozialarbeiter erschließen auch nachbarschaftliche und ehrenamtliche Strukturen für ihre Klientel. Die bundesweite Initiative „wellcome" im Rahmen von „Social Franchising" (Brendel & Wagenblast 2011) z. B. ist auf die Unterstützung junger Erwachsener ausgerichtet und kooperiert mit freien Trägern der Kinder- und Jugendhilfe. Ehrenamtliche Helfer werden nach einem Multiplikatorenkonzept für primärpräventive Angebote geschult, die insbesondere bei gesundheitlichen Beeinträchtigungen oder familiären Belastungen in jungen Familien stützend wirken. Zu zahlende Beiträge richten sich nach der finanziellen Situation der Interessenten – ein wesentlicher Vorteil für sozial Benachteiligte. Sozialarbeiter übernehmen nicht nur die Vermittlungsrolle. Sie motivieren M., sich in schwierigen Situationen Hilfe zu holen und dies nicht als Ausdruck eines Defizits oder einer Abhängigkeit, sondern als wesentlichen Teil ihrer *Handlungskompetenz zu* erfahren. Am Gemeinwesen ausgerichtete Angebote öffnen Wege zu weiteren Initiativen auf dieser Ebene, z. B. zur Gestaltung von Außenanlagen im Wohnumfeld. In ihrer jetzigen multiplen Anforderungssituation wird sich M. noch nicht an Aktivitäten beteiligen können, die unter das Motto „Gesundheitsfördernde Lebenswelten" fallen. Zu sehen, dass eine solche Partizipation in Aussicht steht, kann aber Mut machen und insgesamt mobilisieren.

3.4.5 Zur Evaluation und Qualitätssicherung

Für die soziallagenbezogene Gesundheitsförderung gibt es einen Katalog, der zwölf Kriterien für eine gute Praxis enthält (BZgA 2010):

1. Das Konzept macht einen klaren Gesundheitsbezug deutlich.
2. Die Bedarfe von Menschen in schwieriger sozialer Lage sind berücksichtigt.
3. Das Programm entfaltet nachhaltige Wirkungen bei der Zielgruppe und in deren Lebenswelt.
4. Das Angebot qualifiziert und integriert Multiplikatoren.
5. Es wird niederschwellig gearbeitet, z. B. durch aufsuchende und kostengünstige Hilfe.
6. Die Zielgruppe ist an der Planung, Umsetzung und Bewertung des Angebots beteiligt.
7. Die Zielgruppe wird zur eigenständigen Lebensweise befähigt.
8. Das Angebot zielt auf gesundheitsförderliche Verhaltensweisen und Lebensbedingungen.
9. Das Angebot vernetzt mit gesundheitsfernen Kooperationspartnern.
10. Es erfolgt ein Qualitätsmanagement.
11. Das Angebot nutzt Konzepte der Dokumentation und Evaluation.
12. Die Kosten des Angebots stehen in einem günstigen Verhältnis zum erzielten Nutzen.

Einige Kriterien kommen in den erläuterten Handlungsansätzen zum Ausdruck. Im European Health Literacy Survey und auf Bundesebene in der Vereinigung Hochschulen für Gesundheit werden Fragen der Kompetenzerfassung bzw. der Wirksamkeit und des Nutzens von Gesundheitsförderung diskutiert. Dies erscheint schwierig, weil zahlreiche soziokulturelle Einschränkungen die Wahrnehmung von Rechten und Handlungsmöglichkeiten gesundheitsbezogener Angebote begrenzen und in der Folge die Gesundheitskompetenz des Erwachsenen schwächen können. Messverfahren erheben demnach auch die Folgen dieser Begrenzungen. Hinzu kommt, dass Erhebungsinstrumente an Sprach-, Wahrnehmungs- und Reflexionsfähigkeiten gebunden sind. Demnach verfremden Evaluationen möglicherweise die eigentlichen Effekte. Darüber hinaus kann eine in Aussicht gestellte auch freiwillige Evaluationsform an das schulübliche Prüfen von Wissen erinnern und bestimmte Gruppen das Angebot gar nicht erst annehmen lassen. Denkt man daran, dass Kompetenzanforderungen immer wieder neu entstehen und sich für gewisse Gruppen lebensbegleitend umfänglicher stellen, so kann man im Ergebnis von Evaluationen schnell den Eindruck erwerben stets unzureichend zu handeln. Möglicherweise färbt die Person ihre Auskünfte zum Gesundheitshandeln als Reaktion auf soziales Erwünschtsein auch positiv. Setzt man für bestimmte Zielgruppen eher Beobachtungsinstrumente ein, kann das verstärkt kontrollierend wirken. Für M. könnte eine gesonderte Erhebung ihre Gesundheitskompetenz einen ungünstigen Focus oder Druck erzeugen und den integrativen Charakter gesunden Verhaltens aufheben. Entsprechende Reflexionen in Hilfeplangesprächen wären eher sinnvoll. Darüber hinaus messen Evaluationsinstrumente überwiegend kurzfristige (insbesondere bei Projekten) und an den Interessen des Anbieters orientierte Effekte.

Grundsätzlich stellen sich unter wirtschaftlicher Sicht auch ethische Fragen. Ist die Benennung von Zielgruppen für Angebote frei von Stigmatisierungen? Wie weit darf in die Handlungsautonomie gerade derjenigen eingegriffen werden, die auf der einen Seite Prävention und Gesundheitsförderung besonders benötigen, auf der anderen Seite Risiken und Chancen vielleicht weniger bewusst bzw. gezielt wahrnehmen können? Schließt sich womöglich mittels Evaluationen ein Kreislauf von gesundheitlicher Ungleichheit?

Gut zu wissen – gut zu merken

Mit Beginn des Erwachsenenalters entstehen neue Perspektiven auf und für die Gesundheit.

- Junge Erwachsene haben bereits in den vorangegangenen Lebensphasen Werte und Muster für ihr Gesundheitsverhalten entwickelt. Personen mit einer beeinträchtigten Intelligenz, einer erhöhten Vulnerabilität gegenüber Erkrankungen, einer ungünstigen Lernbiografie und frustrierenden Erfahrungen in sozialen Beziehungen fehlen mitunter Voraussetzungen, um Herausforderungen und Chancen des Erwachsenenalters anzunehmen und zu nutzen. Damit einhergehend setzen sie in die eigenen Fähigkeiten zum Erhalt der Gesundheit weniger Vertrauen.
- Obwohl im jungen Erwachsenenalter Gesundheit i. d. R. kein zentrales Thema ist, können körperliche und psychische Voraussetzungen, benachteiligende soziale Lebenswelten und multiple Anforderungen beim Einrichten im eigenen Leben die persönliche Gesundheit ganz entscheidend fordern. Dies ist insbesondere an der Schwelle zum Berufsleben der Fall. Für Personen mit niedrigen Bildungsabschlüssen wachsen in dieser Phase gesundheitliche Risiken vornehmlich dann, wenn keine oder wenig biografiesensible Ausbildungsmodalitäten vorhanden sind sowie äußerst prekäre Erwerbsperspektiven wahrgenommen werden müssen. In der Folge fehlen Fundamente für eine selbstständige und weitestgehend unabhängige Gestaltung von Lebensqualität, so dass andere weiterreichende Ziele ins Wanken geraten. Die Pflege der Gesundheit sollte in die Zielstruktur der Erwachsenen sinnvoll integriert werden.

- In diesem Kapitel standen die Bedeutung und Inhalte gesundheitlicher Kompetenzen sowie erschwerte interne und externe Ressourcen zum Erwerb der Gesundheitskompetenz im Mittelpunkt. Gesundheitskompetenz meint deutlich mehr als ein spezifisches Wissen zur körperlichen und psychischen Leistungsfähigkeit. Der Erwerb der entsprechenden Kompetenzen geht deshalb weit über entsprechende Bildungsangebote hinaus. Kompetent zu sein, um sich im Interesse der eigenen Gesundheit zu verhalten, erfordert alltagsbegleitend – möglichst gezielt und erfahrungsbezogen – zu lernen. Dafür notwendig sind strukturelle und institutionelle Bedingungen, Interaktionen und Beziehungen, die den Boden für die Motive der Akteure bilden, einen Teil der Verantwortung für ihre Gesundheit selbst übernehmen zu wollen.

Sozialarbeiter können mit dem Einzelnen und auf verschiedenen Ebenen an Voraussetzungen zur Verantwortungsübernahme arbeiten, den Erwerb von Gesundheitskompetenz unterstützen, für eine kritische Sicht auf externe Ressourcen sensibilisieren und bei Bedarf Ansprüche in dem weit verzweigten System von Angeboten zur Gesundheitsförderung koordinieren und einfordern. Handeln sollte der Sozialarbeiter vor allem mit der Einstellung, dass der Einzelne selbst Motive besitzt, gesund bleiben zu wollen.

Weiterführende Literatur

Mühlpfordt, S., Mohr, G. & Richter, P. (Hrsg.) (2011): Erwerbslosigkeit. Handlungsansätze zur Gesundheitsförderung. Lengerich

Neuenschwander, M. (2001): Die Bedeutung von personalen Ressourcen, sozialen Stressoren und sozialer Vernetzung für die Gesundheit junger Erwachsener. Berlin

Schott, Th. & Hornberg, C. (Hrsg.) (2011): Die Gesellschaft und ihre Gesundheit. 20 Jahre Public Health in Deutschland: Bilanz und Ausblick einer Wissenschaft. Wiesbaden

4 Das mittlere Erwachsenenalter mit dem Fokus: Soziale Arbeit im Gesundheitswesen

Was Sie in diesem Kapitel lernen können
Besonders häufig auftretende, potentiell lebensbedrohliche Krankheiten des mittleren und höheren Erwachsenenalters (Herz-Kreislauf-Erkrankungen, Schlaganfall, Krebs) werden aus medizinischer Sicht erläutert, um im Anschluss auf typische Aufgabenfelder der Sozialen Arbeit mit dem Fokus Krankenhaussozialarbeit einzugehen. Vertieft werden insbesondere auch sozialrechtliche Rahmenbedingungen und Fragen der Krankheitsbewältigung. Den Abschluss des Kapitels bilden Ausführungen zum Stresskonzept und Überlegungen zum Burnout. Hierbei geht es auch um eine Reflexion der eigenen beruflichen Zukunft als SozialarbeiterIn.

Das mittlere Erwachsenenalter wird in der Regel zwischen dem 40. und 60. Lebensjahr angesiedelt. Während sich zukunftsbezogene Wünsche im jüngeren Erwachsenenalter mehr um die eigene Person zentrieren, spielen im mittleren Erwachsenenalter die Vorbildfunktion für die eigenen Kinder oder die nächste Generation, das Engagement in Beruf und Gemeinwesen und die Ausgestaltung von Freizeitinteressen wichtige Rollen. Die berufliche Karriere erreicht und überschreitet in diesem Lebensabschnitt häufig ihren Zenit, die eigenen Kinder beginnen, sich abzulösen, die Eltern werden möglicherweise unterstützungsbedürftig und erste eigene physiologische Leistungseinbußen werden deutlich. Im mittleren Erwachsenenalter finden sich die Menschen häufig im Mittelpunkt dreier Generationen; man spricht von der Sandwich Generation, was bei gleichzeitig bestehenden beruflichen Herausforderungen leicht dazu führt, die eigenen gesundheitlichen Risiken und Gefährdungen in den Hintergrund zu drängen, bis sich deutlichere Signale, Krankheiten oder Krisen bemerkbar machen. Andererseits kann sich bei Kinderlosigkeit, mangelnder sozialer Einbindung und/oder mangelnder beruflicher Perspektive ein Gefühl der nicht mehr zu verwirklichenden Lebensträume mit resignativen Haltungen, geringen Kontrollüberzeugungen und mangelnder Selbstsorge entwickeln, das ebenso dazu führt, weniger gesundheitsbewusst zu leben, präventive Maßnahmen zu vernachlässigen und gegebenenfalls notwendige aufwändigere Behandlungsmaßnahmen schleifen zu lassen. Während einerseits gesellschaftlich der Traum von ewiger Jugend, Schönheit, Gesundheit und grenzenlosen Wahloptionen stimuliert wird, geht es im mittleren Erwachsenenalter um die Auseinandersetzung mit biografischen Festlegungen und um allmähliche Wandlungsprozesse, um die Akzeptanz eines sich verändernden Körpers, um die Auseinandersetzung mit Gebrechlichkeit oder Tod der eigenen Eltern und mit eigenen Leistungsgrenzen. Zugleich werden in diesem Lebensalter wichtige Weichen für die Gesundheit in höherem Alter gestellt, möglicherweise stellen sich auch chronische Erkrankungen ein oder akute Erkrankungen, die Dauerfolgen hinterlassen und zu einer Neuausrichtung von Lebensplänen zwingen. Es gilt gesundheitsrelevante Informationen an die unterschiedlichen Zielgruppen dieses Alters heranzutragen, Selbstwirksamkeitserwartungen zu stärken und zu ermutigen, weniger förderliche Gewohnheiten zu verändern. Selbst- und Gesundheitssorge werden am ehesten dann gefördert, wenn sie eingebettet sind in ein umfassenderes Selbstwertgefühl, in der Lebenswelt gut verankert und im Alltag umsetzbar sind und sozial unterstützt werden. Zugleich spielen natürlich materielle Ressourcen und die Erreichbarkeit gesundheitsbezogener Dienstleistungen und Hilfesysteme eine Rolle.

Doch zunächst seien besonders häufig auftretende, potentiell lebensbedrohliche Krankheiten des mittleren und höheren Erwachsenenalters aus medizinische Sicht erläutert, um im Anschluss typische Aufgabenfelder der Sozialen Arbeit mit dem Fokus *Krankenhaussozialarbeit* darzustellen.

4.1 Die Bedeutung von Herz-Kreislauf-Erkrankungen für die Soziale Arbeit

4.1.1 Medizinische Grundlagen: Arteriosklerose

Herz-Kreislauf-Erkrankungen stellen in Deutschland die häufigste Todesursache dar. Die wichtigste Ursache hierfür ist die *Arteriosklerose*, dies ist eine über Jahrzehnte sich entwickelnde Erkrankung der Arterien, die sich dann im mittleren und höheren Lebensalter schleichend oder plötzlich durch Versorgungsengpässe oder Blutungen bemerkbar macht. Von den Versorgungsengpässen durch arterielle Erkrankungen sind besonders häufig das Herz (Durchblutungsstörungen der Herzkranzgefäße bis hin zum Herzinfarkt), das Gehirn (z. B. Schlaganfall) und die Beine (Ermüdung und Schmerzen bei Belastung, schlecht heilende Wunden) betroffen. Durch unterschiedliche Schädigungen werden die Zellen, die die Arterien innen auskleiden, angegriffen. Hierbei spielen mechanische Schäden durch Bluthochdruck, Immunreaktionen, die durch bestimmte Blutfette in Gang gesetzt werden, und genetisch bedingte Autoimmunreaktionen (bei Autoimmunreaktionen wird der eigene Körper vom Immunsystem angegriffen) eine wichtige Rolle. Es entstehen Lücken im Endothelzellverband, der die Arterien innen auskleidet, was zusätzliche Reparatur- und Immunreaktionen hervorruft. Blutplättchen wandern in die mittleren Schichten der Arterienwand ein, und die dort normalerweise angesiedelten glatten Muskelzellen und bindegewebigen Strukturen werden zu erhöhtem Wachstum angeregt. Es kommt schließlich zu Um- und Abbauprozessen, die zu fettähnlichen Ablagerungen und Vernarbungen führen. So entstehen Verdickungen und Verhärtungen der Arterieninnenwand und Verengungen des Gefäßinnenraumes. Wann sich dieses auf die Versorgung des zugehörigen Organes auswirkt, hängt davon ab, wie ausgeprägt die Verengung ist und wie viel andere, im Nebenschluss laufende Arterien (Kollateralen) den Organbezirk sonst noch versorgen. Bei langsam verlaufenden Verengungen können sich in vielen Körperbezirken noch zusätzliche Kollateralen bilden.

Die Schädigung der Arterienwände wird durch die genetische Veranlagung und die Lebensweise beeinflusst. Beim Risikofaktorenmodell geht man nicht von einer einzigen Krankheitsursache, sondern von multiplen Risikofaktoren aus, welche man durch präventive Anstrengungen mehr oder weniger gut beeinflussen kann. Für die Arteriosklerose sind – neben der erwähnten genetischen Anfälligkeit – die wichtigsten *körperlichen Risikofaktoren*:

- Bluthochdruck
- Erhöhter Cholesterinspiegel (genauer gesagt LDL-Cholesterinspiegel, hierbei handelt es sich um ein im Blut zirkulierendes Trägereiweiß-Fett-Gemisch geringer Dichte, das leicht oxidiert wird und dann von „Fresszellen" in den Arterienwänden aufgenommen wird)
- Rauchen
- Diabetes mellitus (Zuckerkrankheit)
- Übergewicht.

Weiterhin spielen *soziale und psychosomatische Einflüsse* bei Herz-Kreislauf-Erkrankungen, speziell bei der koronaren Herzkrankheit (Verengung der Herzkranzgefäße, welche das Herz selber mit Blut versorgen) und beim Herzinfarkt eine wichtige Rolle: Besonders gefährdet scheinen Menschen, die stark beruflich beansprucht werden (hoher Zeitdruck, wenig Entspannungsphasen, starke Konkurrenzsituationen), aber nicht in gleichem Maße für ihre Anstrengungen belohnt werden, weiterhin erhöhen Depressionen und chronischer Ärger das Risiko. Ganz allgemein wirken sich auch ein niedriger sozialer Status und mangelnde soziale Unterstützung negativ aus. In Großbritannien (Whitehall I und II Studie) und Finnland gab es zu diesen Zusammenhängen groß angelegte Studien. Während man zuvor glaubte, der Herzinfarkt sei eher eine Managerkrankheit, stellte sich bei genaueren Nachforschungen heraus, dass Menschen mit niedrigem Sozialstatus deutlich gefährdeter sind. Die Erklärungsmodelle hierzu sind sehr vielgestaltig: Zum einen häufen sich in den weniger privilegierten Schichten bestimmte Risikofaktoren wie Rauchen und Übergewicht, zum anderen führen geringere Entscheidungsspielräume, mangelnde Selbstwirksamkeitserwartungen und mangelnde Vorhersehbarkeit zu erhöhten Stresshormonspiegeln, welche wiederum einen Einfluss auf Blutdruck und Immunsystem haben. Auch das Empfinden, gerecht behandelt zu werden, und die Größe der Einkommensunterschiede in einer Gesellschaft scheinen von Bedeutung zu sein. Weiterhin beeinflusst der Bildungsstand die Inanspruchnahme von Vorsorgeuntersuchungen und das rechtzeitige Aufsuchen oder Benachrichtigen eines Arztes im Krankheitsfall. Darüber hinaus hat die Einkommenssituation auch Auswirkungen auf die häusliche Situation und private Stressoren. Soziale Unterstützung, verlässliche Bindungen und körperliche Nähe fördern im Allgemeinen die Gesundheit. In Bezug auf das Überleben nach einem Herzinfarkt konnte man feststellen, dass die emotionale Unterstützung durch eine nahe Bezugsperson die Überlebenswahrscheinlichkeit deutlich verbessert (Klemperer 2010).

Frauen erkranken später im Leben an arteriosklerotischen Erkrankungen (vor der Menopause werden sie von den weiblichen Hormonen geschützt), bei Städtern schreitet die Arteriosklerose schneller fort als bei Menschen im ländlichen Milieu.

Sind die Gefäße, die das Herz selber mit Blut versorgen – die Herzkranzgefäße (Koronararterien) – von der Arteriosklerose betroffen, so kann es zur kritischen Unterversorgung der Herzmuskeln kommen (*koronare Herzkrankheit*). Dies kann sich in Form von Angina pectoris Anfällen (Brustschmerzen und Atemnot bei körperlicher Belastung), als Herzschwäche (Herzinsuffizienz), Herzrhythmusstörung oder plötzlich als Herzinfarkt (Absterben von Herzmuskelzellen durch mangelnde Blutversorgung) bemerkbar machen. Erkennt man die Verengung der Herzkrankgefäße rechtzeitig, kann man vor der Entstehung eines Infarktes therapeutisch eingreifen: Einerseits gilt es, Beanspruchungen zu hinterfragen, soziale Unterstützung zu stärken und auf körperlicher Ebene die Risikofaktoren für die Arteriosklerose zu behandeln. Andererseits können mit Hilfe eines Katheters Verengungen geweitet oder durch ein Bypass-Operation Verengungen umgangen werden. In jüngster Zeit kann man derartige Bypass-Operationen auch mit minimal invasiven Methoden durchführen: Der Eingriff erfolgt hierbei durch einen nur wenige Zentimeter breiten Schnitt im Brustkorb hindurch, am schlagenden Herzen, ohne Herz-Lungen-Maschine und ist für den Patienten im Vergleich zu der bisherigen Operationstechnik mit großen Brustkorbschnitten außerordentlich schonend.

Ein *Herzinfarkt* äußert sich oft durch starke Schmerzen hinter dem Brustbein, die in die linke obere Körperhälfte ausstrahlen, verbunden mit Engegefühl (als ob die Brust mit einem Schraubstock eingezwängt würde), Atemnot und Todesangst. Es gibt jedoch auch Herzinfarkte, die mit wenigen oder unspezifischen Oberbauchschmerzen oder Erbrechen verbunden sind; besonders bei Diabetikern (Zuckerkranken) kann das Schmerzempfinden bei einem Herzinfarkt herabgesetzt sein. Da es bei einem Herzinfarkt zu plötzlichen lebensbedrohlichen Herzrhythmusstörungen oder zum Herzversagen führen kann, ist eine sofortige Verständigung des Notarztes erforderlich. Obwohl die Letalität beim Herzinfarkt in den letzten 30 Jahren erheblich gesunken ist, stirbt immer noch mehr als jeder 3. Betroffene, die günstigsten Überlebenschancen haben Menschen zwischen 40 und 44 Jahren.

4.1.2 Der Schlaganfall

Werden die zuführenden Arterien zum Gehirn eingeengt, innen geschädigt und sind die geschädigten Stellen mit Blutgerinnseln besetzt, so kann es zu einer plötzlichen Unterversorgung bestimmter Bereiche kommen, dies besonders dann, wenn der allgemeine Blutdruck abfällt (z.B. nachts zwischen 2 und 4 Uhr) oder wenn sich ein kleines Blutgerinnsel aus einer größeren Arterie ablöst, mit dem Blutstrom in ein kleineres Gefäß geschwemmt wird und dieses dann verstopft (Embolie). Eine besondere Emboliegefahr besteht auch bei bestimmten Herzrhythmusstörungen. So kommt es beispielsweise beim Vorhofflimmern zu einer mangelhaften Pumpleistung des Blutes von den Herzvorhöfen in die Herzkammern. Hierdurch können in den Herzvorhöfen Blutgerinnsel entstehen, welche dann als Embolie in andere Organe ausgeschwemmt werden und im Gehirn zu einem Schlaganfall führen können.

Eine zunehmende Unterversorgung des Gehirns kann sich, bevor es zum Schlaganfall kommt, auf zweierlei Weise äußern: Zum einen in einer fortschreitenden Persönlichkeitsveränderung: Der Betroffene wird dann vergesslicher, unkonzentrierter und oft reizbar und stimmungslabil. Zum anderen kann sich eine transitorisch ischaemische Attacke (ein Anfall vorübergehender Blutarmut) ereignen: Es bilden sich flüchtige Lähmungserscheinungen, Sprach- oder Sehstörungen aus, die sich nach Minuten oder Stunden ganz wieder zurückbilden. Diese Vorboten werden nicht selten von den betroffenen Patienten bagatellisiert.

Bei fortschreitender Arterienverkalkung kann es dann zu einem ischaemischen (durch Mangeldurchblutung hervorgerufenen) Hirninfarkt kommen. Die Unterversorgung hat jetzt z. B. durch ein zusätzliches Blutgerinnsel ein solches Ausmaß erreicht, dass umschriebene Hirnbereiche absterben. Es kommt zu Zelluntergängen, Flüssigkeitsansammlungen im betroffenen Gebiet, nachfolgenden Umbauprozessen und Vernarbungen, die Nervenzellen werden hierbei nicht ersetzt. Für den weiteren Verlauf ist es entscheidend, dass umgehend eine Klinikeinweisung (nach Möglichkeit in eine „Stroke-Unit") erfolgt, denn in den ersten 3–6 Stunden kann man durch eine medikamentöse Auflösung der Blutgerinnsel oft dauerhafte Schäden abwenden oder minimieren. Besonders gute Heilungsaussichten haben Patienten, die in den ersten 90 Minuten nach Symptomeintritt behandelt werden können.

Noch dramatischer als ein ischaemischer Hirninfarkt zeigt sich in der Regel eine Gehirnblutung, die bei entsprechenden Vorschädigungen der Arterien durch einen Blutdruckanstieg zu Stande kommen kann. Eine solche muss natürlich vor der medikamentösen Auflösung von Blutgerinnseln ausgeschlossen werden.

Zunächst mag der Patient bewusstlos oder zumindest in der Auffassungsgabe schwer beeinträchtigt sein. Wie sich ein Hirninfarkt oder eine Hirnblutung im weiteren Verlauf äußert, hängt – neben der Frühbehandlung – davon ab, welche Gehirngebiete betroffen sind: Häufig treten Halbseitenlähmungen und Sprachstörungen auf, hinzu kommen manchmal anhaltende psychische Veränderungen, wie z. B. Gedächtnisstörungen, intellektuelle Einbußen und Stimmungsveränderungen. Die Stimmungsveränderungen können sich als Niedergeschlagenheit (Depression) oder häufige Gereiztheit äußern, mögen aber auch darin bestehen, dass die Stimmung bei geringfügigen Anlässen abrupt umschlägt.

Das Gehirn ist so organisiert, dass die willkürliche Kontrolle der rechten Körperhälfte vornehmlich der linken Gehirnhälfte obliegt und umgekehrt. So führt eine Unterversorgung im Bereich der rechtsseitigen Gehirnzentren, die für die Körperbewegungen zuständig sind, zu einer Halbseitenlähmung links. Bei den meisten Menschen liegt das für die Sprache hauptverantwortliche Gehirnzentrum links, so kommt es bei ausgedehnten Schädigungen der linken Gehirnhälfte oft zu Sprachstörungen (Aphasie) und einer rechtsseitigen Körperlähmung. Oft trifft der ischaemische Hirninfarkt höhere Gehirnzentren, dies führt dazu, dass nach einer Übergangsphase niedrige Zentren die Kontrolle über die gelähmte Körperseite übernehmen, es kommt zu einer spastischen Lähmung, die von einem relativ hohen Anspannungszustand der Muskeln und gesteigerten und veränderten Reflexbewegungen geprägt ist. Hinzu kommen oft Sensibilitätsstörungen mit einer Beeinträchtigung des Berührungs-, Temperatur-, Schmerz- und Bewegungsempfindens. Auch kann die Wahrnehmung der gelähmten Körperpartie gestört sein, so dass diese vom Patienten weitgehend ignoriert wird (Neglect-Syndrom). Liegt die Durchblutungsstörung im Gehirn in Nervenzellgebieten, die das Gesicht versorgen, kann es beispielsweise zu einem Herabhängen einer Gesichtshälfte oder zu Augenmuskelstörungen kommen, bei denen Doppelbilder entstehen. Weiterhin können die Menschen nach einem Schlaganfall von Gleichgewichtsstörungen und Schwindel betroffen sein.

Fallgeschichte
Vor einigen Jahren hatte Herr B. seine Frau verloren. Ein besonders bösartiges Krebsleiden hatte ihren Körper innerhalb weniger Monate aufgezehrt. Beide Eheleute waren starke Raucher. Nach ihrem Tod brauchte er Jahre, um Worte für seinen Schmerz zu finden und in seinem eigenen Leben wieder einen Sinn zu entdecken. Hinzu kam, dass er kurz nach dem Tod seiner Ehefrau einen Bandscheibenvorfall erlitt und auf Grund von erheblichen Beschwerden beim Sitzen seinen Beruf im Büro nicht mehr ausüben konnte. Er erhielt, nachdem eine Operation nur eine unvollständige Besserung mit sich gebracht hatte, eine zeitlich befristete volle Erwerbsminderungsrente, allerdings stand eine erneute Begutachtung an. Er lebte gemeinsam mit seinem unverheirateten Sohn in einem Haus, führte den Haushalt und begann am Stehpult und in einem rückenschonenden Sessel zu schreiben. Als sich seine Rückenbeschwerden besserten und er langsam wieder Freude am Reisen fand, lernte er eine neue Lebenspartnerin kennen. Nach anfänglicher Skepsis begannen die beiden doch, einen gemeinsamen Haushalt zu planen. Plötzlich erlitt Herr B. einen Anfall heftiger Kopfschmerzen, der von einer Stunden anhaltenden Sprachstörung begleitet war. Er selber spielte die Bedeutung dieses Ereignisses herunter, neigte er doch ohnehin dazu, körperlichen Gebrechen erst bei starken Schmerzen Aufmerksamkeit zu widmen. Drei Monate später fand die Partnerin ihn früh morgens bewusstlos im Bad, sie alarmierte den Notarzt, der umgehend eine Einweisung in eine Stroke Unit veranlasste. Dort diagnostizierte man einen ischaemischen Hirninfarkt, der rechtsseitige Lähmungen und Sprachstörungen zur Folge hatte. Herr B. konnte nach anfänglicher Verwirrung andere verstehen, wenn sie mit ihm sprachen, aber er selbst fand für das, was er aussprechen wollte, die Worte nicht richtig. Nur das Wort „Krüppel" kam ihm penetrant in den Sinn, wenn er die Bewegungsbehinderung des rechten Armes und Beines bemerkte. Er wurde früh krankengymnastisch und logopädisch betreut und man verlegte ihn bald in eine Anschlussheilbehandlung. Dort unternahm er einen Selbstmordversuch, denn er fürchtete, jetzt als „Krüppel" nur eine Belastung für seine Umwelt zu sein.

4.2 Vermittlung weiterführender Hilfen (Norbert Pütter)

Im arbeitsteiligen Betrieb des Krankenhauses kommt der Sozialen Arbeit die Aufgabe der Beratung, der Unterstützung, der Vermittlung von Hilfen und der Vorbereitung für das Leben nach dem stationären Aufenthalt zu. Diese Aufgaben erfolgreich wahrzunehmen, setzt eine enge Kooperation mit krankenhausinternen und -externen Berufsgruppen bzw. Institutionen voraus. Innerhalb des Krankenhauses sind das neben Ärzten und Pflegekräften auch „Krankengymnasten, Logopäden, Seelsorger, Ergotherapeuten, Psychologen", aber auch die Patientendokumentation und -administration als Teil der Verwaltung (Ansen, Gödecker-Geenen & Nau 2004, S. 23). Externe Kooperationspartner sind insbesondere die Sozialversicherungsträger und die der Akutbehandlung nachgelagerten Versorgungsreinrichtungen, von der niedergelassenen ärztlichen Praxis über Rehabilitationseinrichtungen bis zu Pflegediensten.

Im Unterschied zu den anderen Professionen ist der Sozialdienst seinem Selbstverständnis nach weniger an den „Krankheitsbildern als an der individuellen Lebenssituation des Patienten/Klienten" orientiert (Internetquelle 58, S. 253). In seinem Fokus steht nicht die Wiederherstellung körperlicher Funktionen oder mentaler Fähigkeiten, sondern die soziale und soziopsychische Lage des kranken Individuums. Indem die Sozialarbeit versucht, diese Dimensionen zu bearbeiten, will sie zu einem Genesungsprozess beitragen, der auf ein Höchstmaß an Selbstständigkeit, Selbstbestimmung und gesellschaftlicher Integration zielt.

Netzwerkarbeit, Dokumentation und eigene Weiterqualifikation sind unterstützende Tätigkeitsfelder für den Kern der Sozialarbeit im Krankenhaus, der in der Arbeit mit und für die Kranken und deren Angehörige besteht. Sachlich handelt es sich um Unterstützung, Beratung und Vermittlung von Hilfen. Dazu zählen insbesondere: Fragen der sozialen und der wirtschaftlichen Sicherung während des stationären Aufenthaltes, die Regelung der ambulanten oder stationären Nachsorge sowie die Abklärung und Vorbereitung der medizinischen und/ oder beruflichen Rehabilitation (Internetquelle 59). In diesen Bereichen nimmt der Sozialdienst zunächst eine beratende Funktion wahr. Im Einzelnen bietet er:

- Auskunft und Beratung über Sozialleistungen,
- Beratung bei krankheitsbedingten beruflichen Problemen,
- Beratung über die Folgen chronischer Erkrankungen,
- Hilfe bei der Bewältigung häuslicher Probleme,
- Hilfen für eine gesundheitsförderliche Lebensweise,
- Unterstützung bei der Bewältigung seelischer Konflikte und
- Gespräche mit Angehörigen (Ansen, Gödecker-Geenen & Nau 2004, S. 20).

Rechtlich fußt die Tätigkeit des Sozialdienstes auf § 122 SGB V (s. Ansen, Gödecker-Geenen & Nau 2004, S. 50 ff.) In diesem Paragrafen werden die (Verbände der) Krankenkassen und die (Vereinigung der) Krankenhausträger auf der Ebene der Bundesländer verpflichtet, Verträge abzuschließen, durch die sichergestellt werden soll, dass Art und Umfang der Krankenhausbehandlung den gesetzlichen Vorgaben entsprechen. In den Verträgen müssen u.a. Bestimmungen über „die soziale Betreuung und Beratung der Versicherten in Krankenhaus" (Nr. 4) und „den nahtlosen Übergang von der Krankenhausbehandlung zur Rehabilitation oder Pflege" (Nr. 5) enthalten sein. Da die Krankenhäuser in die Zuständigkeit der Bundesländer fallen, werden deren Angelegenheiten in Landeskrankenhausgesetzen geregelt. Die Bestimmungen variieren von Land zu Land; das gilt auch für jene über die soziale Betreuung der Patienten (s. die – nicht mehr ganz aktuelle – Zusammenstellung in: Internetquelle 60). In einigen Bundesländern wird den Krankenhäusern die Einrichtung eines sozialen Dienstes vorgeschrieben: So heißt es etwa im rheinland-pfälzischen Landeskrankenhausgesetz: „Das Krankenhaus richtet einen Sozialdienst ein." (§ 26) In anderen Bundesländern wird lediglich die Beschäftigung von Sozialarbeitern verlangt (z. B. § 24 Landeskrankenhausgesetz Berlin).

Erhebliche Unterschiede bestehen auch in den gesetzlichen Vorgaben über die sozialarbeiterischen Tätigkeiten. Während es im nordrhein-westfälischen Gesetz (§ 5) lapidar heißt: „Der soziale Dienst hat die Aufgabe, die Patientinnen und Patienten in sozialen Fragen zu beraten und Hilfen nach den Sozialgesetzbüchern zu vermitteln", sind die Bestimmungen in anderen Bundesländern erheblich detaillierter. In Rheinland-Pfalz (§ 26) hat der Sozialdienst gesetzlich die „Aufgaben, im Rahmen des Versorgungs- und Überleitungsmanagements die ärztliche, psychotherapeutische und pflegerische Versorgung im Krankenhaus zu ergänzen. Zu seinen Aufgaben gehört es besonders, die Patientinnen und Patienten und ihre Bezugspersonen in sozialen Fragen zu beraten und ihnen fachliche Hilfen zu geben. Dazu gehören auch ... die Vermittlung von Maßnahmen der medizinischen, beruflichen und sozialen Eingliederung und Teilhabe behinderter oder chronisch kranker Menschen oder von Behinderung oder chronischer Krankheit bedrohter Menschen sowie von anderen geeigneten Hilfen des Sozial- und Gesundheitswesens" (hinzu kommen noch Aufgaben, die sich ausschließlich auf Neugeborene und Kinder in Kliniken beziehen).

Aus den zitierten Vorgaben in § 112 SGB V hat die „Deutsche Vereinigung für den Sozialdienst im Krankenhaus e.V. (DVSK)" zehn Tätigkeitsbereiche abgeleitet:

- „Begleitung während des Krankenhausaufenthaltes,
- Intervention bei persönlichen Problemen,
- Regelung bei häuslichen und familiären Problemen,
- Unterstützung bei der Verarbeitung der Erkrankung in Bezug auf die persönlichen und sozialen Folgen,
- Hilfe bei der Kostenregelung,
- Vorbereitung der Krankenhausentlassung,
- Vermittlung von Rehabilitations-Maßnahmen,
- Vermittlung von ambulanten und stationären Hilfen,
- Aufbau eines sozialen Netzes, entsprechend dem Hilfebedarf,
- subjektive Vorbereitung auf die neue Lebenssituation" (Qualitätsrahmen der DVSK, zit. n. der Zusammenfassung bei Barth & Schmitz 2001, S. 109).

Durch die Bestimmungen im SGB IX (Rehabilitation) sind die sozialarbeiterischen Aufgaben bei behinderten und von Behinderung bedrohten Menschen ausgeweitet worden. In § 26 Abs. 3 werden neben medizinischen auch „psychologische und pädagogische Hilfen" genannt, durch die die Ziele des Gesetzes realisiert werden sollen. Im Einzelnen listet das Gesetz folgende Leistungen auf, deren Umsetzung dem Sozialdienst bzw. SozialarbeiterInnen obliegen dürfte:

„1. Hilfen zur Unterstützung bei der Krankheits- und Behinderungsverarbeitung,
2. Aktivierung von Selbsthilfepotentialen,
3. mit Zustimmung der Leistungsberechtigten Information und Beratung von Partnern und Angehörigen sowie von Vorgesetzten und Kollegen,

4. Vermittlung von Kontakten zu örtlichen Selbsthilfe- und Beratungsmöglichkeiten,
5. Hilfen zur seelischen Stabilisierung und zur Förderung der sozialen Kompetenz, unter anderem durch Training sozialer und kommunikativer Fähigkeiten und im Umgang mit Krisensituationen,
6. Training lebenspraktischer Fähigkeiten,
7. Anleitung und Motivation zur Inanspruchnahme von Leistungen der medizinischen Rehabilitation."

Die praktische Umsetzung der sozial(arbeiterisch)en Aufgaben in den Kliniken hängt von den Bedingungen vor Ort ab. Eine systematische Intervention wird ohne die Elemente Bestandsaufnahme (Diagnose), der mit Patienten (und Angehörigen) gemeinsam vorzunehmenden Zielbestimmung und der Verständigung über die notwendigen Schritte zur Erreichung der Ziele nicht auskommen. Mitunter bestehen detaillierte Handlungskonzepte, die von der Initiierung des Kontakts über Planung und Intervention, Koordinierung und Monitoring bis zur Evaluation und förmlichen Beendigung des Falles reichen (s. Bienz & Reinmann 2004, S. 41 f.). Auch in exemplarischen Arbeitsplatzbeschreibungen lässt sich das Tätigkeitsspektrum des Krankenhaussozialdienstes ablesen. In der als Internet-Anlage zu Ansen, Gödecker-Geenen & Nau veröffentlichten „Einzelfallstatistik" werden die „Maßnahmen" das Sozialdienstes in sieben Gruppen gegliedert: Psychosoziale Interventionen, Soziale und Wirtschaftliche Sicherung, Ambulante und Stationäre Nachsorge, Medizinische und Berufliche Rehabilitation. Zusätzlich geben die Rubriken, in denen die „Arbeitsanteile" erfasst werden sollen, ein klares Bild sozialarbeiterischen Tätigkeitsspektrums: Kontakte zu Patienten und Angehörigen, zu verschiedenen Berufsgruppen und Abteilungen im Krankenhaus, zu externen Stellen und Ämtern und die Beteiligung an Fallkonferenzen sowie Anträge und Antragshilfen, Berichte und Gutachten unter der Überschrift „Schriftverkehr" (Internetquelle 59, S. 10–14).

Aus unterschiedlichen Gründen verdienen zwei Aspekte der Sozialarbeit im Krankenhaus besondere Erwähnung: die unmittelbare Beziehung zum Patienten und das „Entlassmanagement". Einen direkten Kontakt zum Patienten herzustellen, ist die Basis jeder erfolgreichen Intervention. Im Unterschied zu Ärzten und Pflegekräften, deren Wirkungskreis auf die Wiederherstellung der Gesundheit ausgerichtet ist, soll der Sozialdienst durch seine Tätigkeit nicht nur diesen Gesundungsprozess unterstützen, sondern zugleich auf das Leben nach der stationären Behandlung vorbereiten. Beides kann nur gelingen, wenn die/der SozialarbeiterIn ein vertrauensvolles Verhältnis zum Kranken aufbauen kann. Krankenhauspatienten befinden sich in einer „umfassenden Abhängigkeit" von der Institution. Ihre physische und/oder psychische Situation ist durch das Gefühl der Hilflosigkeit, des Ausgeliefertseins, von Ungewissheit und der Angst vor der Zukunft bestimmt. Hinzu kommt bei schweren oder chronischen Erkrankungen, dass „sich medizinische, pflegerische, soziale, rechtliche und finanzielle Probleme (überlagern), die an unterschiedlichen Orten bearbeitet werden" (Ansen 2001, S. 64). Der Sozialdienst muss diese komplexe Problemlage und die besondere Verfassung des Patienten in Rechnung stellen. Neben der fachlichen

Kompetenz, der Fähigkeit zur Kooperation und zur Koordinierung, gehört eine empathische Grundhaltung zu den Basisqualifikationen in der Krankenhaussozialarbeit.

Die Frage, was nach der stationären Behandlung mit dem Patienten geschieht, ist in den letzten Jahren dringlicher geworden. Angesichts der Trennung von stationärer und ambulanter Versorgung, der unterschiedlichen Aufgaben und Träger der medizinischen Akutversorgung und der Rehabilitation musste die Frage nach der Fortsetzung der Behandlung außerhalb des Krankenhauses schon immer beantwortet werden. Durch die Umstellung der Krankenhausfinanzierung im letzten Jahrzehnt ist eine frühe Entlassung mit finanziellen Vorteilen für die Krankenhäuser verbunden. Das alte Tagessatz-System führte zu langer Krankenhausverweildauer, weil jedes belegte Bett Einnahmen brachte. Insofern war die Gefahr klein, dass Patienten ggf. medizinisch zu früh entlassen und an andere Einrichtungen abgegeben wurden. Durch die Fallpauschalen hat sich diese Situation in ihr Gegenteil verkehrt; je kürzer der Krankenhausaufenthalt desto tendenziell besser ist die Ertragslage. Da kurze stationäre Aufenthalte aber medizinisch nur gerechtfertigt werden können, wenn die Anschlussbehandlung oder -versorgung gewährleistet ist, sind mit dem Entlassmanagement nun wirtschaftliche Interessen verbunden. Die Organisation einer frühzeitigen und reibungslosen Entlassung liegt beim Sozialdienst des Krankenhauses; dessen Stellenwert innerhalb des stationären Versorgungssystems hat deshalb auch aus finanziellen Gründen zugenommen (Barth & Schmitz 2001, S. 115; zur konzeptionellen Umsetzung am Beispiel des Universitätsklinikums Heidelberg s. Internetquelle 61).

Im Fall des Herrn B. leitete der Sozialdienst des Akutkrankenhauses die erforderlichen Schritte in die Wege. Die Sozialarbeiterin hatte – so lange der Patient noch nicht ansprechbar war – das Gespräch mit dem Sohn und seiner Partnerin geführt. Wegen seiner Sprachstörung war die Unterhaltung mit ihm schwierig; ein eingehendes Gespräch war kaum möglich. Die Schilderung der Vorgeschichte sowie der persönlichen und häuslichen Situation von Herrn B. hatten jedoch ergeben, dass er – trotz der Schicksalsschläge – in stabilen Verhältnissen lebte. Ob und welches Ausmaß an Hilfe und Unterstützung er bräuchte, würde vom Erfolg der Behandlung abhängen.

Während die krankengymnastische und logopädische Therapie noch im Akutkrankenhaus begann, leitete der Sozialdienst die Vorbereitung der Rehabilitation ein. Die Bestimmungen zur Rehabilitation folgen den Grundsätzen „Rehabilitation vor Pflege" (§ 31 SGB IX) und „ambulant vor stationär" (§ 40 SGB V). Angesichts der Lähmungen und Sprachstörungen war offenkundig, dass durch rehabilitative Maßnahmen der dauerhaften Pflegebedürftigkeit von Herrn B. entgegengewirkt werden musste. Da er absehbar am Ende der Akutbehandlung (noch) nicht zur ambulanten Therapie in der Lage sein würde, kam nur eine stationäre Rehabilitation in Frage, in die er unmittelbar vom Krankenhaus überstellt werden sollte. In diesen Fällen spricht man von einer „Anschlussrehabilitation".

Rehabilitationsleistungen werden von den Krankenkassen nur erfüllt, wenn drei Kriterien erfüllt sind: Rehabilitationsbedürftigkeit und -fähigkeit müssen gegeben sein, und es muss eine positive Prognose für das Erreichen alltagsrelevanter Ziele bestehen (Internetquelle 90, S. 12). Die Anschlussrehabilitation wird vom behandelnden Krankenhausarzt veranlasst; die Antragstellung an den Kostenträger bedarf der Zustimmung des Versicherten. Da Herr B. Rentner war, übernahm seine Krankenkasse die Kosten. Die Zuständigkeiten verschiedener Träger für Rehabilitationsmaßnahmen sind in Tabelle 5 zusammengefasst.

Tab. 5: Zuständige Träger von Rehabilitationsmaßnahmen (n. Internetquelle 62)

Fall	Träger	
Der Betroffene	medizinische Reha	berufliche Reha
hatte einen Arbeitsunfall	Gesetzliche Unfallversicherung	
ist erwerbstätig	Gesetzliche Rentenversicherung	
ist nicht erwerbstätig (Rentner, Student, Hausfrau), sofern kein anderer Träger zuständig ist	Gesetzliche Krankenversicherung	–
ist Empfänger von ALG II oder III	Gesetzliche Krankenversicherung	Agentur für Arbeit
ist Versorgungsempfänger (Kriegsopfer, Kriminalitätsopfer etc.)	Staatliches Versorgungsamt	–
hat keine Ansprüche an einen anderen Reha-Träger	Grundsicherungsamt	
ist schwerbehindert und hat keine Ansprüche an einen anderen Reha-Träger	Grundsicherungsamt	
ist seelisch behinderter Jugendlicher	Gesetzliche Krankenversicherung	Jugendamt

Nachdem der Arzt Herrn B. bereits auf die Notwendigkeit und die Möglichkeiten einer medizinischen Rehabilitation hingewiesen hatte, bestand die Aufgabe des Sozialdienstes darin, die Anschlussversorgung gemeinsam mit Herrn B. und seinen Angehörigen vorzubereiten. Dies beinhaltete u. a. die formale Antragstellung bei der Krankenkasse, die Auswahl einer geeigneten Rehabilitationseinrichtung und die Klärung freier Kapazitäten zum gewünschten Zeitraum.

Da die rechtliche Lage eindeutig, der medizinische Rehabilitationsbedarf erwiesen war und durch langjährige Erfahrungen des Krankenhauses auch eine geeignete Reha-Einrichtung gefunden werden konnte, geschah die Überstellung unmittelbar in die Anschlussheilbehandlung problemlos.

Herr B. zog sich sehr zurück und sprach noch immer undeutlich. So konnte auch der Sozialdienst in der Reha zunächst keine persönliche Beziehung zu ihm herstellen. Erst nach seinem Suizidversuch wurde entschlossen versucht, seine Abkapselung aufzuweichen und seine Befürchtungen über ein Leben als „Krüppel" zu thematisieren. Trotz der gesundheitlichen Fortschritte, die er in der

Therapie machte, war ersichtlich, dass neben leichten Artikulationsbeeinträchtigungen die Lähmung des rechten Armes bleiben und die volle Beweglichkeit des rechten Beines nicht wieder hergestellt werden würde.

Die Aufgabe des Sozialdienstes bestand nun darin, gemeinsam mit Ärzten, Pflegekräften, Therapeuten und Psychologen die allgemeine Verfassung von Herrn B. zu stabilisieren. Gleichzeitig musste der Kontakt zur Lebensgefährtin und zum Sohn intensiviert werden, um die Rückkehr von Herrn B. in seinen neuen Alltag vorzubereiten. Dem Sozialdienst oblagen dabei wiederum beratende, unterstützende und helfende Aufgaben. Ohne unmittelbare Entscheidungskompetenzen wirkt der Sozialdienst als Verbindungsglied zwischen dem medizinisch-pflegerischen Versorgungssystem und den Betroffenen. Im Idealfall gelingt gemeinsam mit den Patienten und/oder ihren engsten Angehörigen eine gründliche Bestands- und Bedarfsanalyse, die der/die SozialarbeiterIn mit den sozialrechtlichen und institutionellen Möglichkeiten abgleicht. Um diese Arbeit bewältigen zu können, bedarf es auf der einen Seite eines vertrauensvollen Zugangs zu den Betroffenen, auf der anderen Seite ist die Kenntnis des Sozialleistungsrechts ebenso erforderlich wie die der örtlichen Anbieter einschlägiger Dienstleistungen und Produkte. Letzteres geschieht häufig in Zusammenarbeit mit den Spezialisten der Kostenträger, die mitunter eigene Ressourcen vorhalten oder über Vertragsbeziehungen zu Anbietern verfügen.

Im Fall von Herrn B. war der Ausgangspunkt für den Sozialdienst der Reha-Klinik dessen gesundheitlicher Zustand und die körperlichen Beeinträchtigungen, die nach Ende der Rehabilitationsmaßnahme zu erwarten waren. Eine stationäre Unterbringung in eine Pflegeeinrichtung lehnte Herr B. ab; sie war angesichts seiner Allgemeinverfassung auch nicht zwingend. Die Aufgabe des Sozialdienstes bestand deshalb darin, gemeinsam mit allen Beteiligten die Voraussetzungen für die häusliche Versorgung von Herrn B. zu schaffen. Im Unterschied zu Krankenhausbehandlung und Rehabilitation, die in Herrn B.s Fall von seiner Krankenkasse bezahlt wurden, werden Pflegeleistungen von den seit 1996 bestehenden Pflegekassen, die organisatorisch den Krankenkassen angegliedert sind, finanziert. Die Inanspruchnahme von Leistungen der Pflegekassen ist an die Einstufung in eine der drei (bzw. vier) Pflegestufen gebunden, die von den Pflegekassen nach der Begutachtung durch den „Medizinischen Dienst der Krankenversicherung" vorgenommen wird. Der Pflegeantrag wurde während der Reha durch den Sozialdienst vorbereitet und von Herrn B. gestellt. Nach der Begutachtung wurde Herrn B. zunächst die Pflegestufe I zugesprochen (s. Kap. zur Pflegeversicherung).

Die Erörterung des zu erwartenden Pflege- und Versorgungsbedarfs ergab drei Problemkomplexe: Erstens die baulichen und sachlichen Verhältnisse in Herrn B.s Haus. Zweitens mussten die Fragen der alltäglichen Versorgung und drittens die der pflegerischen Betreuung zu Hause geklärt werden. In allen drei Bereichen wirkte der Sozialdienst an den Lösungen mit, insbesondere im Hinblick auf die Finanzierungsmöglichkeiten.

- Das Haus von Herrn B. musste umgebaut werden. Wahrscheinlich würde er in Zukunft auf einen Rollator angewiesen sein. Deshalb sollten die drei Stufen zu seiner Haustür durch eine Rampe ersetzt werden. Bade- und Schlafzimmer

befanden sich im ersten Stock. Da ihm Treppensteigen nur mit großem körperlichem Aufwand (und Unfallgefahren) möglich sein würde, wurde in der Gästetoilette eine bodengleiche Dusche eingebaut. Die Essecke im großen Wohnzimmer wurde abgetrennt und als kleines Schlafzimmer eingerichtet. Sohn und Vater entwickelten diese Umbaupläne. Der Sozialdienst gab Hinweise auf erfahrene Architekten und klärte die finanzielle Beteiligung der Pflegekasse.
- Für die häusliche Pflege fehlte es auch an der sachlichen Ausstattung in Herrn B.s Haus. Die Pflegekasse stellte ein Krankenbett, einen fahrbaren Krankenstuhl und ähnliche Hilfsmittel zur Verfügung.
- Die alltägliche Versorgung – Helfen beim Aufstehen, Ankleiden und Waschen etc. – wollten zunächst der Sohn und die nur halbtags berufstätige Lebensgefährtin übernehmen. Da beide berufstätig waren, wurde ein fahrbarer Mittagstisch beauftragt.

Zu den wichtigsten regelmäßigen Leistungen der Pflegeversicherung zählen das Pflegegeld und die Pflegesachleistungen (= Ausgaben für Pflegedienste). Die Höhe beider Beträge ist nach Pflegestufen gestaffelt; in unregelmäßigen Abständen werden sie erhöht. Auskunft über die aktuellen Leistungen geben die Pflegekassen.

Die weitere medizinische Betreuung übernahm nach der Reha der niedergelassene Arzt. Die Maßnahmen der Bewegungstherapie und des Sprachtrainings wurden auf dessen Verordnung ambulant fortgesetzt.

Der Sozialdienst der Klinik wies Herrn B. im Abschlussgespräch auf die Selbsthilfegruppe von Schlaganfallpatienten hin, die in seiner Stadt bestand. Ob er Kontakt aufnehmen wollte, ließ er jedoch offen.

4.3 Ergänzende Aspekte zur Gesundheitsaufklärung (Fokus Schlaganfall)

In Deutschland erleiden jährlich mindesten 165 000 Menschen einen Schlaganfall, fast zwei Drittel der Überlebenden sind in der Folge behindert und auf fremde Hilfe angewiesen. Bei einem Schlaganfall zählt buchstäblich jede Minute, so dass es wichtig ist, dass insbesondere die ältere Bevölkerung gut über die Warnsignale informiert ist und eine klare Handlungsanweisung (sofort den Rettungsdienst 112 alarmieren und erste Hilfe leisten!) erhält. Inzwischen sind von den Fachgesellschaften (z. B. Kompetenznetz Schlaganfall, Deutsche Schlaganfall-Gesellschaft oder die Stiftung Deutsche Schlaganfall-Hilfe) gute Aufklärungsbroschüren und Informationsmaterialien incl. persönliche Risikochecks im Internet erstellt worden. Eine Aufgabe der Hausärzte und der Sozialen Arbeit besteht darin, die bestehenden Informationen auch an Menschen aus bildungsferneren Schichten heranzutragen. Dies wurde ja bereits ausführlich im Kapitel zum jungen Erwachsenenalter thematisiert.

Typische Warnzeichen für einen Schlaganfall sind:

- Plötzliche Lähmung oder Schwäche im Gesicht, am Arm oder Bein (typischerweise auf einer Körperseite)

- Plötzlich gestörtes Berührungsempfinden überwiegend auf einer Körperseite
- Plötzliche Verwirrtheit, undeutliche Sprache oder Verständigungsschwierigkeiten
- Plötzliche Sehverschlechterung in einer Gesichtsfeldhälfte oder Doppelbilder
- Plötzliche Gangunsicherheit, Schwindel oder Koordinationsstörungen
- Plötzliche heftige Kopfschmerzen ohne bekannte Ursachen
- Fortschreitende Bewusstseinstrübung (Schläfrigkeit bis hin zur Bewusstlosigkeit).

Jedoch ist nicht nur die ausreichende Information der Bevölkerung über Warnhinweise für einen Schlaganfall von Bedeutung für eine rasche Klinikeinweisung, ebenso wichtig ist eine enge Zusammenarbeit zwischen Hausärzten/Sprechstundenhilfen, Rettungsleitstellen, Rettungsdiensten und Krankenhäusern. Die Erstanlaufstellen (Ärzte, Sprechstundenhilfen, Rettungsleitstellen) sollten in der Lage sein, durch klare Filterfragen mit größtmöglicher Genauigkeit festzustellen, ob es sich um einen Schlaganfall handeln könnte, und dann direkt eine Einweisung in ein Krankenhaus mit Stroke Unit veranlassen und alle wesentlichen Informationen gezielt weitergeben.

Die Patientenaufklärung ist auch jenseits des konkreten Themenfeldes „Schlaganfall" ein interdisziplinäres Gebiet, in dem die Soziale Arbeit wichtige Aufgaben erfüllen kann: Die Chancen für eine erfolgreiche Behandlung steigen, wenn Patienten in medizinische Entscheidungen einbezogen werden. Patientenpartizipation ist jedoch nur auf der Grundlage gut aufbereiteter, unabhängiger Informationen umfassend möglich. An dieser Unabhängigkeit hapert es jedoch häufig (Krüger-Brand 2012). Angesichts ungeklärter Finanzierungsfragen werden Patientenorganisationen nicht selten von der Pharmaindustrie gefördert, so dass Informationsbroschüren und Portale Themenfelder wie Nebenwirkungen therapeutischer Maßnahmen und die Option der Nichtbehandlung wenig vertiefen. Das Deutsche Netzwerk Evidenzbasierte Medizin (DNEbM) e.V. (Internetquelle 81) hat sich in diesem Zusammenhang der Thematik der Aufdeckung von Interessenkonflikten ausführlich gewidmet und setzt sich nicht nur für die unabhängige Information von Fachkräften, sondern auch für die Vernetzung von Fachportalen mit Patienteninformationen ein. Soziale Arbeit kann beispielsweise Patientenselbsthilfegruppen und -organisationen gezielt dabei unterstützen, sich unabhängige Informationen zu verschaffen oder an Informationsportalen direkt mitzuwirken. Bei der Aufklärung der Patienten geht es nicht nur um die Wissensvermittlung in laienverständlicher Sprache. Kulturelle und zielgruppenspezifische Besonderheiten sind von großer Bedeutung, darüber hinaus erleichtern Patientenberichte und Illustrationen den Zugang. Ziele der Informationen sind nicht nur das Wissen über die eigene Krankheit, sondern insbesondere auch eine angemessene Risikowahrnehmung und Entscheidungshilfen, ob eine Intervention, die möglicherweise tief in das Leben der Betroffenen eingreift, gewollt wird. Für eine fundierte Entscheidung braucht man als Patient Informationen zum natürlichen Verlauf der Krankheit, die vollständige Nennung aller Behandlungsmöglichkeiten, die Wahrscheinlichkeiten für Erfolg, Misserfolg und mögliche Schädigungen durch die Intervention und insbesondere auch patientenbezogene

Erfolgskriterien (erhöht das Behandlungsergebnis tatsächlich die Lebensqualität?). Auch die Wahrscheinlichkeit, dass es sich bei der gestellten Diagnose um eine Fehldiagnose handeln könnte, d. h. die Sicherheit der diagnostischen Einschätzung ist bedeutsam. Nur bei guter Informationsgrundlage sind partizipative Entscheidungen über die Behandlung tatsächlich möglich. Lenz et al. (2012) haben vorhandene Entscheidungshilfen für Patienten gesichtet und kommen zu dem Ergebnis, dass es zwar gute Beispiele für systematisch – auch mit Einbezug der Zielgruppen – entwickelte Entscheidungshilfen gibt, aber für die meisten Krankheiten entsprechende Angebote noch fehlen. Entscheidungshilfen werden z. B. vom Internetportal für Patienten des IQWiG, von der Bundesärztekammer, der kassenärztlichen Vereinigung, dem deutschen Krebsinformationsdienst, von Krankenkassen oder auch von einigen Universitätsinstituten (z. B. Zentrum für Psychosoziale Medizin, Universitätsklinikum Hamburg-Eppendorf bzw. vom Gesundheitswissenschaftlichen Institut der Uni Hamburg) angeboten.

Sozialpädagogen nehmen generell wichtige Aufgaben im Zusammenhang mit *Patientenschulungen* wahr. Dies sind in der Regel Gruppenveranstaltungen für Patienten und/oder Angehörige, in denen einerseits gezielt ärztliche Informationen zur Krankheitsentstehung und Behandlung vermittelt werden und andererseits von Psychologen oder Sozialpädagogen Fragen der Krankheitsbewältigung im sozialen Kontext thematisiert werden. Patientenschulungen sollen die Betroffenen unterstützen, Ressourcen zu mobilisieren, Rückfälle nach Möglichkeit zu vermeiden und die eigene Gesundheit zu stärken. Auch der Austausch mit anderen Patienten spielt eine wichtige Rolle. Methodisch handelt es sich bei Patientenschulungen um didaktisch geplante und in der Regel durch verhaltenstherapeutische Methoden untersetzte Interventionen. Bei Patientenschulungen mit psychisch Kranken spricht man auch von Psychoedukation. Es gibt inzwischen zu zahlreichen Erkrankungen Manuale, die die Gruppenleiter in der Durchführung unterstützen und Materialien für die Betroffenen und Angehörigen enthalten.

4.4 Prävention

Die Gesundheitsförderung im mittleren und höheren Lebensalter ist insgesamt recht deutlich am körperlichen Risikofaktorenmodell ausgerichtet und fokussiert derzeit insbesondere die Unterstützung einer aktiven und gesundheitsförderlichen Lebensgestaltung mit motivierenden präventiven Angeboten im Setting der Zielgruppe, die die Menschen dabei unterstützen,

- sich Gesundheitswissen anzueignen (z. B. Erlernen von Erste Hilfe Maßnahmen, Erkennen von Warnsignalen, Wissen um Behandlungs- und Rehabilitationsmöglichkeiten),
- Vorsorgeuntersuchungen wahrzunehmen (was z. B. zu einer rechtzeitigen Erkennung von Bluthochdruck, eines erhöhten Cholesterinspiegels oder eines Altersdiabetes führen kann),
- sich ausreichend zu bewegen (Vermeidung von Übergewicht, leichte Blutdrucksenkung),

- sich gesund zu ernähren (Einfluss auf Gewicht, Blutzucker- und Cholesterinspiegel),
- evtl. mit dem Rauchen aufzuhören und den eigenen Alkoholkonsum kritisch zu hinterfragen.

Herausforderungen für die Soziale Arbeit bestehen hierbei darin, benachteiligte Menschen insbesondere bei starker Beanspruchung ohne ausreichende soziale Unterstützung, bei Arbeitslosigkeit oder nach dem Eintritt in den im (vorzeitigen) Ruhestand wirklich zu erreichen. Die Aufgaben der Sozialen Arbeit gehen jedoch erheblich über die Krankheitsprävention hinaus und beinhalten beispielsweise eine mögliche Isolation abzubauen, Partizipation und lebenslanges Lernen zu fördern und Gemeinschaftsaktionen zu initiieren. Hierbei sollten die Orte, an denen sich die Menschen aufhalten, gezielt aufgesucht werden. Auf politischer Ebene geht es darum, die Zusammenhänge von sozialer Ungleichheit und ungleichen Gesundheitschancen deutlich zu machen, einer zunehmenden Verteilungsungerechtigkeit – auch zwischen Städten und ländlichen Regionen – entgegen zu treten und soziale Netzwerke, Integration, Teilhabe und soziale Verbundenheit zu fördern. Dies wurde bereits im Kapitel zum jungen Erwachsenenalter ausführlich thematisiert.

4.5 Vertiefung: Unterstützung bei der Krankheitsbewältigung und Salutogenese

Die Frühphase nach einem Schlaganfall ist eine für den weiteren Verlauf besonders bedeutsame Periode: Einerseits hängen die langfristigen Rehabilitationserfolge von einer möglichst frühen Aktivierung und der krankengymnastischen und logopädischen Übungsintensität ab, andererseits stellt die Bewältigung dieser Erkrankung die Patienten vor hohe Anforderungen: Nach einem Schlaganfall durchlaufen Betroffene und Angehörige zunächst eine Schockphase, in der möglicherweise Abwehrstrategien wie Verdrängen und Bagatellisieren einsetzen. In dieser Phase ist es wichtig, den Patienten und die Angehörigen zunächst einmal aufzufangen, empathisch auf Fragen einzugehen und dosiert, aber ohne zu bagatellisieren, Informationen zu vermitteln, wobei natürlich das Verständnis des Patienten durch eine Aphasie stark beeinträchtigt sein kann. Häufig brechen nach der ersten Schockphase starke Gefühle wie Wut, Hoffnungslosigkeit oder Verzweiflung auf, die situativ stark schwanken können. Manche Betroffene machen auch dem Behandlungsteam oder den Angehörigen erhebliche Vorwürfe (projektiver Bewältigungsstil), während andere eher depressiv reagieren und die Schuld bei sich selber suchen. Eine professionelle Reaktion auf Vorwürfe wäre es, die Beschuldigungen als vorübergehende Auseinandersetzung des Patienten oder der Angehörigen mit der Krankheit zu verstehen und nicht unreflektiert mit Gegenvorwürfen oder Ärger zu reagieren.

Wenn Lähmungen oder andere Beeinträchtigungen bestehen bleiben, stehen die Patienten und Angehörigen vor der Aufgabe, sich von bestimmten Lebensentwürfen zu trennen, hierbei treten nicht selten vorübergehend starke Rückzugstendenzen auf. In dieser Phase der Krankheitsbewältigung gilt es einerseits eine realistische Sicht zu fördern und andererseits ressourcenorientiert Bereiche aufzuzeigen, in denen Kompetenzen bestehen, die soziale Integration zu stärken, Angehörige einzubeziehen und mit dem Patienten gemeinsam seine persönlichen Ziele und zukünftigen Lebenspläne herauszuarbeiten. Hilfreich ist es in dieser Phase, erreichbare Ziele anzuvisieren, die Motivation zur Bewältigung zu stärken und auch kleine Erfolge hervorzuheben. Auch die Vermittlung praktischer Hilfen (Hilfsmittel, Wohnraumanpassung) spielt hier eine wichtige Rolle. Nicht wenige Patienten (etwa jeder 3.) entwickeln in den ersten Monaten nach einem Schlaganfall vorübergehend eine schwere Depression, insbesondere wenn die Selbstständigkeit bei alltäglichen Aktivitäten und die soziale Integration beeinträchtigt sind. Im oben ausgeführten Fallbeispiel kam es im Rahmen einer derartigen Depression zu einem Suizidversuch. Für Helfer ist wichtig, Signale einer möglicherweise entstehenden Suizidalität sensibel wahrzunehmen und direkt anzusprechen, hierbei empathisch und akzeptierend eine Gesprächsatmosphäre zu bereiten, in der sich der Betroffene öffnen kann.

Bei einer erfolgreichen Krankheitsbewältigung gelingt es dem Patienten langfristig, die verbleibenden Beeinträchtigungen in ein positives Selbstbild zu integrieren und einen neuen Weltbezug zu finden.

Der israelisch-amerikanische Medizinsoziologe Aaron Antonovsky (1997) hat Menschen untersucht, denen es gelungen ist, trotz schwerster Schicksalsschläge (Inhaftierung im KZ) psychisch und körperlich gesund zu bleiben, und die zudem einschneidende Gesundheitseinbußen erfolgreich bewältigen konnten. Er hat in seinem Modell zur Salutogenese allgemeine Widerstandsressourcen (körperlich, materiell, persönlich, interpersonal und soziokulturell) und den Einfluss des sogenannten *Kohärenzgefühls* herausgearbeitet: Dies ist ein dynamisches Gefühl des Vertrauens,

- dass die Stimuli aus der inneren und äußeren Umgebung strukturiert, vorhersehbar und erklärbar sind (Verstehbarkeit),
- dass einem die Ressourcen zur Verfügung stehen, den Anforderungen und Herausforderungen zu beggnen und dass sich Anstrengungen zur Bewältigung von Herausforderungen lohnen (Bewältigbarkeit) und
- dass die eigenen Erfahrungen als bedeutsam erlebt werden und in ein stimmiges Weltbild integriert werden können (Sinnhaftigkeit).

Menschen haben ein Grundbedürfnis nach Stimmigkeit. Das Kohärenzgefühl entwickelt sich durch Beziehungen, soziale Unterstützung und wertschätzende Kommunikation: Die Bewältigung einer einschneidenden Situation gelingt besser, wenn es möglich wird, im Austausch mit wesentlichen Bezugspersonen oder professionellen Helfern subjektiv tragfähige Erklärungsmodelle zu entwickeln und das eigene Schicksal anzunehmen (s. Abb. 10).

Im Umgang mit Menschen, die mehr oder weniger plötzlich mit dem Verlust ihrer körperlichen Gesundheit konfrontiert sind, gilt es – zum Beispiel als Klinik-Sozialdienst –, das Kohärenzgefühl zu stärken und die Menschen in ihren individuellen Bewältigungsstrategien und Selbstwirksamkeitserwartungen zu unterstützen, jedoch auch zu realisieren, dass nicht jeder Mensch lebensgeschichtlich ein grundlegendes Vertrauen in die eigenen Möglichkeiten hat erwerben können und dass die allgemeinen Widerstandsressourcen sehr ungleich verteilt sind: Dem einen stehen materielle Mittel zur Verfügung, er ist gut gebildet und kann sich auf vielfältige Beziehungen stützen, ein anderer mag ein Migrant sein, der das deutsche Gesundheitswesen nicht versteht und über wenige finanzielle Mittel und eine geringe Schulbildung verfügt, jedoch eine intensive Unterstützung durch seine erweiterte Familie erfährt. Auf Grund von Sprachbarrieren mag die Verständigung mit ihm erschwert sein, so dass Sie möglicherweise als SozialarbeiterIn in die Versuchung geraten, sich im Gespräch intensiver mit dem gebildeten Klienten zu befassen. Hier geht es auch um die kritische Selbstreflexion und die Auseinandersetzung mit den eigenen Prioritäten und der eigenen Bereitschaft, dem Unbekannten oder Fremden mit Respekt und Neugier zu begegnen.

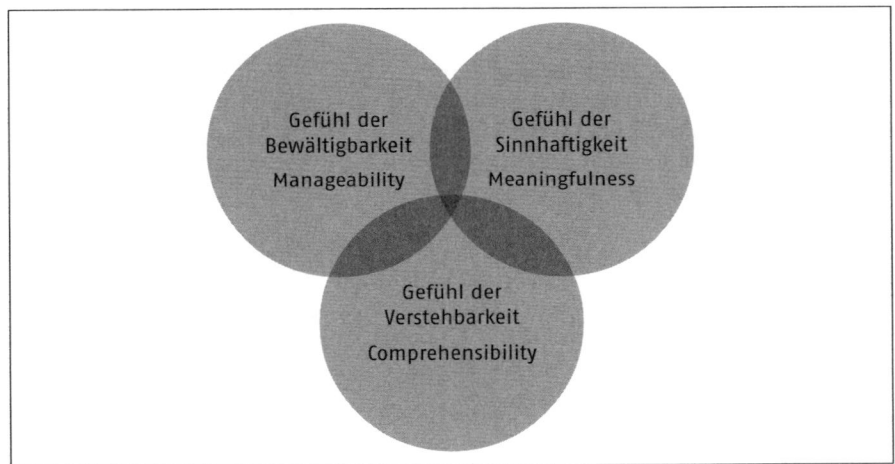

Abb. 10: Kohärenzgefühl

Insbesondere in Regionen, in denen viele *Migranten* leben, ist es von großer Bedeutung, sprach- und kultursensibles Personal im Gesundheitsbereich zu beschäftigen, verstärkt Menschen mit Migrationshintergrund in Gesundheitsberufen auszubilden, in Beratungssituationen Dolmetscher einzubeziehen und gesundheitsbezogene Informationen in verschiedenen Sprachen zu vermitteln, zugleich die besonderen Ressourcen familiärer Netzwerke zu würdigen und zu stärken und sensibel mit kulturell bedingten Reaktionen auf Krankheit und Pflegebedarf (Rollenkonflikte, Schamgrenzen, Essgewohnheiten, religiöse Bedürfnisse) umzugehen. Für die Krankenhaussozialarbeit spielen darüber hinaus die Zusammenarbeit mit ethnischen Communities und Fragen im Zusammenhang mit der Durchsetzung leistungsrechtlicher Ansprüchen eine besondere Rolle. An dieser Stelle seien kurz einige Beispiele erwähnt: Ausländische Sozialhilfeempfänger (z.B. Asylbewerber) haben z.B. bei akut notwendigen Krankenhausbehandlungen einen Anspruch auf Krankenhilfe, der geltend gemacht werden kann, selbst wenn der Sozialhilfeträger diesen Anspruch rechtswidrig ablehnen sollte. Dolmetscherkosten sind ebenfalls – wenn eine Übersetzung nicht durch Krankenhausmitarbeiter, Familienangehörige oder Freunde möglich ist – Teil der Krankenhilfe im Sozialhilferecht, denn auch nicht deutschsprachige Patienten sind ausreichend über Krankheitsdiagnosen und Behandlungsmöglichkeiten aufzuklären.

4.6 Soziale Arbeit und Krebserkrankungen am Beispiel: Brustkrebs

Unter Krebs versteht man bösartige (maligne) Neubildungen, die sich unkontrolliert vermehren, Wachstumshemmende Signale aus der Umgebung ignorieren, in umliegende Gewebestrukturen ohne Respektierung der Organgrenzen hineinwachsen und Tochterabsiedlungen (Metastasen) bilden können. Krebszellen entstehen, wenn sich bestimmte Abschnitte der Erbsubstanz verändern, diese Veränderungen der Gene nicht mehr repariert und die Erbinformationen dadurch „verfälscht" werden. Je älter der Mensch wird, desto unzuverlässiger arbeitet das Reparatursystem der Gene. Im Körper entstehen häufig Krebszellen, die normalerweise vom Immunsystem erkannt und beseitigt werden. Das Wachstum des Krebses entsteht aus einer Fehlbalance zwischen schädigenden und schützenden Faktoren.

Patienten und Fachkräfte finden bei der deutschen Krebshilfe ein gutes Informationsportal (Internetquelle 35): Jährlich erkranken in Deutschland 450 000 Menschen neu an Krebs, 216 000 Menschen sterben daran. Exemplarisch soll an dieser Stelle die häufigste Krebserkrankung bei Frauen – der *Brustkrebs* – vertieft werden. Etwa 60 000 Frauen erkranken in Deutschland jährlich an dem so genannten Mammakarzinom, etwa 17 000 Frauen versterben an den Folgen dieser Erkrankung.

Allgemein betreffen Krebserkrankungen – von bestimmten im Kindes- und Jugendalter auftretenden Formen einmal abgesehen – eher Menschen im höheren Lebensalter. Beim Brustkrebs liegen die höchsten Neuerkrankungsraten zwischen dem 55. und 70. Lebensjahr. Eine frühe erste Regelblutung, Kinderlosigkeit oder ein höheres Alter bei der Geburt des ersten Kindes gelten ebenso als Risikofaktoren wie ein später Beginn der Wechseljahre, starkes Übergewicht, Bewegungsmangel, ionisierende Strahlung, Rauchen und regelmäßiger Alkoholkonsum. Die Einnahme der Pille ist mit einem vorübergehend leicht erhöhten Brustkrebsrisiko verbunden, auch eine Hormonersatztherapie in den Wechseljahren erhöht bei mehr als fünf Jahre dauernder Anwendung das Risiko. Frauen, in deren Verwandtschaft Brustkrebserkrankungen aufgetreten sind, tragen ein höheres Risiko. Spezifische Brustkrebsgene lassen sich allerdings nur bei einem kleinen Teil der Betroffenen nachweisen. Es wird davon ausgegangen, dass weitere Gene an der Entstehung von Brustkrebs bei Frauen beteiligt sein könnten. Man hat lange nach einer typischen Krebspersönlichkeit gesucht, diese konnte jedoch nicht nachgewiesen werden. Allerdings betont LeShan (LeShan & Büntig 2011), einer der Pioniere der ganzheitlichen Krebstherapie, dass Menschen mit entsprechender genetischer Disposition besonders anfällig für Krebserkrankungen sind, wenn sie ihren einzigartigen Weg aus den Augen verlieren, ihre tiefsten Ziele nicht verwirklichen können und im Inneren verzweifelt sind. LeShan betont, dass Krebsraten steigen, wenn wichtige Lebensziele an Bedeutung verlieren, z.B. in den ersten Jahren nach Eintritt in den Ruhestand, nach dem Tod des Ehepartners und bei Frauen nach dem Auszug des letzten Kindes.

Bereits seit 1971 haben gesetzlich krankenversicherte Frauen ab dem 30. Lebensjahr Anspruch auf eine einmal jährliche Brustkrebsfrüherkennungsuntersuchung mit Abtasten der Brust und Anleitung zur Selbstuntersuchung. Seit dem Jahr 2004 wurde zusätzlich ein Mammographie-Screening-Programm für 50- bis 69-jährige Frauen aufgebaut, die Frauen erhalten Einladungen zu einem Termin, bei dem eine Röntgenuntersuchung der Brustdrüsen erfolgt. Im Zuge der Früherkennungsuntersuchungen werden mehr Brustkrebserkrankungen diagnostiziert, die jedoch eine deutlich bessere Heilungschance als noch vor 20 Jahren aufweisen. Allerdings führen flächendeckende Screening-Untersuchungen auch zu falsch positiven Diagnosen, die die betroffenen Frauen emotional stark belasten und zu aufwändigen diagnostischen Verfahren mit erheblichen praktischen und finanziellen Konsequenzen für die Betroffenen und für die Solidargemeinschaft führen. Aus diesem Grund sind eingreifende flächendeckende Screening Verfahren nicht unumstritten.

Die Behandlung richtet sich nach *Leitlinien*, die regelmäßig aktualisiert werden, und erfolgt am besten in zertifizierten Kliniken, in denen die Gynäkologen eng mit den Radiologen und Pathologen (die die feingeweblichen Untersuchungen und exakten Einordnungen des Tumortyps vornehmen) zusammenarbeiten. Die Leitlinien thematisieren auch die Informationsvermittlung über die Erkrankung und eine empathische, wahrheitsgemäße und verständliche Diagnosemitteilung an die betroffene Patientin. Die Behandlung besteht je nach dem Alter der Frau, dem exakten Tumortyp, der Größe und der Ausbreitung der Geschwulst aus einer Operation, gegebenenfalls kombiniert mit einer Bestrahlung, einer hormonellen Therapie und/oder einer Chemotherapie. Die Patientinnen werden vor dem Eingriff genau auf mögliche Lymphknotenabsiedlungen und Fernmetastasen (z.B. in der Leber, in der Lunge oder in den Knochen) untersucht. Kleinere, weniger aggressive Brustkrebserkrankungen können brusterhaltend operiert werden, allerdings erfolgt dann in der Regel eine etwa zweimonatige Nachbestrahlung (etwa fünf Tage die Woche). Im Zuge der Operation werden ausgesuchte Lymphknoten entfernt, sofort untersucht und bei Befall werden dann großräumig die Lymphknoten in der Achselhöhle herausgenommen. Dies kann als Langzeitfolge zu unangenehmen Schwellungen im Armbereich führen (Lymphödem). Größere und sehr aggressive Tumoren werden durch eine Amputation der Brust behandelt (Mastektomie). Später kann dann eine Rekonstruktion der Brust erfolgen. Manche Tumoren sprechen gut auf Hormone an, so dass diesen Frauen nach der Operation zu einer hormonunterdrückenden Therapie geraten wird, die jedoch bei jüngeren Frauen typische Wechseljahresbeschwerden auslöst. Bei aggressiven Tumoren, insbesondere wenn sie schon zu Absiedlungen in den Lymphknoten oder zu Fernmetastasen geführt haben, ist häufig eine Chemotherapie entweder noch vor der Operation oder im Anschluss an eine Operation bzw. nach der Bestrahlung angeraten, diese Behandlungsmethode hat starke Nebenwirkungen

(z. B. Haarausfall und Übelkeit). Eine weitere medikamentöse Behandlungsmaßnahme ist die Antikörpertherapie. Insgesamt wird die medikamentöse Behandlung genau an die individuelle Tumorbiologie angepasst und entsprechend der regelmäßig aktualisierten Leitlinien empfohlen. Um diese Leitlinien erstellen und aktualisieren zu können, sind genaue Daten über den Behandlungserfolg und klinische Studien erforderlich.

Nach der Akutbehandlung steht den Patientinnen eine Anschlussheilbehandlung zu. Im weiteren Verlauf sind regelmäßige Folgeuntersuchungen angeraten, denn innerhalb der ersten 10 Jahre treten selbst bei der recht günstigen Situation, in denen eine brusterhaltende Operation und Bestrahlung ausreichte, zu 5–10 % Rezidive (erneute Krebsgeschwülste) an der betroffenen oder auch an der anderen Brust auf. Betroffenen Frauen sollte neben einer ausführlichen Information während der Erstbehandlung, im Zuge der Anschlussheilbehandlung und/oder in der Nachsorgephase eine psychoonkologische Beratung und gegebenenfalls Begleitung angeboten werden. Hierbei werden die Frauen unterstützt, die Erkrankung und ihre psychosozialen Folgen zu bewältigen und mit der gewandelten Lebenssituation umzugehen. Der Krebsinformationsdienst des Deutschen Krebsforschungszentrums stellt Telefon- und E-Mail-Beratungsangebote sowie eine Datenbank zur Verfügung, die die Adressen der regionalen psychosozialen Krebsberatungsstellen enthält (Internetquelle 82). Le Shan (LeShan & Büntig 2011) stellt ins Zentrum seiner psychotherapeutischen Arbeit mit Krebspatienten die Frage, welches Leben sie sich im tiefsten Inneren erträumen und wo ihr einzigartiges Potential liegt, das möglicherweise bislang nicht zu Tage getreten ist. Er betont, dass er in der Arbeit mit Krebspatienten durch psychotherapeutische Behandlung zur Heilung beitragen konnte, seitdem er aufgehört habe, problemorientiert zu therapieren und begonnen habe, voller Respekt die einzigartigen Stärken seiner Patienten zu sehen und ihnen zu helfen, die Melodie ihres eigenen Lebens zu finden.

Die *Soziale Arbeit* im Umgang mit Brustkrebspatientinnen hat das Ziel, die Ressourcen der Klientin, ihres sozialen Umfeldes sowie des Sozial- und Gesundheitssystems zu erschließen und eine teilhabeorientierte umfassende Rehabilitation zu ermöglichen. Die Soziale Arbeit orientiert sich hierbei am Selbstbestimmungsrecht der Patientin. Methodisch spielt hierbei das Case Management eine wichtige Rolle. Die konkreten Aufgaben von SozialarbeiterInnen – eingebunden in ein multiprofessionelles Team – sind hierbei vielfältig: Sie bestehen – neben der empathischen psychosozialen Begleitung – einerseits in der Vermittlung von Behandlungs-, Rehabilitations- und Nachsorgeangeboten (incl. Selbsthilfegruppen) und in der Unterstützung beim Beantragen und Durchsetzen von Nachteilsausgleichen, andererseits aber auch in der besonderen Begleitung von sozial benachteiligten Zielgruppen und ihres Umfeldes. SozialarbeiterInnen unterstützen bei der Sicherung der wirtschaftlichen Lebensgrundlage, organisieren Hilfen für unversorgte Angehörige (Kinder, Pflegebedürftige), beraten über Vorsorgevollmachten und vermitteln möglicherweise auch Hilfen in der letzten Lebensphase (dieser Aspekt wird im Kapitel zur Sozialen Arbeit am Lebensende vertieft).

Fallbeispiel
Sabine S. glaubte eigentlich, ihre Krebserkrankung gut überwunden zu haben, sie war nach der Trennung von ihrem Ehemann wieder eine neue Beziehung eingegangen, ihre Tochter hatte das Abitur geschafft, und sie selbst stand als Bürokauffrau ganztags im Berufsleben. Im letzten halben Jahr hatte sie sich jedoch weniger belastbar gefühlt, ohne dies jedoch näher eingrenzen zu können. Die Nachsorgeuntersuchungen waren nach acht Jahren schon fast zur Routine geworden und so hatte sie sich im Vorfeld erstaunlich wenig Gedanken bei der anstehenden Mammografie gemacht. Nun traf sie die Mitteilung des Rezidivs wie ein Schlag. Glücklicherweise konnten auch bei der erneuten Erkrankung keine Fernmetastasen diagnostiziert werden. Man riet ihr jetzt zur Brustamputation. Bei der ersten Krebsdiagnose hatte sie eine brusterhaltende Operation mit anschließender Bestrahlung durchführen lassen, danach hatte sie fünf Jahre lang ein Antihormonpräparat eingenommen. Beim jetzigen Eingriff ergaben sich jedoch Komplikationen: Die Wunde heilte nur sehr langsam, und durch die erneute Entfernung einiger Lymphknoten begann ihr Arm bei geringen Belastungen anzuschwellen. Es verging eine längere Zeit, bis die Wunde soweit verheilt war, dass sie die Anschlussheilbehandlung antreten konnte. Auch dort erholte sie sich nicht so weit, dass sie im Anschluss arbeitsfähig war, sie wurde mutlos und antriebsarm, zog sich auch sozial immer mehr zurück, ihre Beziehung kriselte, die Tochter war zum Studium in eine weiter entfernte Großstadt gezogen. Ein anfängliches Engagement in einer Selbsthilfegruppe gab sie wieder auf, insbesondere da es nach dem Verkauf ihres Autos beschwerlicher wurde, Termine in der nahegelegenen Stadt wahrzunehmen. Nach einigen Monaten stand für sie die Entscheidung an, einen beruflichen Wiedereinstiegsversuch nach dem Hamburger Modell zu unternehmen oder eine volle Erwerbsminderungsrente zu beantragen, sie war jedoch stark hin- und hergerissen. Würden Sie als Sozialarbeit(in) die Frau eher stärken wollen, trotz ihrer Beeinträchtigung einen Wiedereinstieg ins Berufsleben zu wagen, um der beginnenden sozialen Isolation zu begegnen und sich nicht immer mehr mit der Gefahr eines erneuten Krankheitsausbruchs zu beschäftigen, oder würden Sie eher ihre Wünsche nach Entlastung stärken wollen und sie unterstützen, trotz der Gefahr begrenzter finanzieller Ressourcen mehr für ihre Ruhe- und Entspannungsbedürfnisse zu tun und außerhalb des beruflichen Engagements die sozialen Kontakte zu stärken? Wie könnte man der Frau bei der Entscheidungsfindung helfen und dabei zugleich ihr Selbstbestimmungsrecht stärken?

4.7 Sozialrechtliche Rahmenbedingungen (Norbert Pütter)

Die materielle Lage von Sabine S. war zunächst unproblematisch. In den ersten sechs Woche nach ihrer Krankschreibung hatte sie ihr Gehalt weiter bezogen; rechtlich entspricht die „Krankschreibung" der „Bescheinigung der Arbeitsunfähigkeit". Das „Entgeltfortzahlungsgesetz" (§ 3 EntgFG) verpflichtet den Arbeitgeber für maximal sechs Wochen zur vollständigen Fortzahlung des Einkommens, das der Arbeitnehmer verdient hätte, wenn er nicht erkrankt wäre. Danach hatte Frau S. von ihrer Krankenkasse Krankengeld bezogen. Der Anspruch auf Krankengeld besteht bereits ab dem ersten Tag der Arbeitsunfähigkeit; er ruht jedoch so lange, bis die Entgeltfortzahlung erschöpft ist. Durch tarifvertragliche Regelungen kann im Übrigen die 6-Wochen-Frist verlängert werden.

Das Krankengeld beträgt 70 % des zuletzt regelmäßig verdienten Bruttoentgelts. Es ist steuerfrei, aber beitragspflichtig zur Renten-, Pflege- und Arbeitslosenversicherung; die Beiträge werden zu gleichen Teilen von den Versicherten und den Krankenkassen gezahlt. Innerhalb von drei Jahren ist der Bezug des Krankengeldes wegen derselben Erkrankung auf 78 Wochen begrenzt. Dabei wird der Krankengeldbezug um die (vorgelagerte) Zeit der Entgeltfortzahlung verkürzt; so dass nach eineinhalb Jahren anhaltender Arbeitsunfähigkeit der materielle Unterhalt nicht mehr gesichert ist (Bäcker et al. 2010, S. 135). Das ist der maximale Zeitraum, in dem die Arbeitsfähigkeit wieder hergestellt werden muss bzw. die Betroffenen sich entscheiden müssen, wie es weiter geht.

Sofern die volle Erwerbsfähigkeit ggw. noch nicht wieder hergestellt werden kann, bietet das soziale Sicherungssystem in Deutschland verschiedene Alternativen. Voll erwerbstätig ist man nach den gesetzlichen Bestimmungen dann, wenn man wenigstens sechs Stunden täglich einer üblichen Tätigkeit auf dem allgemeinen Arbeitsmarkt nachgehen kann (§ 43 SGB VI). Lässt der Gesundheitszustand solche Tätigkeiten nicht zu, bestehen im Grundsatz zwei Möglichkeiten: 1. die Berentung, 2. der Versuch eines schrittweisen Wiedereinstiegs in den Beruf.

1. Das Rentenrecht kennt – seit der letzten Umgestaltung zu Beginn des vorletzten Jahrzehnts – zwei Rentenformen, die bei gesundheitlichen Einschränkungen der Erwerbsfähigkeit in Betracht kommen: Auf „Rente wegen teilweiser Erwerbsminderung" besteht dann ein Anspruch, wenn der Betroffene zwar mehr als drei, aber weniger als sechs Stunden täglich einer Arbeit (= einer „normalen" Erwerbstätigkeit, die auf dem Arbeitsmarkt angeboten wird) nachgehen kann. Die „Rente wegen voller Erwerbsminderung" setzt voraus, dass die Betroffenen weniger als drei Stunden täglich arbeiten können (§ 43 SGB VI; s. a. Internetquelle 63).

Neben den Zugangsvoraussetzungen unterscheiden sich beide Renten in der Berechnung und damit in der Rentenhöhe. Die volle Erwerbsminderungsrente wird im Grundsatz nach derselben Formel wie die Altersrente berechnet (s. Bäcker et al. 2010, S. 411 ff.). D.h. ihre Höhe ist von der Dauer der rentenversicherungspflichtigen Beschäftigungszeiten und dem jeweils erzielten Erwerbseinkommen abhängig. Um sehr geringe Renten bei biografisch frühem Bezug von Erwerbsminderungsrenten zu verhindern, werden „Zurechnungszeiten" berücksichtigt, deren Höhe aber wiederum von den beiden genannten Größen abhängig ist. Für jeden Monat, den der Bezug der Rente vor dem 65. Lebensjahr (seit 1.1.2012, vorher: 63. Lebensjahr) beginnt, wird sie um 0,3 % gekürzt – bis zu einem Abzug von maximal 10,8 %. Die „teilweise Erwerbsminderungsrente" entspricht der Hälfte der vollen Erwerbsminderungsrente.

Beide Rentenarten werden in der Regel – längstens auf drei Jahre – befristet geleistet. Die Befristung kann danach verlängert oder sie kann auf Dauer bewilligt werden. Eine „teilweise" kann in eine „volle Erwerbsminderungsrente" umgewandelt werden. Ebenso können die Renten auf Antrag in Altersrenten umgewandelt werden; beim Erreichen der Regelaltersgrenze (ab 2012 schrittweise Anhebung auf 67 Jahre) geschieht dies automatisch (Internetquelle 64).

Sofern die Kassen während des Bezugs des Krankengeldes eine Gefährdung oder längerfristige Minderung der Erwerbsfähigkeit befürchten, können sie die Kranken auffordern, einen Antrag auf Rehabilitationsmaßnahmen zu stellen. Bei abhängig Beschäftigten ist die Rentenversicherung der Träger von Reha-Maßnahmen. Die Rentenversicherung entscheidet über den Antrag. Lehnt sie ihn ab, so prüft sie automatisch, ob Anspruch auf eine Erwerbsminderungsrente besteht.

Jeder Rentenbezug ist an die Erfüllung versicherungsrechtlicher Vorschriften geknüpft. In der Regel müssen fünf Jahre mit Beitragszeiten nachgewiesen werden, und in den letzten fünf Jahren vor dem Renteneintritt müssen mindestens 36 Monate Beiträge in die Rentenversicherung gezahlt worden sein. Im Unterschied zu anderen Rentenarten (Altersrente, Waisenrente etc.) ist der Bezug der Erwerbsminderungsrente zusätzlich an gesundheitliche Bedingungen geknüpft, die durch ärztliche Bescheinigungen nachgewiesen werden müssen. In allen Leistungsbereichen können auf Antrag der Sozialversicherungsträger Kontrollinstanzen eingeschaltet werden. Dies gilt bereits im Bereich der Gesetzlichen Krankenversicherung für die Arbeitsunfähigkeitsbescheinigungen. Verfahren und Zuständigkeiten sind durch Richtlinien des Gemeinsamen Bundesausschusses geregelt (Internetquelle 65). Kontrollorgan ist der Medizinische Dienst der Krankenversicherung (MDK). Obwohl die Arbeitsunfähigkeit auf den konkreten Arbeitsplatz des Kranken bezogen ist, eröffnet sie den Weg in die Erwerbsminderungsrente, die sich nicht auf einen bestimmten Arbeitsplatz, sondern auf die üblichen Erwerbstätigkeiten insgesamt bezieht. Zentrales Element im Rentenantragsverfahren ist das ärztliche Gutachten. Dabei handelt es sich nicht um eine Stellungnahme des behandelnden, sondern eines von der Rentenversicherung beauftragten Arztes. Er soll „die Funktion eines objektiven und neutralen Sachverständigen" wahrnehmen. Nach den Vorgaben der Deutschen Rentenversicherung (Internetquelle 66) muss das Gutachten sich auf medizinische Angaben beschränken (so soll der Gutachter z. B. keine sozialrechtliche Würdigung vornehmen). Anamnese, Befunde, Diagnosen, Epikrise (= zusammenfassende Darstellung der Erkrankung und ihrer klinischen Auswirkungen) und sozialmedizinische Leistungsbeurteilung sollen im Gutachten schlüssig und für den medizinischen Laien (den Sachbearbeiter der Rentenversicherung) verständlich dargestellt und verknüpft werden. Entscheidend für das Rentenverfahren ist innerhalb der Leistungsbeurteilung das positive und negative „Leistungsbild" des Patienten. Dabei sind zum einen die Vorgaben des Gesetzes (Dauer täglicher Tätigkeiten) zugrunde zu legen, zum anderen ist zu prüfen, welche Tätigkeiten nicht mehr bewältigt werden können. Unter anderem spielt hier auch die Frage der „Wegefähigkeit" eine Rolle, da räumliche Mobilität in der Regel Voraussetzung der Erwerbstätigkeit ist (s. Internetquelle 67). Der Antragsteller ist gesetzlich verpflichtet an der Begutachtung mitzuwirken. Ihm steht Einsicht in die ärztlichen Unterlagen und in das Gutachten zu. Im Rechtsweg (Sozialgerichte) können die Entscheidungen des Rentenversicherungsträgers angefochten werden.

2. Die „stufenweise Wiedereingliederung" in die Erwerbstätigkeit wird meist als „Hamburger Modell" bezeichnet. Durch das Verfahren, dessen rechtliche

Grundlagen in § 74 SGB V und § 28 SGB IX formuliert sind, sollen arbeitsunfähige Beschäftigte wieder schrittweise an die Belastungen ihres alten Arbeitsplatzes herangeführt werden (s. Internetquelle 68). Grundsätzlich haben alle Erwerbstätigen einen Anspruch auf schrittweise Wiedereingliederung nach längerer Krankheit, aber sowohl die Kranken wie die Arbeitgeber können sie ohne Angaben von Gründen ablehnen. Seit 2004 sind Arbeitgeber zum „betrieblichen Eingliederungsmanagement" (BEM) verpflichtet, in dessen Rahmen sie gemeinsam mit den Beschäftigten, die mehr als sechs Wochen arbeitsunfähig waren, u. a. klären müssen, „wie die Arbeitsunfähigkeit möglichst überwunden werden" kann (§ 84 Abs. 2 SGB IX). Durch diese Bestimmung ist es Arbeitgebern erschwert worden, sich dem „Hamburger Modell" zu widersetzen. Im Rahmen des BEM können auch betriebliche Umsetzungen an andere Arbeitsplätze, die Veränderung des Tätigkeitsbereichs oder Umgestaltung von Arbeitsabläufen und -plätzen vorgenommen werden.

Die schrittweise Wiedereingliederung ist an verschiedene Voraussetzungen gebunden: Sie ist nur dann möglich, wenn aus ärztlicher Sicht eine ausreichende Belastbarkeit des Kranken vorhanden ist und die Eingliederung insgesamt Aussicht auf Erfolg hat. Sofern der/die Beschäftigte und der Arbeitgeber dem Verfahren grundsätzlich zustimmen, wird unter den Beteiligten ein verbindlicher, schriftlich fixierter Stufenplan festgelegt. Da die Wiedereingliederung Teil der medizinischen Rehabilitation ist, wird sie im Normalfall von der Krankenkasse finanziert und muss von ihr genehmigt werden. Ist die Arbeitsunfähigkeit hingegen durch einen Arbeitsunfall verursacht, ist die Unfallversicherung zuständig; erfolgt die Wiedereingliederung unmittelbar nach einer stationären Rehabilitation, liegt die Zuständigkeit bei der Rentenversicherung. Der Plan legt Beginn und Ende der Wiedereingliederungsphase sowie die schrittweise Erhöhung der Arbeitsbelastung (in der Regel der Dauer der Arbeitszeit) fest. Größe und Abstand der vereinbarten Stufen können ebenso variieren wie die Dauer der Eingliederung; üblich sind Zeiträume zwischen sechs Wochen und sechs Monaten.

Während der Eingliederungsphase gilt der/die Betroffene weiterhin als „arbeitsunfähig". Für seine Arbeit enthält er deshalb kein Entgelt von seinem Arbeitgeber, sondern er/sie bezieht weiterhin Krankengeld (bzw. eine analoge Leistung der genannten Kostenträger). Wegen der Finanzierung ist der Einstieg in das Hamburger Modell nur innerhalb bestimmter Fristen möglich. Im Grundsatz gilt, dass der Wiedereinstieg innerhalb der Bezugsdauer des Krankengeldes (78 Wochen innerhalb von drei Jahren) liegen muss. Der Einstiegsprozess wird ärztlich begleitet, er kann aufgrund der Fortschritte verkürzt, verlängert oder abgebrochen werden. Im Fall des Scheiterns bleibt der Weg in die Berentung möglich.

Für die Entscheidung von Frau S. sind neben diesen beiden Varianten die Bestimmungen des Schwerbehindertenrechts zu bedenken, dessen wichtigste Vorschriften im SGB IX enthalten sind. Durch das Gesetz soll die „Selbstbestimmung und gleichberechtigte Teilhabe in der Gesellschaft" von Behinderten oder von Behinderung bedrohten Menschen gefördert, ihre Benachteiligung soll vermieden bzw. ihr soll entgegengewirkt werden (§ 1 SGB IX). Behindert im Sinne des Gesetzes ist eine Person, wenn „ihre körperliche Funktion, geistige Fähigkeit oder seelische Gesundheit mit hoher Wahrscheinlichkeit länger als sechs Monate von dem für das Lebensalter typischen Zustand abweichen". Als schwerbehindert gilt eine Person, wenn die genannten Abweichungen einen Grad von wenigstens 50 erreichen (§ 2 SGB IX). Maßgeblich für die Bestimmung des „Grades der Behinderung" (GdB) sind die Festlegungen in den „Versorgungsmedizinischen Grundsätzen" (Internetquelle 69). In tabellarischer Form wird gesundheitlichen Störungen ein in 10er-Schritten festgelegter „Grad der Schädigungsfolge" (GdS) zugewiesen, die als Anhaltswerte für die Bewertung im Einzelfall dienen sollen. GdS und GdB werden nach denselben Kriterien bewertet, so dass die „Grundsätze" auch über den Grad der Behinderung bestimmen.

In den „Versorgungsmedizinischen Grundsätzen" wird der einseitige Verlust der Brust mit einem GdB von 30 bewertet; Funktionseinschränkungen in Schulter oder Arm seien zusätzlich zu berücksichtigen. Aktuell ist für Sabine S. von Bedeutung, dass in den ersten fünf Jahren nach der Entfernung eines Brusttumors ein GdB von mindestens 50 (abhängig vom Stadium des Tumors bis zu 80) vorgesehen ist. Damit gilt Frau S. als schwerbehindert, und die Sonderregelungen des SGB IX für Schwerbehinderte sind auf sie anzuwenden. Formal ist die Schwerbehinderung an eine Antragstellung bei den Versorgungsämtern gebunden, die den GdB in einem amtlichen Bescheid festlegen und den Schwerbehindertenausweis ausstellen.

Mit dem Schwerbehinderten-Status sind eine Reihe von Sonderregelungen verbunden, die der Diskriminierung der Betroffenen entgegenwirken, ihre Selbstständigkeit und ihre Chancen zur Teilnahme an der Gesellschaft stärken sollen. Die entsprechenden Bestimmungen reichen biografisch von Schule und Ausbildung bis zur Rente und erstrecken sich auf eine Vielzahl von Rechtsgebieten – neben den Bänden des Sozialgesetzbuchs bis hin zum Steuerrecht oder zum Baurecht. Die Prüfung, welche Leistungen im Einzelfall infrage kommen, sollte sinnvollerweise gemeinsam mit der lokalen „Reha-Servicestelle" oder mit dem Integrationsamt vorgenommen werden (Internetquellen 88 und 89). Für die Entscheidung von Frau S. könnten die finanziellen Entlastungen und die Leistungen, durch die ihre Eingliederung in die Erwerbsarbeit erleichtert werden sollen, von Bedeutung sein. Die individuelle materielle Unterstützung erfolgt vor allem über das Steuerrecht. Das Einkommensteuergesetz (§ 33b EStG) räumt behinderten Menschen einen Pauschbetrag für „außergewöhnliche Belastungen" ein. Die Höhe des Betrages, um den das zu versteuernde Einkommen verringert wird, ist vom Grad der Behinderung abhängig. Für das Jahr 2010 betrug der Pauschbetrag bei einem GdB von 50 570 Euro (s. Internetquelle 63, S. 57–67). Eine weitere Entlastung könnte sich auf der Begrenzung der Zuzahlungssumme für Leistungen der GKV ergeben. Im Allgemeinen sind die Zuzahlungen (Arzneimittel, Heil- und Hilfsmittel, Praxisgebühr, stationäre Unterbringung) auf 2 % des jährlichen Bruttoeinkommens begrenzt. Bei chronisch Kranken liegt der Maximalbetrag bei 1 % des Jahresbruttoeinkommens (§ 62 SGB V). Allerdings sind die Kriterien für das Vorliegen einer chronischen Erkrankung durch den Gemeinsamen Bundesausschuss streng gefasst worden. Demnach gilt sozialrechtlich eine Erkrankung nur dann als chronisch, wenn – neben der dauerhaften Behandlungsbedürftigkeit – eine Einstufung in die Pflegestufen 2 oder 3 oder ein

GdB von mindestens 60 vorliegt oder wenn ohne die kontinuierliche medizinische Versorgung eine lebensbedrohliche Verschlimmerung, eine Verminderung der Lebenserwartung oder eine dauerhafte Beeinträchtigung der Lebensqualität zu erwarten ist. Dieses letzte Kriterium dürfte bei Frau S. erfüllt sein.

Umfassender als die finanziellen, sind die auf die Erwerbstätigkeit bezogenen Nachteilsausgleiche, die das Sozial- und Arbeitsrecht für Schwerbehinderte enthält. Hinzuweisen ist zunächst auf den Umstand, dass Arbeitgeber den Berufseinstieg nach dem Hamburger Modell für schwerbehinderte MitarbeiterInnen nicht ablehnen können. Rechtlich fußen die Leistungen zur Integration von Schwerbehinderten in die Arbeitswelt aus dem Zusammenwirken von SGB IX mit dem SGB III und II. Sie können direkt an die behinderten Mitarbeiter adressiert sein oder an ihre Arbeitgeber. Zu den arbeitgeberbezogenen Leistungen gehören finanzielle Hilfen bei der Ausstattung des Arbeitsplatzes oder Zuschüsse bei verringerter Arbeitsleistung. Für die Beschäftigten sind z. B. technische Arbeitshilfen oder Hilfen zur Erreichung der Arbeitsstelle möglich. Darüber hinaus bestehen für Schwerbehinderte ein um eine Woche erhöhter Urlaubsanspruch (bei Vollzeitbeschäftigung), ein verbesserter Kündigungsschutz und der Anspruch auf die Umwandlung in eine Teilzeitbeschäftigung. In beiden Fragen sind die lokalen Integrationsämter an den konkreten Entscheidungsprozessen beteiligt (s. Internetquelle 63, S. 31–39). Im Hinblick auf die Gleichbehandlung am Arbeitsplatz sind die Bestimmungen des Allgemeinen Gleichstellungsgesetzes (seit 2006) einschlägig.

Für Frau S. ergeben sich aus diesen sozialrechtlichen Rahmenbedingungen folgende Gesichtspunkte: Der Weg in die Erwerbsminderungsrente hätte erhebliche finanzielle Auswirkungen. Eine „teilweise Erwerbsminderungsrente" würde ihren Lebensunterhalt nicht decken, da sie nur die Hälfte der vollen Rente beträgt. Selbst die „volle Erwerbsminderungsrente" wird mit großer Wahrscheinlichkeit unterhalb des Existenzminimums liegen. Als Bürokauffrau hat sie nie sehr viel verdient. Als ihre Tochter klein war, arbeitete sie nur halbtags. Durch die vorzeitige Berentung würde die Rente um über 10 % gesenkt werden. Seit einigen Jahren versenden die Rentenversicherungsträger jährlich an die anspruchsberechtigten Versicherten eine „Renteninformation", in der sowohl die gegenwärtige wie die beim Erreichen der gesetzlichen Altersgrenze zu erwartende Rentenhöhe ausgewiesen sind. In der Mitteilung wird auch angegeben, wie hoch die volle Erwerbsminderungsrente zum gegenwärtigen Zeitpunkt wäre. Nach den Berechnungen der Rentenversicherung ist zu erwarten, dass die Berentung für Frau S. zugleich bedeuten würde, zur Empfängerin von aufstockenden Grundsicherungsleistungen im Alter zu werden.

Neben den materiellen Einschränkungen ist zu bedenken, dass Frau S. damit auch in das Regelungsgeflecht des SGB XII und in den dauerhaften Kontakt mit dem Grundsicherungsamt (Sozialamt) kommen würde. Die vergleichsweise geringen finanziellen Vergünstigungen würden an dieser Lage nichts ändern. Weiter müsste Frau S. bedenken, dass die Berentung zunächst nur befristet gewährt wird und dass ihr Gesundheitszustand – was sie ja auch hofft – sich so weit verbessern könnte, dass sie wieder arbeiten gehen könnte. Eine erneute Erwerbstätigkeit scheint aber eher unwahrscheinlich, da es ihr sehr schwer fallen würde, nach einer

Phase des Bezugs von Erwerbsminderungsrente mit Mitte 50 einen neuen Arbeitsplatz zu finden. Sollte sie erwerbsfähig sein, aber keine Arbeit finden, dann fiele sie sozialrechtlich in den Regelungsbereich des SGB II, die „Grundsicherung für Erwerbstätige". Materiell würde sich ihre Lage durch diese Verschiebung nicht verschlechtern, aber das SGB II verfolgt den Anspruch, die Leistungsberechtigten u. a. mit Sanktionsdrohungen in Erwerbstätigkeit zu bringen – von der Pflicht zur Aufnahme von Arbeitsgelegenheiten mit Mehraufwandsentschädigung („1-€-Jobs") bis zur Annahme jeder vom Markt gebotenen Tätigkeit. Damit stünde auch auf dieser Ebene die Gefahr im Raum, dass sich ihre Lage durch die Erwerbsminderungsrente dauerhaft deutlich verschlechtern könnte.

Diese Aspekte sollten Frau S. vor Augen geführt werden. Ob sie die Frühverrentung umgehen kann, wird abhängen von ihrem gesundheitlichen Zustand, von der Bedeutung, die sie materieller Unabhängigkeit, einem Einkommen aus eigener Arbeit, der Berufstätigkeit für ihren persönlichen Lebensentwurf und ihrer sozialen Integration beimisst. Wenn ihre Prioritäten für die Arbeit sprechen, sollte sie sich ernsthaft mit dem Einstieg über das Hamburger Modell beschäftigen. Wegen der zeitlichen Bindung an die Dauer des Krankengeldbezugs darf dieser Schritt nicht zu lange hinausgezögert werden. Gespräche mit der Krankenkasse und dem Arbeitgeber sind erforderlich. Wegen der Schwerbehinderung dürfte der Umsetzung des schrittweisen Wiedereinstiegs nichts im Wege stehen. Er böte ihr eine Option auf Dauer ihre Arbeit und ihre wirtschaftliche Selbstständigkeit zu erhalten. Durch die ärztliche Begleitung sind gesundheitsbedingte Veränderungen des Stufenplans jederzeit möglich. Selbst wenn sich zeigen sollte, dass Frau S. den Anforderungen der Arbeit nicht nachkommen kann und der Wiedereinstieg abgebrochen werden müsste, steht ihr der Weg über die Berentung immer noch offen.

Niemand kann Frau S. ihre Entscheidung abnehmen. Wegen der Komplexität des Sozialleistungsrechts können aus sozialarbeiterischer Sicht nur die grundsätzlichen Möglichkeiten benannt und die Wege zu den Auskunfts- und Servicestellen der Träger gebahnt werden. Dies sind

- im Hinblick auf die Rentenfragen die Deutsche Rentenversicherung,
- im Hinblick auf das Hamburger Modell die Krankenkasse des Betroffenen
- und im Hinblick auf unterstützende Maßnahmen und die Nachteilsausgleiche aus dem Rehablitations- und Behindertenrecht die lokal zuständige „Reha-Servicestelle" und Integrationsämter.

4.8 Stress und vegetatives Nervensystem

„Stress ist (...) nicht nur Folge physischer Schädigung, psychischer Spannung oder sozialer Belastung. Er begleitet jede Handlung unseres Lebens – ja, ein bestimmtes Ausmaß von Stimulation und Reaktion ist sogar lebensnotwendig. Zu wenig oder zu viel sind gleichermaßen schädlich ..." (Üexküll & Wesiack, 1988, S. 36 f.)

Erkrankungen und Stress stehen in einer komplexen Wechselbeziehung; aus diesem Grunde sei an dieser Stelle noch einmal etwas grundlegender das Stresskonzept aufgegriffen. Dieses versucht zu erklären, wie ein Individuum auf eine Anforderung reagiert. Ein Stressor löst eine Belastungsreaktion aus, hierbei wird die Situation, in der sich die Person befindet, von ihr bewusst und unbewusst analysiert, um die individuelle Bedrohung und die möglichen Bewältigungsstrategien abzuschätzen. Hierbei fließen automatische Gedanken, Vorannahmen, Erwartungen und Einstellungen ein, die wiederum physiologische Reaktionen und Emotionen auslösen und schließlich zu einer bestimmten Verhaltensweise führen. In Abhängigkeit von den Resultaten und Konsequenzen dieses Verhaltens kommt es dann wiederum zu einer Neubewertung der Situation. Erlebt eine Person häufig Situationen, in denen sie sich wegen mangelnder Bewältigungsstrategien überfordert fühlt, kann es zu physiologischen und psychischen Fehlanpassungen kommen, die dann wiederum die Entstehung von Krankheiten begünstigen. Allerdings gibt es auch Schutzfaktoren vor dauerhaften psychobiologischen Fehlanpassungen, erwähnt seien hier insbesondere die soziale Unterstützung und das Kohärenzgefühl (Ehlert 2011).

Physiologisch kommt es im Zusammenhang mit Stressreaktionen zu Hormonausschüttungen und einer Aktivierung bestimmter Anteile des vegetativen Nervensystems, welche wiederum zu typischen Organreaktionen führen. Diese Reaktionen seien im Folgenden kurz skizziert:

Das *vegetative Nervensystem* reguliert die inneren Organe und ist eng mit der übergeordneten Hormondrüse Hypophyse verwoben. Das vegetative Nervensystem ist in gewisser Weise hierarchisch aufgebaut: Übergeordnete Zentren greifen regulierend in niedrigere ein, ohne diese außer Kraft zu setzen. Die Großhirnrinde, die für die differenzierten geistigen Aktivitäten verantwortlich ist, stellt in dieser Hierarchie das höchste Zentrum dar, so dass eine gewisse Feineinstellung vegetativer Funktionen je nach aktueller Umweltsituation und deren kognitiver Bewertung erfolgen kann. Als nächstes in der Hierarchie folgt das sogenannte Limbische System (u.a. Mandelkerne und Hippocampus), das eine zentrale Rolle bei emotionalen Reaktionen spielt, eng mit Sinneseindrücken verwoben ist und für das Gedächtnis eine wichtige Rolle spielt. So entsteht eine von Gefühlen und Erinnerungen modulierte Anpassung an Umweltreize, bei der unter dem Einfluss von Emotionen (z.B. sexuelle Erregung, Angst, Wut) typische Körperreaktionen zustande kommen. Weiter unten in der Hierarchie steht der Hypothalamus, der besonders enge Beziehungen zur der übergeordneten Hormondrüse, der Hypophyse, unterhält. Im Hypothalamus werden einströmende Signale zu elementaren starren Verhaltensweisen integriert, die – einmal in Gang gesetzt – nur noch begrenzt beeinflussbar sind. Unterhalb des Hypothalamus liegt der Hirnstamm, der wichtige Grundfunktionen im Körper aufrechterhält (z.B. Atmung, Herz-Kreislaufregulation). Die nervösen Impulse werden vom Hirnstamm an das Rückenmark weitergeleitet, in Ganglien noch einmal umgeschaltet und erreichen dann die Erfolgsorgane. Allerdings erfolgt die Regulation körperlicher Prozesse nicht einfach top-down von den höchsten Hierarchieebenen nach unten, sondern auf allen Ebenen durch ständige Rückkopplungsprozesse mit den Wahrnehmungen des Körpers und der Umwelt, so dass Gleichgewichtszustände entstehen und aufrechterhalten werden (Homöostase).

Man kann das vegetative Nervensystem in zwei anatomisch voneinander abgrenzbare, sich in ihren Überträgerstoffen unterscheidende und in ihrer Funktion entgegengesetzte Subsystem unterscheiden: *Sympathicus und Parasympathicus*. Ersterer dient eher der Vorbereitung zu besonderer Aktivität, zu Angriffs- oder Fluchtreaktionen, der Parasympathicus hingegen fördert Organaktivitäten, die in Ruhe die Dauerbedürfnisse des Körpers befriedigen (z. B. Nahrungsaufnahme und Verwertung).

Der Sympathicus, der bei Stressreaktionen aktiviert wird, arbeitet eng mit dem Hypothalamus und der Hormondrüse Hypophyse zusammen (s. Abb. 11), welche wiederum durch Hormonausschüttung die Nebennierenrinde aktiviert. So werden die Erfolgsorgane gleichzeitig oder kurz nacheinander durch die Nervenimpulse des vegetativen Nervensystems und durch ins Blut ausgeschüttete Hormone angeregt. Die mit einer Sympathicuserregung einhergehende Aktivität der Hypothalamus-Hypophysen-Nebennierenachse beinhaltet:

- Ausschüttung von CRH (Cortikotropin-releasing-Hormon) aus dem Hypothalamus in die Blutgefäße des Hypophysenstiels,
- dies bewirkt die Ausschüttung von ACTH (adrenocortikotropes Hormon) aus der Hypophyse ins Blut, welches dazu dient
- die Nebennierenrinde zu aktivieren, Cortikoidhormone (Cortisol) auszuschütten.

Unter dem Einfluss der Corticoidhormone steigt der Blutzuckerspiegel, gespeicherte Fette werden abgebaut und zum Verbrauch zur Verfügung gestellt, Blutgefäße werden auf die blutdrucksteigernde Wirkung anderer Botenstoffe vorbereitet und das Immunsystem wird auf komplexe Weise beeinflusst. Zugleich werden durch *negative Rückkopplungsschleifen* ACTH-Ausschüttung und Hypothalamusaktivität wieder heruntergeregelt, so dass die Reaktion zeitlich begrenzt wird.

Eine Aktivierung des Sympathicus führt zu einer Freisetzung von Noradrenalin an den Nervenzellenden zahlreicher Organe und bewirkt im Körper in etwa Folgendes: Es kommt zu einer Blutumverteilung zugunsten von Skelettmuskeln, Herzmuskel und Leber, während sich die Gefäße der Niere, der Haut und des Magen-Darm-Traktes verengen. Das Herz beginnt, schneller und kräftiger zu schlagen, die Bronchien, durch die die Atemluft in die Lungen strömt, weiten sich. Die Schließmuskeln von Blase und Darm ziehen sich zusammen, die Schweißproduktion steigt an, um gegebenenfalls anfallende Körperwärme gut abführen zu können. Die Pupillen weiten sich. Kommt es zur Sympathicuserregung, wird das Nebennierenmark zusätzlich angeregt, Adrenalin und Noradrenalin ins Blut freizusetzen, was die Wirkungen des Sympathicus noch einmal auf dem Blutweg verstärkt.

Entwicklungsgeschichtlich dient die Sympathicusaktivierung der Begegnung plötzlich auftretender Gefahren mit Angriffs- oder Fluchtreaktionen. Die durch die Sympathicusaktivierung bereitgestellte Energie kann bei körperlicher Aktivität umgesetzt werden. Heutzutage gibt es jedoch eine Fülle von Situationen, die zu einer Sympathicusaktivierung ohne nachfolgende körperliche Anstrengung führen, so dass die Gefahr besteht, dass die Rückkehr zur Ausgangslage verzögert wird, insbesondere, wenn ein hohes und andauerndes Belastungsmaß die Anpassungsleistungen des Körpers überfordert. Hierdurch können Zivilisationskrankheiten und ihre Risikofaktoren Bluthochdruck, Arteriosklerose, erhöhte Blutfettspiegel und Diabetes mellitus begünstigt werden.

So wird unmittelbar die Bedeutung ausreichender Bewegung im Alltag verständlich; auch kann das Erlernen von Entspannungsverfahren (Meditation, Yoga, Autogenes Training, Chi Gong, Tai Chi, progressive Muskelrelaxation) die Menschen unterstützen, den heutzutage gängigen körperlichen Regulationsproblemen entgegen zu wirken, die bei Überreizung und ungebührlicher Sympathicusaktivierung ohne ausgleichende emotionale und körperliche Abfuhr entstehen können. Noch wichtiger als das gezielte Erlernen von Entspannungsverfahren ist es jedoch, den Alltag von vorneherein so zu gestalten, dass Situationen der Überreizung und dauerhaften Anspannung gar nicht erst entstehen. Ansatzpunkte bieten hier einerseits Initiativen, die Entscheidungs- und Gestaltungsspielräume des Einzelnen z. B. in der Arbeitswelt erhöhen und andererseits die Fähigkeit unterstützen, den Alltag gesundheitsförderlich zu strukturieren und sich von überflutenden Reizen (z. B. durch starke Mediennutzung) und Ansprüchen angemessen abzugrenzen.

Weitere Regulationsprobleme entstehen, wenn *körpereigene Rhythmen* beispielsweise durch soziale Einflüsse, Fernreisen oder Nachtschichten vor enormen Anpassungsleistungen stehen. Im Hypothalamus finden sich zwei Zellaggregationen (auch Nucleus suprachiasmaticus genannt), die maßgeblich an der Regulation der körpereigenen Rhythmik beteiligt sind. Diese empfangen einerseits von speziellen Netzhautzellen des Auges Informationen über die Intensität des (Tages-)lichts und generieren andererseits einen Eigenrhythmus, der wiederum mit anderen körperlichen Rhythmen (z. B. Nahrungsaufnahme, hormonelle Rhythmen) in Wechselwirkung steht. Dieser Eigenrhythmus entsteht – vereinfacht gesagt – dadurch, dass sogenannte Clock-Gene abgelesen werden, die daraus entstehenden Eiweißverbindungen wiederum weitere Genaktivitäten fördern, bis in einer negativen Rückkopplung die Aktivität wieder heruntergefahren wird. Aus derartigen Rückkopplungsschleifen entstehen unterschiedliche Rhythmen, u. a. auch der ca. 24-stündige Tag-Nacht-Rhythmus, der sich mit dem Tageslicht immer wieder neu synchronisiert. Ohne diese Synchronisation wäre der Eigenrhythmus bei Langschläfern (Eulen) etwa 25 Stunden und bei Frühaufstehern (Lerchen) weniger als 24 Stunden. Der zentrale Rhythmusgeber ist an der Regulation des Schlaf-Wachrhythmus beteiligt und steht in engen Wechselwirkungen zu hormonellen Rhythmen; insbesondere das Stresshormon Cortisol beeinflusst die innere Rhythmik verschiedener Organsysteme und unterliegt andererseits selber tageszeitlichen Schwankungen mit einer maximalen Ausschüttung am frühen Morgen. Der Zusammenhang zwischen gut abgestimmten Rhythmen und der Gesundheit ist noch nicht vollständig erforscht, man weiß jedoch, dass Schichtarbeit nicht nur bei vielen Menschen langfristig zu Schlafstörungen führt, sondern auch mit erhöhten Risiken einhergeht, an Brustkrebs oder Prostatakrebs zu erkranken (Abbruzzese 2011). Auch Depressionen stehen mit Störungen der persönlichen Eigenrhythmen in Zusammenhang, was sich besonders augenfällig an den Schlafstörungen depressiver Menschen zeigt.

Es gibt generell bedeutsame Zusammenhänge zwischen *Depressionen und Stresserfahrungen*. Früh in der Biografie auftretende Stresserfahrungen (Vernachlässigung oder Kindesmisshandlung) gehen mit dauerhaft erhöhten Stresshormonspiegeln einher, insbesondere scheint der normale Feedbackprozess weniger gut zu greifen, bei dem das Cortisol in einer negativen Rückkopplungsschleife die Ausschüttung von ACTH und CRH herunterreguliert. Weiterhin sind bei früh traumatisierten Menschen – wie bereits im Kapitel zur frühen Kindheit erwähnt – verringerte Hippocampusvolumina festgestellt worden. Derartige biografische Erfahrungen erhöhen – insbesondere im Zusammenhang mit einer genetischen Empfänglichkeit (Vulnerabilität) – das Risiko, später im Leben eine Depression zu erleiden. Soziale Unterstützung stellt generell einen schützenden Faktor bei der Bewältigung belastender Situationen dar. Jedoch zeigen die Erkenntnisse der neueren Bindungsforschung, dass – in Abhängigkeit von den frühen Erfahrungen mit den Bezugspersonen – Menschen hier unterschiedlich reagieren. Menschen, die gelernt haben, ihren Bezugspersonen zu vertrauen, die – wie man in der Bindungsforschung sagen würde – sichere Bindungen entwickelt haben, reagieren in Stresssituationen anders als unsicher oder desorganisiert gebundene Menschen. Sie können einerseits soziale Unterstützung besser für sich nutzen, andererseits kann auch eine verinnerlichte (vorgestellte oder erinnerte) Unterstützung schützend wirken. In belastenden Situationen werden nicht nur Stresshormone ausgeschüttet, sondern es scheint auch schützende körperliche Reaktionen zu geben: In jüngster Zeit wird in diesem Zusammenhang das Hormon Oxytocin intensiv erforscht. Dieses besonders während der Schwangerschaft und Stillzeit produzierte weibliche Hormon spielt eine besondere Rolle bei der Bewältigung belastender Situationen, insbesondere scheint es Zusammenhänge zwischen der Oxytocinausschüttung und der erlebten und der früh in der Kindheit erfahrenen Unterstützung durch nahe Bindungspersonen zu geben.

Auch chronischer Stress im Erwachsenenalter gilt als bedeutsamer Risikofaktor für depressive Erkrankungen. Glukocorticoide (z. B. Cortisol) haben einen direkten Einfluss auf Wachstumsprozesse im Gehirn. Während man früher davon ausging, dass beim Erwachsenen die Nervenzellen im Gehirn nicht mehr nachgebildet werden, weiß man heute, dass es im Zentralnervensystem besonders plastische Regionen gibt; eine dieser Regionen ist der Hippocampus, der insbesondere mit Gedächtnisprozessen assoziiert ist. Chronischer Stress unterdrückt Wachstumsprozesse im Gehirn; dies hat möglicherweise den biologischen Sinn, dass Fehlanpassungen an belastende Lebenssituationen abgemildert werden (Heim & Miller 2011).

Andererseits weisen neuere Forschungsergebnisse darauf hin, dass bei depressiven Menschen unter Umständen eine genetisch mitbedingte verminderte Fähigkeit besteht, Stress zu verarbeiten. Die Ursache-Wirkungsbeziehungen zwischen Stress und Depression können also in beide Richtungen weisen: Chronische Stressbelastungen können zu Depressionen beitragen und Menschen mit einer genetisch mitbedingten Verletzlichkeit für Depressionen können belastende Situationen weniger gut bewältigen und entstehende Stressreaktionen schlechter modulieren.

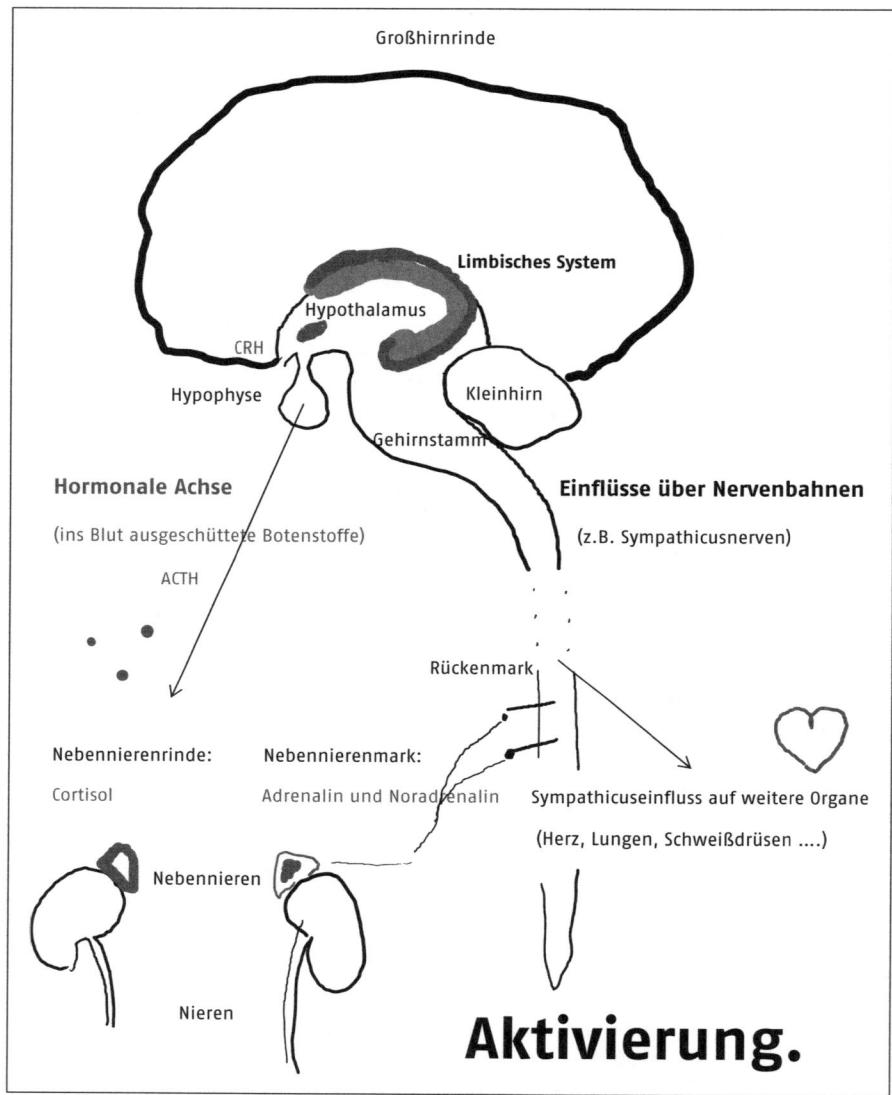

Abb. 11: Hormone und vegetatives Nervensystem (schematisch)

4.9 Burnout

Der Burnout-Begriff, der in der wissenschaftlichen Literatur seit den 1970er Jahren thematisiert wird und maßgeblich von Christina Maslach geprägt wurde, ist ein arbeitspsychologisches Konzept und keine medizinische Diagnose, jedoch kann ein Burnout in eine Depression übergehen. Ursprünglich wurde Burnout bei Berufen mit hohem sozialen Engagement beschrieben; lang anhaltend hohe Belastungen bei der Arbeit und typische Stressoren (hohe emotionale, kognitive und körperliche Belastung, Zeitdruck und Unterbrechungen) gepaart mit mangelnder Belohnung, Unterstützung und Kontrollmöglichkeit führen beim Burnout zu

- emotionaler Erschöpfung
- Depersonalisation und Zynismus, d. h. zu einer gefühlskalten, abgestumpften Reaktion gegenüber den Klienten und
- verminderter subjektiver Leistungsbewertung mit dem Gefühl des Versagens und des mangelnden Vertrauens in die eigenen Fähigkeiten.

Zur Erfassung einer Burnoutsituation wurden verschiedene Fragebögen wie zum Beispiel das auch in deutscher Übersetzung erhältliche Maslach Burnout Inventory (MBI) entwickelt (Internetquelle 71).

Brühlmann (2012) unterscheidet beim Burnout eine Stressverarbeitungsstörung – die Beschleunigungsspirale – und eine Sinnkrise. Bei der Beschleunigungsspirale führen überhöhte Anforderungen zu einer Selbstüberforderung. Diese Überforderung erleben Menschen mit hohen Ansprüchen an sich selbst als Kränkung und reagieren mit einem „trotzdem", es passt nicht ins Selbstbild, nicht mehr zu können. So überfordern sie sich, bis sie völlig ausgebrannt sind. Zugleich kommt es zur Sinnkrise: Die Lebensfülle, die das Leben lebenswert macht, schwindet. Leistungs- und Erfolgsdruck bestimmen fremd, insbesondere, wenn die eigenen Entscheidungsspielräume eng sind; man fühlt sich getrieben, die Selbstverantwortung kommt zu kurz. Dadurch verkümmern wesentliche Bereiche der eigenen Persönlichkeit. Konkurrenzkampf führt zu einer Isolierung; wichtige soziale Kontakte werden vernachlässigt. Der Druck einer zunehmenden Marketingmentalität, in der es immer wichtiger wird, sich gut darzustellen, raubt die Authentizität, die Verwurzelung in sich selbst. Das Surfen von einem Thema zum anderen erschwert es, sein Leben als eine Geschichte weiterzuschreiben, die Identität droht zu fragmentieren, das in der Vergangenheit Geschaffene wird weniger gewürdigt. Die zunehmende Beschleunigung und Verdichtung lässt den Zeitsinn verkümmern, man spürt nicht mehr, was die gute Zeit, der rechte Augenblick, die qualitativ stimmige Zeit wäre. Das Maß für die eigenen Rhythmen geht verloren. Erfolgsstreben führt zu einer eindimensionalen Lebensführung, wo alles auf Effizienz ausgerichtet ist, gehen tiefere Wert verloren. Sinnverlust bedeutet immer auch Selbstverlust. Man ist der Getriebene, Fremdbestimmte, Geschichtslose und nicht mehr bei sich selbst. Verletzliche Personen an Arbeitsplätzen mit hohem Effizienz- und Leistungsdruck entwickeln unter diesen gesellschaftlichen Bedingungen dann schließlich psychische (Depressionen und Angststörungen) und körperliche Krankheiten.

Ein Ausweg kann kurzfristig auf der personalen Ebene durch ein verbessertes Zeitmanagement, durch Entspannungsverfahren, Erholungsräume und Stressmanagement gesucht werden, dies bringt vorübergehende Erleichterung; hierbei geht es auch um ein vertieftes Verständnis der Stressverstärker in der eigenen Person. Dies sind die individuellen Motive, Einstellungen und Bewertungen, mit denen ein Mensch an die belastete Situation herangeht. Bedeutsam ist es hierbei, Neigungen zum Perfektionismus und zur Überverantwortlichkeit bewusst zu machen. Auch spielen Konfliktscheu, das Bedürfnis nach Bewunderung oder ausgeprägte Kontroll- und Autonomiebedürfnisse möglicherweise eine stressverstärkende Rolle.

Langfristig geht es jedoch um eine umfassendere Selbstverantwortung und die Stärkung der Selbstwirksamkeit, um ein kritisches Hinterfragen der Arbeitsbedingungen, der damit verbundenen Werte und um politisches Engagement, um ethische Reifung und Selbstfindung.

Gesundheitsarbeit im Sozialwesen bedeutet nicht nur, gesundheitliche Gefährdungen der Klienten wahrzunehmen, sondern auch, die Sorge um die eigene Gesundheit und die der Kolleginnen und Kollegen genügend ernst zu nehmen. Es gilt, Zeichen emotionaler Erschöpfung und innerer Distanzierung als Warnsignal zu erkennen, um die Rahmenbedingungen, Arbeitsstrukturen und die Beziehungen am Arbeitsplatz zu hinterfragen. In diesem Zusammenhang gilt es, sich für eine Kultur der gegenseitigen Wertschätzung einzusetzen, Supervision einzufordern und wenn möglich, jedem Beteiligten ausreichende Kontrollmöglichkeiten einzuräumen und für eine ausgewogene Balance von Ressourceneinsatz und Ergebnissen zu sorgen. Auf der persönlichen Ebene ist es hilfreich, Stressbewältigungsstrategien zu entwickeln, die eigene Haltung zu hinterfragen und eine ausgewogene Balance zwischen Arbeit und Freizeit zu finden. Allerdings fällt es bei den heutigen Rahmenbedingungen Sozialer Arbeit nicht wirklich leicht, beispielsweise als Berufsanfänger mit zeitlich befristetem Arbeitsvertrag und geringer Bezahlung eine ausreichende Belohnung für den eigenen Arbeitseinsatz zu erfahren, die eigene Fachlichkeit gegenüber den Kontrollinstanzen zu wahren und die fachlich sinnvollen Entscheidungsspielräume tatsächlich durchzusetzen. Hier sind politisches Engagement, die kritische Auseinandersetzung mit bestehenden Machtverhältnissen und ökonomischen Interessenlagen und die Bildung kritischer Netzwerke ebenso wichtig wie die persönliche Selbstsorge und eine gute Work-Life-Balance. Ein Sozialarbeiter, der sich selber ausgeliefert fühlt und über wenig berufliche Kontrollmöglichkeiten und Erfolgserlebnisse verfügt, wird sich vermutlich schwertun, benachteiligte Klienten zu solidarischem Handeln zu ermutigen und in ihren Erfolgserwartungen zu stärken.

Gut zu wissen – gut zu merken

Bei den lebensbedrohlichen Erkrankungen des mittleren und höheren Erwachsenenalters spielen die Folgen der Arteriosklerose (z. B. Herzinfarkt und Schlaganfall) und Krebserkrankungen die wichtigste Rolle. Während man früher glaubte, der Herzinfarkt sei eine Managerkrankheit, ist inzwischen deutlich geworden, dass Menschen mit niedrigem Sozialstatus und Menschen mit Depressionen und chronischem Ärger stärker gefährdet sind. So ist es wichtig, das klassische Risikofaktorenmodell, das insbesondere den Einfluss von Bluthochdruck, Rauchen, erhöhten Blutfetten, Diabetes mellitus und Übergewicht erfasst, um psychosoziale Aspekte zu ergänzen. Aufgaben der Sozialen Arbeit mit Menschen, die eine lebensbedrohliche Erkrankung erlitten haben, sind insbesondere die Unterstützung bei der Krankheitsbewältigung und bei der Selbstbestimmung in Bezug auf

Gesundheitsfragen, die Vermittlung weiterführender Hilfen und die Unterstützung bei der wirtschaftlichen Existenzsicherung. Der berufliche Wiedereinstieg nach einer schwerwiegenden Erkrankung kann durch eine stufenweise Wiedereingliederung nach dem „Hamburger Modell" unterstützt werden.

Das Stresskonzept trägt dazu bei, die komplexen Wechselwirkungen zwischen Belastungen und körperlichen und seelischen Krankheiten zu verstehen. Auf physiologischer Ebene kommt es hierbei sowohl zu einer Sympathicusaktivierung als auch zur Ausschüttung hormoneller Botenstoffe. In diesem Zusammenhang ist es auch von Bedeutung, eigene Belastungsgrenzen in Situationen wahrzunehmen, in denen typische Stressoren mit mangelnder Anerkennung und wenig Kontrollmöglichkeiten gepaart sind (Burnoutgefahren). Das Salutogenesemodell beschäftigt sich mit der Frage, warum es manchen Menschen gelingt, trotz widriger Lebensumstände und schwerer Schicksalsschläge vergleichsweise gesund zu bleiben. Von Aaron Antonovsky wurde in diesem Zusammenhang das Kohärenzgefühl herausgearbeitet – das grundlegende Vertrauen, dass die Welt verstehbar ist, dass Ressourcen verfügbar sind, um die Anforderungen zu bewältigen, und dass die Erfahrungen in ein stimmiges Weltbild zu integrieren sind und das eigene Leben als sinnvoll erlebt wird.

Weiterführende Literatur

Ansen, H., Gödecker-Geenen, N. & Nau, H. (2004): Soziale Arbeit im Krankenhaus. München, Basel

Antonovsky, A. (1997): Salutogenese. Zur Entmystifizierung der Gesundheit. Tübingen

Gahleitner, S. & Hahn, G. (Hrsg.) (2008): Klinische Sozialarbeit. Zielgruppen und Arbeitsfelder. Bonn

Schwarzer, W. (Hrsg.) (2011): Medizinische Grundlagen für soziale Berufe. Sozialmedizin. Dortmund

5 Gesundheitsthemen im Alter

Was Sie in diesem Kapitel lernen können
Die Selbstbestimmungsmöglichkeiten werden beim Ineinandergreifen verschiedener Erkrankungen (Multimorbidität) oder bei einer Demenz geringer. Hier steht die Soziale Arbeit vor besonderen Herausforderungen, nicht nur im Umgang mit den einzelnen Klienten und ihren Angehörigen, sondern auch bei der Weiterentwicklung von Versorgungsstrukturen und Wohnmöglichkeiten.

Das Kind wächst, der alte Mensch lebt in einem Körper, der im Leben so und nicht anders geworden ist. Vielfach musste die körperliche und geistige Integrität verteidigt werden, Narben sind zurückgeblieben. Das Immunsystem definierte, was körpereigen und was körperfremd war; Fremdes wurde zerstört und ausgestoßen, vielfach und immer wieder, bis das Körperselbst enger umrissen und immer weniger veränderbar wurde. Vielleicht hat gesundheitsfördernde körperliche Aktivität den genetisch mitbestimmten Alterungsprozess verlangsamt und zu einem Wohlbefinden im eigenen Körper geführt, vielleicht haben Erkrankungen aber auch einen chronischen Verlauf genommen und zu Schmerzen und Funktionseinschränkungen geführt. Das Welt- und Selbstbild des alten Menschen hat sich differenziert und verfestigt, soziale Beziehungen haben sich langjährig vertieft, manche sind im Laufe des Lebens abgebrochen. Schließlich wird vorlaufend in den Tod das ganze Leben verstehbar, vielleicht ist es gelungen, die vielfältigen Lebenserfahrungen in ein stimmiges ganzheitliches Konzept zu integrieren, vielleicht entgleitet jedoch diese Synthese in den letzten Jahren im Zuge einer Demenz.

Das Gedächtnis verändert sich im Alter: Um etwas Neues in ein komplex vernetztes Gebilde einzufügen, braucht es einen erheblich höheren Aufwand als etwas Neues in eine einfache Struktur einzubinden. Wenn zudem durch eine Demenz die gesamte Struktur erschüttert wird, dann wird es immer weniger möglich, sinnvolle Bezüge zu wahren. Dann entsteht eine Abhängigkeit von Bezugspersonen und Helfern, die immer weiter in die auseinander brechenden Lebensvollzüge hineinreicht und in der der demente Mensch darauf angewiesen ist, dass andere sich auf seine Erlebniswelt beziehen.

Angesichts des demografischen Wandels und der steigenden Lebenserwartung gewinnt die Gesundheitsarbeit mit älteren Menschen eine immer größere Bedeutung für die Soziale Arbeit. Allerdings ist der Lebensabschnitt „Alter" einem großen Wandel unterworfen, bei dem insbesondere die große Spannbreite unterschiedlicher Lebensentwürfe und Lebenslagen älterer Menschen ins Auge springt. Die Lebensweisen im Alter sind weit weniger noch als früher standardisiert, sondern sehr individuell und durch die verschiedenen Biografien nachhaltig geprägt. Die einen bleiben weit ins hohe Alter selbstständig, leben in selbstgenutztem Wohnraum, sind materiell gut versorgt, in unterschiedliche familiäre und außerfamiliäre Netzwerke eingebettet und bei guter Gesundheit, andere leben mit erheblichen gesundheitlichen Einschränkungen in Abhängigkeit von Familienangehörigen oder Institutionen und/oder in prekären wirtschaftlichen Verhältnissen mit weniger sozialer Unterstützung. Bei den „jüngeren Alten" zeigt sich im Vergleich zu den Hochaltrigen ein formal besseres Bildungsniveau, häufig gepaart mit einem ausgeprägten Vorwissen zu Gesundheitsthemen und der Möglichkeit, dieses eigenständig zu erweitern.

Zunächst sei an dieser Stelle das Ineinandergreifen unterschiedlicher krankheitsbedingter Beeinträchtigungen, in der Medizin auch mit Multimorbidität bezeichnet, und dessen Folgen für die Selbstständigkeit des Betroffenen an Hand eines Fallbeispiels thematisiert, um dann im Anschluss besonders auf den Verlust geistiger Fähigkeiten im Rahmen einer Demenz einzugehen. In der Arbeit mit schwer kranken älteren Menschen spielt die Kooperation zwischen der Sozialen Arbeit und anderen Gesundheitsberufen eine ganz bedeutende Rolle. Vertieft werden in diesem Zusammenhang insbesondere das Wohnen im Alter und die Unterstützungsmöglichkeiten durch die Pflegeversicherung.

Obwohl ein besonderer Fokus dieses Kapitels auf schweren Beeinträchtigungen im Alter liegt, sei an dieser Stelle noch einmal betont, dass Gesundheitsarbeit im Alter nicht nur die Arbeit mit schwer kranken Menschen umfasst. Gesundheitsarbeit bezieht sich in erster Linie auf die Unterstützung bei der Verwirklichung der Lebensziele und der Befriedigung der menschlichen Grundbedürfnisse, allen voran der drei Grundbedürfnisse nach Sicherheit, nach sozialem Austausch bzw. Zugehörigkeit und nach Selbstverwirklichung bzw. Autonomie. Hier gilt es auf allen Ebenen, der Ausgrenzung alter Menschen aus sozialen Bezügen entgegenzutreten und sie zu unterstützen, selbstgesteuert und aktiv zu partizipieren. Dies kann beispielsweise durch eine veränderte Stadtplanung (s. u.), durch Bildungsangebote im Alter, durch die Unterstützung gesundheitsbezogener Gemeinschaftsaktionen, durch Mehrgenerationenprojekte oder durch die Förderung des ehrenamtlichen Engagements, aber auch durch den Einsatz für flexiblere Übergangsprozesse in den Ruhestand geschehen. Besonders betont werden soll an dieser Stelle auch, dass die *Zielgruppe der Senioren* bei *stadtteilorientierten Aktivitäten zur Gesundheitsförderung* mit in den Blick genommen werden sollte. Bei kommunalen Netzwerken und lokalen Stadtteilgesundheitsprojekten sollten nicht nur junge Familien und Kinder und Jugendliche, sondern auch die Belange der älteren Bevölkerung im Fokus der Aufmerksamkeit stehen. Hierbei geht es einerseits um die Förderung zivilgesellschaftlichen Engagements und um Quartierstreffpunkte, andererseits um Beratung und um die Gestaltung gesundheitsförderlicher Angebote. Gesundheitsfördernde Angebote sollten zudem nicht einseitig auf körperliche Fitness oder Gedächtnistraining reduziert werden, es gilt, die Einseitigkeit der verhaltenspräventiven Angebote, die sich z. B. auf die bekannten Risikofaktoren Übergewicht und Bewegungsmangel oder auf eine wenig gesicherte Demenzvorbeugung konzentrieren, in ganzheitlichere Konzepte einzubinden, die nachhaltig Partizipation, soziale Unterstützung, Selbstwirksamkeitserwartungen und Selbstbestimmung fördern. Zunehmende Bedeutung gewinnt hierbei auch die interkulturelle Öffnung, die besonders gut gelingt, wenn Multiplikatoren mit Migrationshintergrund gewonnen werden können.

160 Gesundheitsthemen im Alter

Bei gesundheitlich stark beeinträchtigten Menschen stellt sich jedoch in ganz besonderer Weise die Frage, vor welchen Konflikten professionelle Helfer bei der Förderung der Autonomie der Betroffenen tatsächlich stehen und welche politischen Rahmenbedingungen systematisch Selbstwirksamkeit und Partizipation unterwandern.

5.1 Multimorbidität: Die Arbeit mit Menschen, die gleichzeitig von unterschiedlichen Gesundheitsstörungen betroffen sind

Fallbeispiel
Martina G. hatte mit 86 Jahren durch ihr erheblich nachlassendes Sehvermögen im Rahmen einer Makuladegeneration (einem allmählichen Funktionsverlust des Netzhautgewebes im Bereich des schärfsten Sehens) bereits mit großen Schwierigkeiten zu kämpfen, weiterhin alleine in ihrer Wohnung zurechtzukommen, zumal sie als Diabetikerin auf regelmäßige Blutzuckerkontrollen und Insulinspritzen angewiesen war, die ihr inzwischen ein Pflegedienst verabreichte. Mittags erhielt sie regelmäßig Essen auf Rädern. Ihre Tochter unterstützte sie in der Haushaltsführung, was ihr jedoch mit über 60 angesichts der noch bestehenden beruflichen Verpflichtungen nicht ganz leicht fiel. Aufgrund von Linsentrübungen hatte Martina G. bereits vor einigen Jahren an beiden Augen eine Operation mit Erfolg durchführen lassen. Die Durchblutung ihrer Beine war nicht mehr optimal, so dass sie beim Gehen unter Schmerzen litt, nachts Beschwerden hatte und Wunden an Füßen schlecht heilten. Bei einem Sturz in der Wohnung zog sich Martina G. eine für alte Menschen nicht ganz untypische Oberschenkelhalsfraktur zu und musste ins Krankenhaus eingewiesen werden. Nach der notwendigen Operation reagierte sie mit einem Verwirrtheitszustand, und ihr Blutzuckerspiegel schwankte stark. Im Krankenhaus fand sie sich angesichts ihrer Sehstörungen zunächst überhaupt nicht zurecht, so dass die Ärzte bereits an eine Demenz dachten. Die Operationswunde heilte schlecht. Eine Übersiedlung in ein Pflegeheim wurde zum Thema.
Als zuständige(r) Krankenhaussozialarbeiter(in) haben Sie die Aufgabe, dieses Thema mit ihr zu besprechen; allerdings findet das Gespräch bereits wenige Tage nach der Operation im Mehrbettzimmer der Patientin statt. In Anbetracht des derzeitigen Finanzierungssystems in Krankenhäusern haben sich die Liegezeiten im Krankenhaus aus wirtschaftlichen Gründen stark verkürzt, so dass Sie mit der weiteren Perspektivenfindung unter einem enormen Zeitdruck stehen. Das Finanzierungssystem basiert, wie bereits im Kapitel zum mittleren Erwachsenenalter erwähnt, auf Diagnosegruppen (DRGs), bei dem der Krankenhausträger unabhängig von der Behandlungsdauer eine Kostenpauschale erhält, die von den Hauptdiagnosen des Patienten abhängt. Dies schafft erhebliche Anreize, die Liegezeiten im Krankenhaus sehr kurz zu halten, und hat die Arbeit der Fachkräfte erheblich verdichtet.
Sie spüren, dass die alte Dame von der Entscheidung, die eigene Wohnung aufzugeben, überfordert ist, und würden sie gerne dabei unterstützen, eine Ent-

scheidung erst nach der ihr zustehenden dreiwöchigen Anschlussheilbehandlung zu fällen. Allerdings kann sie die Anschlussheilbehandlung nur antreten, wenn sie über eine ausreichende Selbstständigkeit verfügt; das bedeutet, dass sie ihre Körperpflege selbstständig durchführen und alleine essen kann und ausreichend mobil sein wird, was die behandelnden Ärztin bezweifelt. Möglicherweise kommt vor Entlassung noch eine geriatrische Frührehabilitation in einer geriatrischen Fachabteilung (s. u.) und im Anschluss daran – wenn die Anschlussheilbehandlung/medizinische Rehabilitation (noch) nicht angetreten werden kann – eine Kurzzeitpflege in Betracht, um die endgültige Entscheidung zur Übersiedlung in das von der Tochter bereits anvisierte Heim noch nicht treffen zu müssen. Allerdings möchte die Tochter recht bald eine nachhaltige Lösung. Nun stehen Sie als Sozialdienst vor der Aufgabe, unter dem hohen Zeitdruck einer Krankenhausbehandlung die Weichen für die zukünftige Lebenssituation der alten Dame so zu stellen, dass weder notwendige Entscheidungen verdrängt, noch mögliche Autonomiespielräume verstellt werden. Im § 5 des SGB XI heißt es dazu ausdrücklich:

1. Die Pflegekassen wirken bei den zuständigen Leistungsträgern darauf hin, dass frühzeitig alle geeigneten Leistungen der Prävention, der Krankenbehandlung und zur medizinischen Rehabilitation eingeleitet werden, um den Eintritt von Pflegebedürftigkeit zu vermeiden.
2. Die Leistungsträger haben im Rahmen ihres Leistungsrechts auch nach Eintritt der Pflegebedürftigkeit ihre Leistungen zur medizinischen Rehabilitation und ergänzenden Leistungen in vollem Umfang einzusetzen und darauf hinzuwirken, die Pflegebedürftigkeit zu überwinden, zu mindern sowie eine Verschlimmerung zu verhindern.

Sie lernen Frau G. nach ihrem Unfall in einer Situation kennen, in der viele ihrer Ressourcen gar nicht sichtbar werden können, stehen unter hohem Zeit- und Arbeitsdruck und sind mit einer klaren Auffassung der Tochter konfrontiert, die von den behandelnden Ärztin gestützt wird. Möglicherweise wird sogar in Erwägung gezogen, für die alte Dame wegen ihres Verwirrtheitszustandes nach der Operation eine rechtliche Betreuung anzuregen, so dass sich ein gerichtlich bestellter Betreuer mit Genehmigung des Amtsgerichtes (Abteilung für Betreuungssachen) um die Wohnungsauflösung und Übersiedlung kümmern kann.

Auf den ersten Blick erscheint es für alle Beteiligten – außer für Frau G. selbst – am besten, einen „guten" Heimplatz zu besorgen, vielleicht zweifelt man auch an ihrer Fähigkeit, über die eigene Perspektive realistisch zu urteilen. Auch die behandelnde Ärztin glaubt nicht an eine für ein selbstständiges Wohnen ausreichende Besserung nach einer geriatrischen Rehabilitation, so dass die Tochter die Auffassung vertritt, einen frei werdenden Heimplatz in Wohnortnähe der Tochter zuzusagen und angesichts der dreimonatigen Kündigungsfrist die Wohnung rechtzeitig zu kündigen.

Wie würden Sie sich als Sozialdienst verhalten?

Die bisher skizzierte Problematik zeigt, dass die sektorisierte Gesundheitsversorgung mit unterschiedlichen Zuständigkeiten für Krankenhausbehandlung, Rehabilitation und Pflege der Situation älterer Menschen mit ineinandergreifenden Gesundheitsproblemen nicht gerecht wird. Aus diesem Grund richten viele Krankenhäuser geriatrische Fachabteilungen ein, die sich – leistungsrechtlich – an der Schnittstelle zwischen Akutbehandlung und Rehabilitation befinden: Bereits bei Klinikaufnahme wird der Frührehabilitationsbedarf festgestellt, um zu verhindern, dass durch die Krankenhausbehandlung Fähigkeiten zur Bewältigung des alltäglichen Lebens verlernt werden und somit eine medizinische Rehabilitation oder Anschlussheilbehandlung gar nicht erst angetreten werden kann. In die Akutbehandlung wird dann von Anfang an die Frührehabilitation integriert. Im Gegensatz zur Frührehabilitation muss eine anschließende medizinische Rehabilitation ärztlich verordnet und im Vorfeld beim Kostenträger beantragt und genehmigt werden: Sie dient dazu, eine drohende oder eingetretene Beeinträchtigung der Teilhabe abzuwenden, zu vermindern oder zu beseitigen bzw. deren Verschlimmerung zu verhindern. In geriatrischen Fachabteilungen kann die Rehabilitationsplanung mit älteren Patienten, die gleichzeitig an verschiedenen Gesundheitsproblemen leiden, deutlich reibungsfreier vorgenommen werden; auch die pflegerische Versorgung nach der Entlassung kann in diesem Zusammenhang fachlich besser geplant werden.

Exkurs: Wohnen im Alter

Derzeit werden etwa zwei Drittel der pflegebedürftigen Menschen zu Hause versorgt. Wenn man ältere Menschen fragt, ob sie gerne in ein Pflegeheim übersiedeln würden, werden dies wohl die meisten verneinen. Das liegt einerseits daran, dass Pflegebedürftigkeit per se Autonomiemöglichkeiten einschränkt und von z. T. fremden Personen abhängig macht, aber es lohnt sich auch, einen genaueren Blick auf die institutionellen Bedingungen, speziell auf die Pflegeheime, zu werfen. Hier ist ein *Vergleich mit der Sozialpsychiatrie* hilfreich: In Westdeutschland wurden chronisch psychisch Kranke bis in die 1970er Jahre hinein in gemeindefernen Großkliniken dauerhaft behandelt, bis 1975 die Psychiatrie-Enquête vom Deutschen Bundestag in Auftrag gegeben wurde: Eine Sachverständigenkommission verfasste einen Bericht des zur Lage der Psychiatrie und lenkte die politische Aufmerksamkeit darauf, chronisch psychisch kranke Menschen in die Gemeinden zu reintegrieren und ein differenziertes Netz an gemeindenahen Unterstützungsmöglichkeiten (Kontakt- und Beratungsstellen, Tagesstätten, betreutes Einzelwohnen, Kleinwohnheime und Wohngruppen, Freizeitclubs, Krisendienste ...) zu etablieren, zugleich Fachkräfte fortzubilden und Selbsthilfebewegungen zu stärken. Im Osten Deutschlands fand die Auflösung dieser Großkliniken z. T. erst in den 1990er Jahren statt. Die Forderung nach der Auflösung der gemeindefernen Großkliniken für Psychisch Kranke wurde unter anderem von den Analysen des Soziologen Erving Goffman und seinem 1961 erschienen Werk Asylums (Deutsch: Asyle) inspiriert: Goffman beschreibt, wie die sogenannte *totale Institution*, in der alle Lebensangelegenheiten in derselben Institution unter derselben Autorität stattfinden, sowohl ihre Insassen als auch die dort Beschäftigten verändert. Der Tagesablauf der Insassen und ihre wesentlichen

Bedürfnisse werden in einer totalen Institution verplant, die Insassen müssen sich in allen Lebensbereichen anpassen und werden hierdurch systematisch demoralisiert und aus ihren vorherigen sozialen Bezügen herausgelöst. Es entwickelt sich eine um kleine Privilegien rankende Insassenkultur, die jedoch Ausdruck eines enormen Verlustes an eigenständigen Handlungsentwürfen ist. Obwohl die heutigen Pflegeheime auf gewisse Weise versuchen, den Charakter der totalen Institution abzuschwächen, indem an die Biografie der Bewohner angeknüpft wird und die Bewohner eigene Zimmer mit ihren persönlichen Gegenständen beziehen, und indem versucht wird, Angehörige und freiwillige Helfer von außen einzubeziehen, lässt es sich dennoch nicht verleugnen, dass ein größeres Pflegeheim bei den Bewohnern zu einem enormen Verlust an Handlungsmöglichkeiten führt. Auch entwickeln die Fach- und Hilfskräfte – potenziert noch durch den starken Zeitdruck – in einer solchen Institution Verhaltensweisen, die die Autonomie der Bewohner verletzen und ihre Handlungen bis ins Detail regulieren und unterbrechen.

Derzeit ist eine, zwar in ihrem politischen Anspruch nicht mit der sozialpsychiatrischen Bewegung der 1970er Jahre vergleichbare, Umorientierung hin zu alternativen Wohn- und Lebensformen im Alter im Gange. Zugleich besteht angesichts des demografischen Wandels insgesamt auf dem Wohnungsmarkt die Notwendigkeit eines verstärkten Ausbaus altersgerechter Wohnungen, denn 2030 werden schätzungsweise 28 % der Bevölkerung in Deutschland über 65 Jahre alt sein. In diesem Zusammenhang hat das Kuratorium Deutsche Altenhilfe (KDA) im Auftrag des Bundesministeriums für Verkehr, Bau und Stadtentwicklung (BMVBS) von 2008 bis 2010 die Studie „Wohnen im Alter – Marktprozesse und wohnungspolitischer Handlungsbedarf" (Internetquelle 75) erstellt. Da ältere Menschen häufig in älteren Wohnungen oder Häusern leben, sind in diesen selten die minimal geforderten Standards einer barrierefreien Bauweise eingehalten. Zu diesen baulichen Minimalanforderungen gehört, dass

- der Zugang zur Wohnung möglichst barrierefrei gestaltet ist,
- innerhalb der Wohnung oder zum Balkon/zur Terrasse keine Stufen und Schwellen zu überwinden sind,
- die Türen im Sanitärbereich eine ausreichende Breite haben,
- im Sanitärbereich ausreichende Bewegungsflächen vorherrschen,
- eine bodengleiche Dusche zur Verfügung steht.

Der Begriff „altersgerechtes Wohnen" umfasst jedoch darüber hinaus eine barrierereduzierte Gestaltung des Wohnumfeldes, Einkaufsmöglichkeiten, Dienstleistungen und soziale Angebote vor Ort sowie die Möglichkeit, bei Bedarf auf Unterstützungsangebote zu rückgreifen zu können. Im Zusammenhang mit den zu erwartenden veränderten Wohnbedürfnissen der Bevölkerung besteht sowohl ein großer politischer Handlungsbedarf (Initiativen im Wohnquartier, Anpassung baurechtlicher Bestimmungen, erweiterte Förderinstrumente zum altersgerechten Wohnungsumbau) als auch ein Informations- und Beratungsbedarf in der Bevölkerung.

Für pflegebedürftige Menschen, die zu Hause nicht mehr betreut werden können, entstehen seit den 1990er Jahren verstärkt alternativ zum Pflegeheim neue Wohnformen, die jedoch bei weitem noch nicht den aktuellen Bedarf decken:

- Betreutes Seniorenwohnen in barrierearmen einzelnen Wohnungen mit zentralem Ansprechpartner, Notrufsystem und separat beauftragten Pflege- und Hauswirtschaftsdiensten
- Gemeinschaftliche Wohnformen, in denen Ältere oder Menschen mehrerer Generationen entweder in separaten Wohneinheiten oder in einer Wohnung zusammen leben
- Betreute Wohngemeinschaften für schwerst Pflegebedürftige, in denen Betreuungskräfte den Haushalt und das Gruppenleben organisieren, Pflegekräfte die individuell nötige Pflege erbringen und Angehörige und ehrenamtliche Helfer einbezogen werden.

Ziel der alternativen Wohnformen ist es, ein hohes Maß an Alltagsnormalität und Selbstbestimmung zu erhalten und die Menschen im Alter zu unterstützen, ihre lebenslang verinnerlichten Werte und Lebensstile auszuleben. Dies gelingt natürlich in besonderer Weise, wenn man Senioren aus unterschiedlichen Gesellschaftsschichten systematisch in Planungsprozesse einbezieht. Der Ausbau und die konzeptionelle Weiterentwicklung alternativer Wohnformen ist – im Zusammenwirken mit engagierten jüngeren und älteren Bürgern – eine bedeutende interdisziplinäre Aufgabe von Sozialarbeitern, (akademisch geschulten) Altenpflegekräften und Architekten/Stadtplanern. In manchen Städten (wie z. B. Bielefeld) wird den neuen Wohnformen im Alter auch von kommunaler Seite eine besondere Aufmerksamkeit gewidmet. Städtische Wohnberatungsagenturen unterstützen Workshops und Kontaktbörsen für Menschen, die sich mit der Frage „Wie will ich im Alter leben?" auseinandersetzen. Bei der Weiterentwicklung von neuen Wohnformen für pflegebedürftige Menschen spielen weiterhin Wohnungsgenossenschaften, die Heimaufsicht und Pflegestützpunkte eine wichtige Rolle. Auch lohnt es, durch Projekte die Pflege älterer Menschen in Pflegefamilien zu befördern. Klaus Dörner, der als Sozialpsychiater insbesondere durch sein Engagement für die Enthospitalisierung psychisch kranker Menschen im Raum Gütersloh und das Lehrbuch „Irren ist menschlich" (21. Auflage 2012) bekannt wurde, engagiert sich in den letzten Jahren besonders gegen den Neubau von Altenheimen und für ihren Ersatz durch alternative Wohnformen und trägt zur deutschlandweiten Vernetzung engagierter Bürgerinitiativen bei (Dörner 2007).

Derzeit (2009) gibt es – der Gesundheitsberichterstattung des Bundes zu Folge – 845 000 Plätze in Pflegeheimen, obwohl etwa 90 % der Bevölkerung nicht gerne im Pflegeheim leben würde.

5.2 Menschen mit Demenz

„Er hatte sich verändert, sein bedrückter Gesichtsausdruck sprach nicht mehr von der Verzweiflung darüber, vergesslich zu sein, sondern von der tiefen Heimatlosigkeit eines Menschen, dem die ganze Welt fremd geworden war." (Geiger 2011, S. 55)

Der Begriff „Demenz" steht für unterschiedliche körperlich begründbare Krankheitsbilder, die zu einem Verlust erworbener geistiger Fähigkeiten führen. Hierbei spielen Beeinträchtigungen des *Gedächtnisses* eine besondere Rolle. Allerdings ist es in diesem Zusammenhang weniger hilfreich, das Gedächtnis als Datenspeicher mit angehäuften Informationen zu verstehen, sondern sich zu verdeutlichen, dass das Gedächtnis nur aus einer ständig neu zu aktualisierenden Wechselbeziehung mit unserer Umwelt zu begreifen ist. Wir stellen mit Hilfe des Gedächtnisses Erlebniskontinuität her und stellen die aktuellen Wahrnehmungen vor dem Hintergrund etablierter Deutungsmuster in einen Zusammenhang, der sich angesichts neuer Erfahrungen immer wieder aktualisiert. Der demente Mensch kann jedoch seine aktuellen Erlebnisse nur noch unzureichend in die vergangenen Erfahrungen und den gesellschaftlich anerkannten Erlebnisrahmen integrieren. Es gelingt ihm immer weniger, vom konkret Sinnlichen und gefühlsmäßig Anrührenden zu abstrahieren. Das Erleben zerfällt in Einzelsituationen, der Bezug zur eigenen Biografie wird brüchig, und Beziehungen werden zunehmend aus der unmittelbaren emotionalen Situation heraus gedeutet. So wird es einerseits schwieriger, *Emotionen* mit Hilfe rationaler Überlegungen zu regulieren, andererseits werden demente Menschen jedoch oft empathischer und bemühen sich deutlicher um die emotionale Abstimmung mit ihrem Gegenüber. Sie reagieren stärker auf negativ und auf positiv getönte Botschaften. Zugleich wird es für sie immer schwieriger, sich später an etwas zu erinnern, da die Erlebnisse nicht mehr in einen Gesamtzusammenhang eingebettet worden sind und man daher hierauf nicht erinnernd zugreifen kann. Der demente Mensch verlegt Gegenstände, kommt mit technischen Apparaturen nicht mehr klar, vergisst Vieles. Zunächst entgleiten die neuen Erfahrungen, zunehmend zerfällt auch das länger Bekannte, da der gesamte Erlebniszusammenhang aus den Fugen gerät. Die Welt wird unvertraut, eine tiefe Sehnsucht nach einem zu Hause, in dem man sich auskennt, kann den Menschen auch in der eigenen Wohnung überkommen, er beginnt dann, suchend wegzulaufen, verirrt sich jedoch angesichts einer zunehmenden Orientierungslosigkeit. Komplexere sprachliche *Botschaften* können nicht mehr überschaut werden, so dass Menschen mit Demenz darauf angewiesen sind, dass ihr Gegenüber sie ansieht, auf ihre Gefühle und Handlungsimpulse eingeht, klar und eindeutig kommuniziert und sich überzeugt, wie Botschaften verstanden werden. Schließlich zerfallen auch Alltagsroutinen, so dass der Mensch mit Demenz in den *Verrichtungen des täglichen Lebens* auf Unterstützung angewiesen ist. Auch körperliche Funktionen geraten aus dem Rhythmus und außer Kontrolle: Schlafstörungen, eine mangelnde Hunger-/Sättigungsregulation und Einnässen und Einkoten können die Folgen sein. Nicht selten treten schließlich Trugwahrnehmungen und wahnhafte Deutungsmuster auf: Der Mensch mit Demenz sieht Gestalten, fühlt sich bedroht oder bezichtigt andere, sie hätten ihn bestohlen. Im Endstadium zerfällt die Sprache, und die Kommunikationsmöglichkeiten werden immer elementarer, so dass im Wesentlichen über den Blickkontakt, den Tonfall, bestimmte Melodien oder Berührungen ein Austausch erfolgen kann.

Derzeit sind etwa 1,2 Millionen Menschen in Deutschland von einer Demenz betroffen, wobei das Risiko mit zunehmendem Lebensalter ansteigt: Während etwa 1,2 % der 65–69-Jährigen erkrankt sind, ist etwa jeder Dritte über 90-Jährige (34,6 %) betroffen. Dieses altersabhängige Risiko ist dafür verantwortlich, dass man für die Zukunft angesichts des demografischen Wandels und der steigenden Lebenserwartung eine deutlich Zunahme der Demenzerkrankungen prognostiziert: Bis 2050 wird sich, wenn keine durchgreifend neuen Therapieverfahren entwickelt werden, die Zahl der Demenzkranken mehr als verdoppelt haben. Aus medizinischer Sicht gibt es sehr unterschiedliche Ursachen für diesen Verlust geistiger Fähigkeiten. In etwa 10 % der Krankheitsfälle ist die Demenz Folge einer anderen Grunderkrankung. Diese *sekundären Demenzformen* gilt es, möglichst rasch durch eine solide Diagnostik – nach Möglichkeit in einer spezialisierten neurologisch/psychiatrischen Ambulanz (Gedächtnissprechstunde) – zu identifizieren, denn manche dieser Grunderkrankungen sind gut behandelbar. In Frage kommen ganz unterschiedliche Störungen: Stoffwechselerkrankungen, Vergiftungen (z. B. durch langjährige Alkoholabhängigkeit), Vitaminmangelerkrankungen, Hirntumore oder Abflussstörungen der Hirnflüssigkeit.

Bei den primären Demenzerkrankungen gibt es ebenfalls unterschiedliche Krankheitsbilder, die alle zu einer Schädigung und zum Untergang von Nervenzellen im Gehirn führen; hierbei ist das häufigste die bekannte Demenz vom Alzheimertyp, aber auch vasculäre Demenz, Demenz mit Lewy-Körperchen und die frontotemporale Demenz spielen zahlenmäßig eine nicht unbedeutende Rolle. Die *vasculäre Demenz* steht mit der Arteriosklerose (siehe Kapitel 4.1) in Zusammenhang und ist durch Wandverdickungen in kleinen Blutgefäßen des Gehirns geprägt. Diese führen zu Durchblutungsstörungen und zum Absterben von Nervengewebe. Die vasculäre Demenz kann auch eine Folge verschiedener kleinerer oder größerer Gehirninfarkte (Schlaganfälle) sein. Die *Demenz mit Lewy-Körperchen* ähnelt der Demenz vom Alzheimertyp (s. u.), die geistigen Fähigkeiten schwanken jedoch bei dieser Demenzform besonders stark, und die Patienten haben optische Trugwahrnehmungen und Symptome der Parkinsonschen Krankheit (Zittern, Steifigkeit der Bewegungen), darüber hinaus reagieren sie überempfindlich auf bestimmte beruhigende Medikamente. Eine *frontotemporale Demenz* tritt in der Regel früher im Leben (häufig zwischen dem 50. und dem 60. Lebensjahr) als die meisten anderen Demenzformen auf. Sie führt zu weniger ausgeprägten Gedächtnisproblemen, sondern frühzeitig zu einschneidenden Persönlichkeitsveränderungen; denn die Veränderungen der Nervenzellen betreffen bei dieser Demenzform vornehmlich den Stirn- und Schläfenbereich des Gehirns, der maßgeblich an der Regulation der Emotionen und des Sozialverhaltens beteiligt ist. Diese Unterform demenzieller Erkrankungen führt bei den Angehörigen zu besonders starken Belastungen: Mehr als die Hälfte der pflegenden Angehörigen entwickelt depressive Störungen, denn es ist schwer auszuhalten mit einem Menschen zusammenzuleben, der durch die Persönlichkeitsveränderung immer fremder wird und häufig sozial ein unangepasstes Verhalten mit Distanzlosigkeit, sexueller Enthemmung oder starken Emotionsausbrüchen zeigt. Die Betroffenen brauchen mehr Rückzugsmöglichkeiten als Menschen mit anderen Demenzformen, da sie sich weniger gut abgrenzen und beruhigen können und nicht selten zur Überaktivität neigen. Einige der Betroffenen entwickeln jedoch eine ausgeprägte Antriebslosigkeit und benötigen dann eher aktivierende Hilfen. Meist fehlt die Krankheitseinsicht.

Etwas ausführlicher soll an dieser Stelle nun auf die *Demenz vom Alzheimertyp* eingegangen werden. Zur weiteren Vertiefung seien die Internetseiten der Deutschen Alzheimer Gesellschaft (Internetquelle 76) empfohlen. Bei dieser Demenzform kommt es im Gehirn zu Ablagerungen zwischen den Nervenzellen (senile Plaques, die Amyloid enthalten) und zu faserigen Aggregaten in den Nervenzellen, welche schließlich zu Zelluntergängen führen. Der Mechanismus dieser Ablagerungen ist natürlich Gegenstand zahlreicher Forschungsvorhaben, allerdings ist eine ursächlich gegen diese Ablagerungen gerichtete medikamentöse Behandlung bisher noch nicht möglich: Ein sogenanntes Amyloid Precursor Protein (APP), das im Nervensystem vorkommt, kann durch verschiedene Enzyme in unterschiedliche Fragmente gespalten und somit abgebaut werden. Von diesen Stoffwechselprodukten lagert sich ein Fragmenttyp (Ab42) besonders leicht ab und führt dann zu den krankhaften Veränderungen. Die Ausprägung der alternativ möglichen Stoffwechselwege beim Abbau des APP im Gehirn ist weitgehend genetisch bedingt, wobei jedoch nicht ein einziges Gen für die Alzheimererkrankung verantwortlich ist, sondern unterschiedliche, z.T. bereits identifizierte Gene zusammenwirken. In Zukunft wird daher die Frage einer genetischen Risikotestung an Bedeutung gewinnen. Die Ablagerungen häufen sich bei der Demenz vom Alzheimertyp in bestimmten Gehirnregionen, beispielsweise ist besonders stark der Hippocampus betroffen, eine Gehirnregion, die emotional getönte Wahrnehmungseindrücke durch Abstimmung mit bestehenden Informationen in einen Kontext einbettet und sie durch Verbindungen mit Großhirnregionen in ein semantisch-sprachliches Gedächtnis überführt (siehe auch Abbildung 12).

Die Ablagerungen selbst sind bisher therapeutisch nicht zu beeinflussen; man hat zwar versucht, das Immunsystem anzuregen, die Ablagerungen zu markieren und abzubauen, diese Behandlungsmaßnahme hat jedoch bei den ersten Testungen zu tödlichen Nebenwirkungen geführt. Medikamentöse Therapien beruhen derzeit darauf, die Signalübertragung an Nervenzellverbindungen (Synapsen) zu verstärken, um den Verlust an Nervenzellen in den besonders betroffenen Gehirnregionen zu kompensieren. Dies verlangsamt den Krankheitsverlauf jedoch maximal um ein Jahr. Diese Medikamente sind bei einer frontotemporalen Demenz in der Regel nicht wirksam, auch aus diesem Grund ist eine exakte diagnostische Abgrenzung der Demenzunterform von Bedeutung. Weiterhin werden Demenzkranken, die schlaflos, unruhig oder in ihrer situativen Fehleinschätzung aggressiv sind, – insbesondere in Pflegeheimen – sehr häufig beruhigende Medikamente (z.B. Neuroleptika) verordnet, die jedoch die Fähigkeit, sich zu orientieren weiter beeinträchtigen, zu depressiven Stimmungen beitragen und insbesondere bei Menschen mit Demenz mit Lewy-Körperchen zu einschneidenden Bewegungsstörungen führen können.

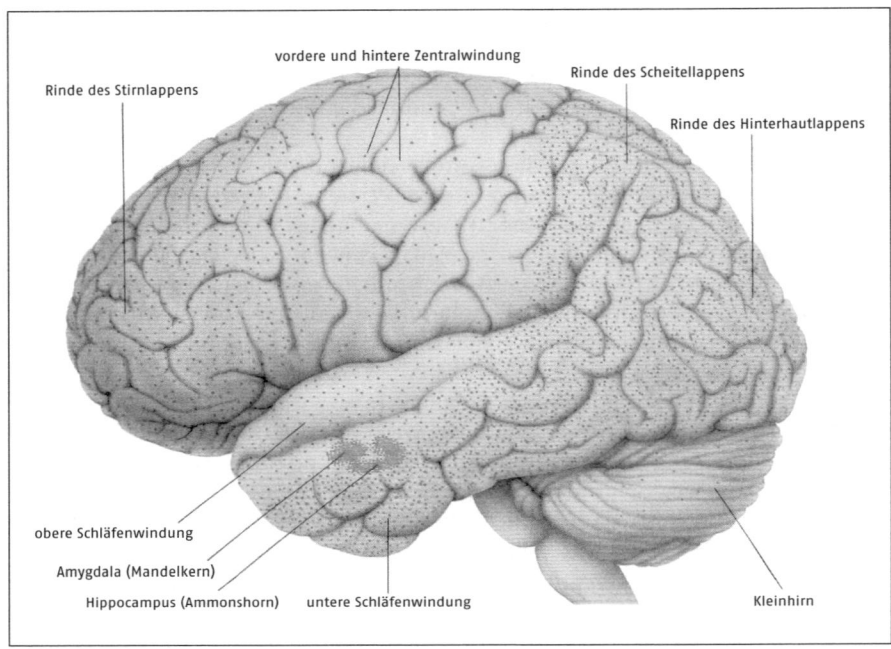

Abb. 12: Ablagerungen bei der Demenz vom Alzheimer Typ (Selkoe 1992, S. 58)

Durch ihre Schwierigkeiten, neue Informationen zu integrieren, ihr Verhalten wie in gesunden Zeiten zu regulieren und sich in veränderten Situationen zurecht zu finden, sind Menschen mit Demenz in besonderer Weise darauf angewiesen, dass nicht zu viele Umgebungswechsel stattfinden und Angehörige und Helfer ihre Gewohnheiten respektieren und sie in ihren Handlungsvollzügen nicht unnötig unterbrechen. Helfer sollten sich mit der Biografie und der Lebenswelt der Demenzkranken vertraut machen, so dass sie Erinnerungen aufgreifen und in der Begegnung sensibel auf die nicht immer ganz leicht verständlichen Signale des Demenzkranken reagieren können. Im Umgang mit Menschen mit Demenz ist eine besondere Achtsamkeit notwendig. Es gilt, inne zu halten, den anderen wahrzunehmen und nicht zu schnell die Situation durch eigenes Handeln zu definieren. Vielleicht befindet sich der Mensch mit Demenz geistig gerade in einer völlig anderen Situation. Bei achtsamem und empathischem Umgang gelingt es leichter, den Menschen mit Demenz dort abzuholen und eine geteilte Wirklichkeit entstehen zu lassen. Eine besondere Stärke von Menschen mit Demenz liegt in der emotionalen Abstimmung, allerdings besitzen Menschen mit frontotemporaler Demenz diese Fähigkeit nicht mehr.

Der Verlauf einer Demenz vom Alzheimertyp kann sich unterschiedlich gestalten, je früher die Demenz im Leben beginnt, desto rascher ist oft ihr Fortschreiten. Der Anfang einer Demenz ist in der Regel nicht genau zu bestimmen: Erste Anzeichen, wie Rückzug, Interesse- und Initiativenverlust, gedrückte Stimmung, Vergesslichkeit und Konzentrationsstörungen gehen der manifesten Erkrankung um Jahre voraus und werden nicht immer als Anzeichen einer beginnenden Erkrankung gedeutet, so dass die Diagnose zu unterschiedlichen Zeitpunkten im Verlauf gestellt wird. Durchschnittlich schreitet nach Diagnosestellung die Erkrankung über 7–10 Jahre fort, bis im Endstadium der Tod eintritt.

Bei der *Diagnostik* wird zunächst eine ausführliche biografische Anamnese (Gespräch mit Patienten und Angehörigen über die Lebens- und Krankheitsgeschichte, über Vor- und Begleiterkrankungen und über die aktuelle soziale Situation) erhoben; zusätzlich spielen einerseits die körperliche Untersuchung, Bluttests und apparative Zusatzuntersuchungen (EKG, EEG, Röntgen Thorax, Computertomografie des Gehirns, evtl. zusätzlich Kernspintomografie und Gehirnwasseruntersuchung) zur Differenzierung der Demenzursache und andererseits testpsychologische Untersuchungen zur Bestimmung des Krankheitsstadiums eine wichtige Rolle. Die testpsychologischen Instrumente sind besonders im Hinblick auf die Demenz vom Alzheimertyp entwickelt worden, angesichts der stärkeren Schwankungen bei der Demenz mit Lewy-Körperchen und angesichts der weniger ausgeprägten Gedächtnisstörungen bei der frontotemporalen Demenz können hier Fehlinterpretationen auftreten. Bislang war es schwierig, durch die apparativen Untersuchungen (Computertomografie und Kernspintomografie) eine Demenz vom Alzheimertyp genau nachzuweisen, die Diagnose beruhte bei dieser Demenzform eher auf einem Ausschluss anderer Demenzursachen und auf der testpsychologischen Untersuchung. In jüngster Zeit wendet man jedoch z. B. in der Universitätsklinik Leipzig ein Verfahren an, das darauf beruht, dass man mit einer radioaktiven Substanz die typischen Amyloid-Ablagerungen im Gehirn markiert und diese dann mit einer speziellen Untersuchungstechnik (Positronen-Emissions-Tomographie; PET) darstellt. Hierdurch kann die Erkrankung in einem sehr frühen Stadium diagnostiziert werden.

Aus *Sicht der Sozialen Arbeit* ist besonderes Augenmerk auf die Möglichkeiten der Selbstbestimmung insbesondere im Frühstadium, auf die Unterstützungsmöglichkeit des Demenzkranken in seiner Lebenswelt, auf mögliche Be- und Überlastung von Angehörigen und auf verfügbare Ressourcen im Hilfesystem zu legen. Auch die Wohnung – z. B. im Hinblick auf mögliche Gefahrenquellen – und das Wohnumfeld sind bedeutsam. Darüber hinaus sollte erfragt werden, ob rechtliche und finanzielle Aspekte zu klären sind: Möglicherweise wurden schon länger wichtige Schriftwechsel vernachlässigt. Ist die Demenz vor dem Rentenalter aufgetreten, benötigen die Klienten oder die Angehörigen vielleicht Unterstützung beim Beantragen der Rente, möglicherweise entstehen auch finanzielle Engpässe, so dass ein Antrag auf Grundsicherung gemäß SGB XII oder der Bezug von Wohngeld zu prüfen wäre. SozialarbeiterInnen nehmen im weiteren Verlauf bei der Begleitung von Menschen mit Demenz verschiedene Aufgaben wahr: Sie beraten Betroffene und Angehörige, vermitteln Unterstützungsangebote, thematisieren Überforderungssituationen Angehöriger, klären sozialrechtliche Ansprüche (Pflegeversicherung, Hilfe zur Pflege nach dem SGB XII, Schwerbehindertenrecht) und unterstützen im Frühstadium die Klärung rechtlicher

Aspekte (Vorsorgevollmacht, Patientenverfügung, Betreuungsverfügung) oder regen im fortgeschrittenen Verlauf die gerichtliche Bestellung eines Betreuers beim Amtsgericht an, sie schulen und begleiten ehrenamtliche Helfer, versuchen, gemeinsam mit Betroffenen und ihren Angehörigen einer Ausgrenzung entgegen zu wirken und unterstützen die Weiterentwicklung von Interventionen, die sich an der Biografie des Menschen mit Demenz und an seinen alltäglichen Lebensgewohnheiten orientieren (z. B. Wohngruppen für Menschen mit Demenz).

Aus der Sicht der *Pflege* ist insbesondere der Unterstützungsbedarf bei den Verrichtungen des täglichen Lebens von Bedeutung: Benötigt der Mensch mit Demenz Unterstützung bei der Körperpflege (Waschen, Zahnpflege, Toilettengang), der Ernährung, im Bereich der Mobilität (innerhalb der Wohnung) und bei der hauswirtschaftlichen Versorgung? Bei einem Unterstützungsbedarf in diesen Bereichen greift die Pflegeversicherung, auf die in diesem Zusammenhang näher eingegangen werden soll.

5.3 Die Pflegeversicherung

Nach dem SGB XI (§ 14) ist eine Person pflegebedürftig, die wegen einer körperlichen, geistigen oder seelischen Krankheit oder Behinderung für die gewöhnlichen und regelmäßig wiederkehrenden Verrichtungen im Ablauf des täglichen Lebens auf Dauer, voraussichtlich für mindestens sechs Monate, in erheblichem oder höherem Maße der Hilfe bedarf. Als Hilfebedarf gelten einerseits die Unterstützung oder die vollständige Übernahme der Verrichtungen und andererseits auch die Beaufsichtigung und Anleitung, letzteres jedoch nur im Zusammenhang mit den Verrichtungen des täglichen Lebens und nicht – was beim Fortschreiten der Demenz wichtig wäre – eine allgemeine Beaufsichtigung zur Vermeidung von Gefährdungen oder eine Unterstützung bei außerhäusigen Aktivitäten. Im Rahmen der Pflegeversicherung wird versucht, den Hilfebedarf genau zeitlich einzugrenzen, was für Demenzkranke jedoch nur schwer möglich ist. Um Leistungen aus der Pflegeversicherung zu erhalten, muss ein Antrag bei der Pflegekasse gestellt werden. Diese beauftragt den Medizinischen Dienst (MDK) mit einer Begutachtung in der häuslichen Umgebung. Es ist wichtig, diese Begutachtung sorgfältig – am besten mit Hilfe eines Pflegetagebuchs – vorzubereiten. Im Ergebnis der Begutachtung erfolgt – je nach dem geschätzten Zeitaufwand für die Pflege – eine Einstufung in die Pflegestufen 1–3; jenseits der Stufe 3 gibt es noch die Einstufung als Härtefall oder unterhalb der Stufe 1 die Möglichkeit der Pflegestufe 0 (s. u.). Je nach Einstufung erhalten pflegende Angehörige oder professionell zu Hause oder in einer Einrichtung Pflegende unterschiedliche Geldbeträge. Aus der Pflegeversicherung werden im Rahmen der ambulanten Pflege entweder pflegende Angehörige unterstützt oder professionelle Pflegedienste bezahlt, möglich ist auch eine Kombination beider Leistungen; weiterhin können Pflegehilfsmittel (z. B. Pflegebetten), ein Zuschuss zu einem notwendigen Umbau der Wohnung oder Beiträge zur Sozialen Sicherung der Pflegeperson geleistet werden. Die private Pflegeperson hat auch Anspruch auf eine Vertretung bei Urlaub oder Krankheit, allerdings maximal 4 Wochen im Jahr. Darüber hinaus werden Pflegekurse für Angehörige angeboten. Die Pflegeversicherung kommt auch – je nach Pflegestufe in unterschiedlicher Höhe – für die Pflegekosten in teilstationären (Tagespflege oder Nachtpflege) oder stationären Pflegeeinrichtungen auf. Das Bundesministerium für Arbeit und Soziales gibt eine regelmäßig aktualisierte Broschüre „Soziale Sicherung im Überblick" heraus, in der die Leistungen der Pflegeversicherung in Abhängigkeit von der Einstufung erläutert werden. Diese Broschüre kann kostenlos angefordert oder im Internet heruntergeladen werden (Internetquelle 78).

Zu Hause lebende Pflegebedürftige – insbesondere Demenzkranke – haben darüber hinaus auch unterhalb der Pflegestufe 1 Anspruch auf einen zusätzlichen Betreuungsbetrag von 100–200 Euro pro Monat, welcher zum Beispiel für niedrigschwellige Betreuungsangebote verwandt werden kann. Hierbei erhalten geschulte ehrenamtliche HelferInnen eine Aufwandsentschädigung, um beispielsweise Freizeitaktivitäten mit Demenzkranken zu unternehmen. Die Gewinnung, Schulung und Begleitung dieser HelferInnen ist eine typische Aufgabe der Sozialen Arbeit. Zur Unterstützung berufstätiger pflegender Angehöriger wurde das Pflegezeitgesetz entwickelt: Bei unerwartetem Eintritt einer Pflegesituation haben Angehörige das Recht, bis zu zehn Tagen von der Arbeit fern zu bleiben, darüber hinaus haben pflegende Angehörige in Betrieben mit mehr als 15 Beschäftigten Anspruch auf vollständige oder teilweise Freistellung von ihrer Arbeitsleistung (Pflegezeit) für maximal ein halbes Jahr, hierbei wird allerdings nicht der volle Lohn fortgezahlt, jedoch übernimmt die Pflegeversicherung unter bestimmten Bedingungen die Soziale Sicherung des Pflegenden. Die Pflegeversicherung zielt darauf ab, möglichst lange ambulante Pflegesituationen zu unterstützen. Die Entlohnung und soziale Absicherung der pflegenden Angehörigen – dies sind in der großen Mehrzahl Frauen – entspricht jedoch bei Weitem nicht einer Entlohnung, die für ähnliche Anstrengungen auf dem Arbeitsmarkt erzielt würde. Angehörige von Schwerstpflegebedürftigen erhalten beispielsweise monatlich ab dem 1.1.2012 700 Euro, hierfür muss ein Pflegeaufwand von mindestens 5 Stunden täglich rund um die Uhr (auch nachts) bestehen. Ein Anspruch auf Vertretung besteht für maximal 4 Wochen im Jahr – ob krankheitsbedingt oder für Urlaube eingesetzt. Während bei Nacht- und Schichtarbeit zusammenhängende Ruhephasen für Arbeitnehmer vorgesehen sind, geht man bei pflegenden Angehörigen davon aus, dass sie sich Tag und Nacht an den Bedarfen der zu Pflegenden orientieren; auch der Urlaubsanspruch ist knapp bemessen und verkürzt sich noch bei der Inanspruchnahme einer Verhinderungspflege bei Krankheit. Aus diesen Gründen ist mit Fortschreiten einer demenziellen Erkrankung – insbesondere wenn Schlafstörungen hinzutreten und ein nächtlicher Beaufsichtigungsbedarf besteht – ein häusliches Pflegesetting nur dann ohne Überlastung der Angehörigen aufrecht zu erhalten, wenn es ein Netz an familiärer und außerfamiliärer Unterstützung gibt.

Bei der Beratung pflegender Angehöriger ist es daher von großer Bedeutung, sich auch nach bisher nicht an der Pflege beteiligten Angehörigen zu erkundigen und die Genderfrage zu thematisieren: 60–80 % der Menschen mit Demenz werden in Privathaushalten versorgt. Rund ein Drittel der Pflegepersonen übernimmt die häusliche Pflege alleine, d.h. ohne private oder professionelle Hilfe.

Das Durchschnittsalter der Pflegepersonen liegt bei 61,3 Jahren. 73 % der Pflegepersonen sind Frauen (Rensch 2012). Warum pflegen viel häufiger die Töchter und die Schwiegertöchter als die Söhne?

Zugleich ist es aus Sicht der Sozialen Arbeit von Bedeutung, das Selbstbestimmungsrecht der Betroffenen zu stärken, es ist wichtig, dass Menschen mit Demenz im Frühstadium selber bei der fachlichen Weiterentwicklung des Hilfesystems zu Wort kommen, dass sie bei der Diagnose und Behandlungsplanung im Rahmen ihrer Möglichkeiten als Gesprächspartner von allen Fachkräften ernst genommen werden und dass sie die Gelegenheit erhalten, sich in unterstützten Selbsthilfegruppen mit anderen Betroffenen auszutauschen. Im weiteren Verlauf ist es von großer Bedeutung, Angehörige, freiwillige HelferInnen und Fachkräfte in der Kommunikation mit Demenzkranken zu schulen, damit eine gute Abstimmung gelingt und die Initiativen des Demenzkranken aufgegriffen und nicht übergangen werden.

Gut zu wissen – gut zu merken

Angesichts des demografischen Wandels spielt die Soziale Arbeit mit älteren Menschen eine zunehmende Rolle. Im Rahmen der Gesundheitsarbeit gilt es einerseits, das Selbstbestimmungsrecht und die Partizipationsmöglichkeiten insbesondere benachteiligter Zielgruppen zu stärken und kommunalpolitisch (z. B. im Bereich der Stadtplanung) aktiv zu werden und andererseits die fachlichen Gesichtspunkte der Sozialen Arbeit in die Unterstützungsangebote (schwer) kranker Senioren einfließen zu lassen. Hierbei sind sowohl die lebensweltorientierte Weiterentwicklung von Wohn- und Betreuungsangeboten für multimorbide und für Demenzkranke Klienten als auch konkrete Beratungs- und Unterstützungsleistungen (z. B. im Zusammenhang mit den Leistungen der Pflegeversicherung oder mit der rechtlichen Betreuung) von großer Bedeutung. Auch Fragen der Angehörigenberatung und das Finden eines fairen Interessenausgleichs zwischen Pflegebedürftigen und den Angehörigen, die wiederum untereinander nicht unbedingt zu einem Konsens gefunden haben, sind von großer Wichtigkeit.

Weiterführende Literatur/Quellen

Adler, G., Gutzmann, H., Haupt, M., Kortus, R. & Wolter, D.K. (Hrsg.) (2009): Seelische Gesundheit und Lebensqualität im Alter. Depression – Demenz – Versorgung. Stuttgart
Dörner, K. (2007): Leben und sterben, wo ich hingehöre. Dritter Sozialraum und neues Hilfesystem. Neumünster
Deutsche Alzheimer Gesellschaft e.V.: www.deutsche-alzheimer.de/
Goffman, E. (2009): Asyle. Frankfurt a.M.
Kuratorium Deutsche Altershilfe (KDA): www.kda.de
Mace, N.L. & Rabins, P.V. (2012): Der 36-Stunden Tag. Die Pflege des verwirrten älteren Menschen mit Demenz. Bern
Schwarz, G. (2009): Basiswissen: Umgang mit demenzkranken Menschen. Bonn

6 Soziale Arbeit am Lebensende als wichtiger Bestandteil würdevoller Sterbebegleitung im Sinne von Palliative Care

Birgit Frahnow

Was Sie in diesem Kapitel lernen können
Es wird auf die Veränderung der gesellschaftlichen und menschlichen Einstellungen zum Thema Sterben, Tod und Trauer eingegangen. Dieses Wissen um die geschichtliche Entwicklung ist notwendig, um die Entstehung der Hospizbewegung und ihre Chancen nachvollziehen zu können. Danach beschäftigt sich das Kapitel mit den Aspekten der Würde und Lebensqualität im Sterben. Um die speziellen Anforderungen an eine adäquate Betreuung zu verdeutlichen, werden auftretende Belastungen, Wünsche und Bedürfnisse von Sterbenden aufgezeigt. Im Anschluss findet eine ausführliche Darstellung der Hospizarbeit bzw. von Palliative Care als Beitrag zur würdevollen Sterbebegleitung statt. Als wichtige Elemente der Hospizarbeit werden die Arbeit des multidisziplinären Teams sowie Handlungsmöglichkeiten und Anforderungen der Palliativen Sozialarbeit vorgestellt.

6.1 Sterben, Tod und die Institutionen des Sterbens

„Nichts ist so gewiss wie der Tod, und doch leben wir meist so, als beträfe er nur die anderen." (Student, Mühlum & Student 2007, S. 12)

In Deutschland sowie in den westlichen Industriestaaten hat sich das Sterbegeschehen der letzten 100 Jahre signifikant verändert. Noch um 1900 gab es eine erhebliche Säuglings- und Kindersterblichkeit. Nahezu die Hälfte der Bevölkerung starb vor dem Erreichen des 20. Lebensjahres. Die durchschnittliche Lebenserwartung lag kaum bei 50 Jahren.

Es ist festzustellen, dass Sterben und Tod sich im hohen Lebensalter verdichten. Das bestätigen folgende Angaben: 2009 waren von der Gesamtzahl der verstorbenen Frauen 89,5 % 65 Jahre alt und älter bzw. 64,3 % 80 Jahre alt und älter, bei den Männern 77,8 % bzw. 35,9 % (vgl. Internetquelle 84).

Auch die Todesvorstellungen sowie der Umgang mit Tod und Sterben haben sich im Laufe der Zeit stark verändert. Die Einstellungen zum Tod zeigten sich über Jahrhunderte nahezu unverändert, wurden aber durch die verschiedenen Gesellschaftsformen langsam modifiziert. Die religiöse Sinngebung im Zusammenhang mit dem Tod entwickelte sich zurück. Der Tod hatte einen gefürchteten und stets präsenten Platz in der mittelalterlichen und frühneuzeitlichen Gesellschaft des Abendlandes. Im 19. Jahrhundert regelten zunehmend staatliche Institutionen den Todesbereich. Der Umgang mit den Toten wurde den Einflussbereichen von Familie und Kirche teilweise entzogen, in die Hände von Professionellen, z. B. Ärzten und Bestattern, gegeben und unter bürokratische Regeln gestellt. Die Säkularisierung und Bürokratisierung des Todes begann.

Im Gegensatz zum meist einsamen Sterben heute starb der Mensch in den vergangenen Jahrhunderten nicht allein. Sterben und dazu gehörende Sterbezeremonien waren eine öffentliche Angelegenheit. Sie vollzogen sich in Familie und Gemeinschaft und brachten Dorf oder Gemeinde zusammen. Die Trauerzeit war mit Besuchen ausgefüllt. Der Tod stellte etwas Soziales und Öffentliches dar. Die Sterbenden fanden eine Einbindung und selbstverständliche Betreuung bis zum Tod im häuslichen Umfeld. Geburt und Sterben gehörten zum Familienleben dazu. Jeder Mensch musste sich bis zum Beginn seines Erwachsenalters mit dem Versterben einiger Geschwister und oft auch der Mutter auseinandersetzen.

Während früher an einer Bestattung wie auch an der Trauer ein Großteil der Gemeinde beteiligt war, entwickelten sich diese später zu Privatangelegenheiten. Eine Begegnung mit Sterbenden wurde bzw. wird nicht selten aus Furcht zu vermeiden versucht. Die Betroffenen werden an Spezialeinrichtungen, wie Pflegeeinrichtungen oder Krankenhäuser, delegiert, um sie dort den Professionellen zu überlassen. Deshalb begegnet der Einzelne dem Sterben und Tod nur noch selten und der Anblick von Sterbenden und Toten stellt nichts Alltägliches mehr dar. Wilkening sagt dazu: „Erstmals haben wir in Deutschland eine fast ‚todesfreie Generation', die 50 Jahre oder älter werden konnte, ohne jemals dem Tod zu begegnen" (Wilkening 1997, S. 9). Das führt allerdings in einen Kreislauf von mangelnder Erfahrung im Umgang mit Sterbenden, aus der sich Unsicherheit bildet, diese führt anderseits zu Angst und Vermeidung von Kontakten mit ihnen. Die Sterbenden vereinsamen, werden stillschweigend aus dem Miteinander der Gemeinschaft ausgeschlossen und Beziehungen zu vertrauten Bezugspersonen werden abgebrochen.

Die hier dargestellten Faktoren des sozio-kulturellen Wandels führten zu einer gemeinsamen Tabuisierung und Verdrängung von Sterben und Tod in der heutigen Gesellschaft.

Sich mit der Gewissheit des Todes bewusst auseinanderzusetzen, fällt den meisten Menschen schwer. Zu dieser mentalen Abwehrhaltung kommt die lebensweltliche Verdrängung des Todes in Institutionen. Der Umgang mit menschlichen Grenzen, mit Schwäche, Ohnmacht und Abhängigkeit wird vermieden, passt nicht, ist gesellschaftlich nicht gewollt. Was zählt sind Schaffenskraft, Leistung und Fortschritt.

Heute werden insbesondere die Kinder vom Sterben fern gehalten, weil man ihnen ein solch prägendes Erlebnis nicht zumuten möchte. Nur selten erhalten Kinder die Gelegenheit, sich von verstorbenen nahen Angehörigen zu verabschieden. Der Anblick der toten Oma wird ihnen nicht ermöglicht und zur Beerdigung werden sie nicht mitgenommen. Auf Grund eigener Unsicherheit und Hilflosigkeit weichen Erwachsene den Kinderfragen aus. Deshalb bleiben Kinder mit ihren Gedanken und Bildern im Kopf allein, wird ihnen ein selbstverständlicher, natürlicher Umgang mit Tod und Sterben vorenthalten.

Ein Kennzeichen für den zeitgenössischen Umgang mit dem Sterben bildet die Abschaffung der Trauer in der Öffentlichkeit. Bis auf minimale Reste wird sie im Alltag nicht mehr sichtbar. Traditionelle Trauerbräuche geraten in Vergessenheit. Die Hinterbliebenen sollen so schnell wie möglich in die Normalität zurück finden. Rituale wie Totenwaschung, Sarglegung, Totenwache und Aussegnung werden immer seltener praktiziert. Auch die Aufbahrung des Verstorbenen zu Hause, die je nach Bundesland 36 bis 72 Stunden nach Eintritt des Todes ohne Genehmigung möglich ist, bleibt unerwünscht. Anonyme Erd- bzw. Feuerbestattungen nehmen zu.

Dabei kommt den Ritualen eigentlich eine besondere Bedeutung bei der Verarbeitung von Trauer zu. Sie erzeugen einerseits um den Tod herum Gemeinschaft, so dass der Einzelne nicht allein gelassen wird, und bieten eine gewisse Sicherheit, durch das Wissen, was im Sterbeprozess zu tun ist. Zum anderen setzt sich der Angehörige mit seinem eigenen Sterben und Tod auseinander.

Erfreulicherweise zeichnet sich in der Gegenwart eine Rückbesinnung auf traditionelle Todesauffassungen ab. Sterben bleibt nicht mehr ausschließlich Privatsache oder Angelegenheit von Spezialisten, sondern erreicht zunehmend Menschen, die bereit sind, auch Fremde im Sterben zu begleiten. Es gibt heute immer häufiger Menschen, die sich um ein neues entspannteres Verhältnis zum Tod bemühen.

Die Institutionalisierung des Sterbens erfolgte seit Mitte des 20. Jahrhunderts, das heißt spezielle Einrichtungen, wie Krankenhäuser und Alten- und Pflegeheime sowie Professionelle übernahmen die Gestaltung der letzten Lebensphase. Starben Anfang des 20. Jahrhunderts fast 80 % der Menschen noch zu Hause, so beenden heute ca. 80 % ihr Leben in Institutionen (im Krankenhaus 58 %, im Pflegeheim 30 %). In Städten sind es sogar bis zu 90 %. Das entspricht keinesfalls den Wünschen der Sterbenden. Laut Studien möchten 90 % gern zu Hause sterben (vgl. Student, Mühlum & Student 2007, S. 10).

In diesen Institutionen verringert sich oft die Privatsphäre und die sozialen Kontakte des Einzelnen nehmen ab. Diese Situation wurde erstmals von Glaser und Strauss (1968) als „Sozialer Tod" definiert. Der Soziale Tod tritt dann ein, wenn zwischen den Sterbenden und ihrer sozialen Umwelt kein offener Kontakt mehr stattfindet und sie als psychosoziale Wesen kaum noch wahrgenommen werden.

Im Folgenden wird beschrieben, wie es sich mit dem Umgang von Sterben und Tod in verschiedenen Institutionen verhält bzw. wie Sterbebegleitung erfolgt.

6.1.1 Sterben im Krankenhaus

„Das Krankenhaus ist der zentrale Ort zur Reparatur kaputter Körper und auch zur endgültigen Aussonderung der nicht mehr brauchbaren Bio-Maschinen." (Feldmann 2004, S. 162)

Gründe, warum Menschen immer seltener im familiären Rahmen zu Hause sterben, liegen in der Kranken- und Pflegeversicherung, im medizinisch technischen Fortschritt, größerer Mobilität, kleineren Familien und der Zunahme der Berufstätigkeit der Frauen.

Viele Menschen können im finalen Krankheitsstadium daheim nicht mehr betreut werden, weil die Versorgungssicherheit nicht gewährleistet ist. So wird sich um einen Großteil der Pflegebedürftigen erst einmal zu Hause gekümmert, zum Sterben aber werden sie doch ins Krankenhaus verlegt. Kommt es zu Hause zu Notfallsituationen, wie starken Schmerzen, Luftnot oder einer Verschlechterung des Allgemeinzustandes, informieren die Angehörigen den Notarzt, der dann ins Krankenhaus einweist. Andererseits veranlassen die Zunahme von Symptomen und Ernährungsprobleme den Hausarzt dazu, den Patienten sicherheitshalber in eine Klinik einzuweisen.

Die klinische Medizin legt dann ihr Augenmerk auf Heilung, Behandlung, Lebensverlängerung und Hinauszögerung von Sterben, also kurativ und reparativ einzugreifen. Der Tod wird als Misserfolg erlebt, eher verdrängt und mit allen verfügbaren Mitteln bekämpft.

Die Mitarbeiter fühlen sich einerseits aufgrund mangelnden Wissens dem Sterben gegenüber hilflos und bedroht ausgeliefert, andererseits haben sie nicht die Möglichkeiten, aufgrund von Zeit- und Personalmangel, auf die Menschen einzugehen. Eine intensive Sterbebegleitung stellt sich demzufolge von Seiten der Pflegenden als schwierig dar, weil schon die Sicherstellung der medizinischen und pflegerischen Versorgung der Patienten ein hohes Maß an Arbeitsbelastung bedeutet.

Es bleibt also unabdingbar, dass sich für ein menschenwürdiges Sterben, die herkömmlichen Prinzipien der Krankenhausbehandlung ändern müssen. Das Ziel Gesundheit muss durch das Ziel, den Sterbenden auf eine gute Art und Weise sein Leben beenden zu lassen, ersetzt werden. Grundvoraussetzung dafür sind entsprechende räumliche und personelle Bedingungen sowie Fortbildungen in Palliativmedizin und -pflege des Personals.

6.1.2 Sterben in einer Alten- oder Pflegeeinrichtung

„Pflegearbeit ist keine durch und durch zweckrationale Arbeit mit oder an Maschinen, sondern ein in Beziehungen eingebetteter Umgang mit Menschen und von daher kommunikative Arbeit – und sei sie auch manchmal sehr schwer." (Anderson & Heinlein 2002, S. 188)

Dank ambulanter Unterstützungsangebote können noch 75 % der Pflegebedürftigen zu Hause versorgt werden. Wenn sich die Betreuung eines Menschen jedoch über Jahre hinzieht, kommen viele der Pflegenden an ihre Belastungsgrenzen und müssen den Kranken dann doch in eine Institution geben. Wiederum möchten einzelne ältere pflegebedürftige Menschen ihren Angehörigen nicht zur Last fallen und ziehen in eine Pflegeeinrichtung.

Aufgrund dessen hat sich die Bewohnerstruktur in der stationären Altenpflege in den letzten Jahren verändert. Das Eintrittsalter in die Einrichtungen ist kontinuierlich angestiegen und liegt heute bei über 85 Jahren, während die durchschnittliche Verweildauer auf knapp über zwei Jahre gesunken ist. Zunehmend müssen schwerstpflegebedürftige Menschen betreut werden und die Zahl der Versterbenden im Heim steigt beständig an (vgl. Wilkening & Kunz 2003). In Alten- und Pflegeeinrichtungen ist die Zielvorstellung der Betreuung zwar eine andere als im Krankenhaus, doch auch dort gibt es nur selten eine zufriedenstellende Sterbebegleitung. Anderson und Heinlein (2002) untersuchten die Interaktion zwischen Pflegekräften und Bewohnern in einem Alten- und Pflegeheim. Sie stellten fest, dass Sterben und Trauer im Heimalltag sehr präsent sind, aber bei der Gefühlsbewältigung sowohl Bewohner als auch Pflegekräfte meist allein gelassen werden. Durch enge Zeitvorgaben bei der Grundpflege und knappe Personalbesetzung entsteht ein Zeitmangel für Gespräche mit den Sterbenden. Viele Pflegekräfte fühlen sich durch die Diskrepanz zwischen dem theoretischen Wollen und der praktischen Realisierbarkeit ihrer Vorstellungen von einem gelungenem Sterbeprozess nahezu zerrissen.

Die Betreuung sterbender Menschen kann aber kaum zu beruflicher Routine degradieren. Sie ist immer von Emotionen begleitet. Gefühle wie Trauer, Hilflosigkeit sowie Überforderung können auftreten. Das alles zieht eine emotionale und psychische Überforderung der Mitarbeiter nach sich. Dazu kommt, dass die Kommunikation mit den Bewohnern über den Tod von Hemmungen und Unsicherheiten gekennzeichnet ist.

Neben den angeführten psychischen Belastungen der Mitarbeiter zeigen sich aber auch positive Auswirkungen für die Begleiter von Sterbenden, die meist als subjektive Bereicherung beschrieben werden. Sie erhalten beispielsweise Anregungen, über das eigene Sterben und das bereits gelebte Leben nachzudenken, bisherige Maßstäbe zu überprüfen und die persönliche Lebensgestaltung und Sinngebung neu zu definieren. Zudem gibt es Alteneinrichtungen, in denen sich Sterben friedlich und behütet vollzieht und auch die Pflegenden zufrieden sind.

Abschließend muss festgestellt werden, dass das Thema Tod und Sterben im Pflegeheimgeschehen eine große Herausforderung für alle dort tätigen Berufsgruppen darstellt. Es ist deshalb nötig, in vielen Alten- und Pflegeeinrichtungen eine neue Kultur zur Begleitung von Sterbenden zu entwickeln und Tod und Sterben als wesentliche Bestandteile des Einrichtungsalltags zu akzeptieren.

Nur unter diesen veränderten Bedingungen kann eine würdevolle Sterbebegleitung geschehen. Wie sieht diese Begleitung nun konkret aus? Kann man bei sterbenden Menschen noch von Würde und Lebensqualität sprechen? Auf diese Fragen wird im folgenden Abschnitt näher eingegangen.

6.2 Weil Sterben auch Leben ist – Menschenwürde und Lebensqualität

„Die Würde des Menschen ist unantastbar. Sie zu achten und zu schützen ist Verpflichtung aller staatlichen Gewalt." (Artikel 1 Grundgesetz)

Die Unantastbarkeit der Menschenwürde gilt für alle Menschen, auch und insbesondere für jene, die als die Schwachen und Kranken der Gesellschaft gelten, denn der Begriff der Würde hat einen individualistischen Kern. Der Mensch wird nicht zuerst als Teil einer Gemeinschaft betrachtet, sondern als einzigartige Person mit Rechten, die ihm als Mensch und nicht als Mitglied der Gemeinschaft zustehen. Seine Würde („der Ehre wert") entsteht nicht erst dadurch, weil er von anderen respektiert wird, sondern er muss respektiert werden, weil er Würde besitzt. Es bleibt eine Herausforderung, Würde auch in Situationen herzustellen, in denen Menschen nichts mehr bleibt als die „Autonomie des Augenblicks" (vgl. Klie 2005). Sie sind angewiesen auf würdige Rahmenbedingungen sowie Anerkennung und Beachtung in Interaktionen. Auch Schwerstkranke und Sterbende haben ein Recht auf Lebensqualität. Sie sollten trotz ihrer Abhängigkeit akzeptiert werden. Es gehört zur Würde des Menschen, dass er nicht gegen seine Grenzen rebellieren muss, sondern auch unter extremen Belastungen in ihnen leben und sterben darf.

Menschenwürde darf inhaltlich immer nur für eine konkrete Person bestimmt sein, denn sie ist abhängig von der inneren Werthaltung, dem individuellen Lebensplan und der Lebensgeschichte des Einzelnen. Deshalb entsteht Würde, indem jeder in seiner Einzigartigkeit ernst genommen wird.

Würdevolle Begleitung Sterbender bedeutet mehr als nur die Beachtung medizinischer und physischer Komponenten. Levend (2006) äußert dazu provokant, dass der Mensch in seinem Kampf um Leben und Tod kein ästhetischer Anblick ist und nichts mit unseren Vorstellungen von Würde zu tun hat. Das Bemühen um Würde scheitere, wenn der Körper uns im Stich lässt. Für den Sterbenden in seiner notvollen Situation hat das Wort Würde angesichts des Lebensendes eine andere Bedeutung. Würdevoll sterben heißt für ihn, den liebenden Lebenspartner, die Kinder und gute Freunde um sich zu haben, die den physischen Abschied erleichtern. Einen Menschen würdevoll begleiten heißt, ihm Ansehen zu geben. Das passiert dann ganz wörtlich, wenn der Betreuer nicht verlegen oder ablehnend den Kopf abwendet, obwohl es in manchen Fällen Überwindung kostet. Es bedeutet, die Sterbenden und ihre Angehörigen am Leben teilhaben zu lassen, sie in Beziehungen und Interaktionen einzubetten. Der Umgang der Begleiter muss durch vier elementare Attribute gekennzeichnet sein: Autonomie, Klarheit, Glaubwürdigkeit und Menschlichkeit.

Würdevolle Sterbebegleitung heißt auch, am Lebensende Lebensqualität zu gewährleisten. Aber gibt es angesichts des Todes überhaupt eine Lebensqualität? Wenn ja, wie sieht sie aus, wovon ist sie abhängig? Hat Sterben wirklich etwas mit Leben zu tun?

Wie die Qualität des Lebens im Sterben aussieht, hängt sowohl von der Persönlichkeit eines Menschen selbst, aber auch von den sozialen und gesellschaftlichen Rahmenbedingungen ab. Sie wird nicht ausschließlich durch krankheitsspezifische Faktoren bestimmt, sondern auch durch krankheitsübergreifende, wie individuelle Eigenschaften oder Bedingungen des sozialen Umfeldes. „Es hat sich gezeigt, dass bei schwerkranken Krebspatienten die individuelle Lebenszufriedenheit oftmals nicht mit dem tatsächlichen Krankheitsverlauf übereinstimmt. Vielmehr misst sich die Lebensqualität an der individuellen Beurteilung der aktuellen Situation – in Relation zu dem, was der Patient für möglich oder für wünschenswert hält" (Aulbert 2007, S. 21). Unter Lebensqualität verstehen Schwerkranke oft die einfachsten Dinge des Alltags, wie im Bett auf die Gartenterrasse geschoben zu werden, ein wohltuendes Bad in der Sicherheit eines Wannenlifts zu genießen oder gute Musik zu hören. Lawton (2001, S. 593) beschreibt Lebensqualität als Ausmaß, in dem körperliche Erkrankungen, Schmerzen und Stress aus subjektiver Sicht zur Beeinträchtigung von Alltagsverhalten, sozialen Aktivitäten und Wohlbefinden führen. Demnach bestimmt eine Vielzahl diverser Komponenten die Lebensqualität. Dazu zählen unter anderem:

- die erhaltenen physischen Möglichkeiten,
- die Krankheitssymptome und Beschwerden,
- das emotionale Befinden,
- die Krankheitsverarbeitung und -bewältigung,
- die Qualität zwischenmenschlicher Beziehungen zu Familienmitgliedern, Freunden, Berufskollegen, aber auch zu Professionellen, wie Ärzten, Pflegepersonen und Seelsorgern,
- materielle Lebensumstände
- und die soziale Situation.

Um das Selbstwertgefühl der Patienten nicht abzubauen, erscheint eine sorgfältige bzw. ehrliche Aufklärung über den Krankheitszustand unentbehrlich. Nager (2001) berichtet aufgrund von Studienergebnissen, dass zwei Drittel bis fast 100 % der Patienten über die Diagnose aufgeklärt werden möchten.

„Was mich am meisten beeinträchtigt hat, war die mangelnde Offenheit der Ärzte. Ich habe gemerkt, dass die Angst haben, über die Krebskrankheit zu sprechen. Sie dachten vielleicht, sie bereiten mir Traurigkeit oder Schwierigkeiten damit. Aber ich habe diese Angst als Distanz erlebt. Ich spürte, dass sie mit etwas hinter dem Berge hielten. Das verunsicherte mich zutiefst." (Tausch 1993, S. 53)

Durch eine hinreichende Aufklärung bekommt der Sterbende die Chance, sich mit seiner unheilbaren Krankheit auseinanderzusetzen, die ihm verbleibende Lebenszeit positiv zu gestalten und letzte Dinge zu regeln. Allerdings gibt es auch Menschen, deren Persönlichkeitsstruktur und innere Entwicklung eine Auseinandersetzung mit der Wahrheit angesichts des Todes nicht zulässt. In der Auseinandersetzung mit den Verlusten und Belastungen am Lebensende gelingt es jedoch anderen, die verbleibenden Ressourcen nicht aus den Augen zu verlieren. Dabei werden trotz geringer werdender Zeitperspektiven aktive Elemente der Lebensplanung als sinnvoll erlebt. Auch die Rückbesinnung auf religiöse Überzeugungen kann als kompensatorische Strategie verstanden werden, deren Vorhandensein ein geringeres Angstniveau am Lebensende bewirkt.

Manche Sterbende besinnen sich auf

1. die Spuren, die nach ihrem Tod bleiben, oder
2. sie streben die Veränderung sozialer Interaktionen an. Das heißt, angenehm erlebte soziale Kontakte werden ausgebaut, andere eingeschränkt. Diese Kontakte werden als angstreduzierend empfunden, wenn es um das Thema Tod geht;
3. ihr gelebtes Leben. Gelingt es Sterbenden, zu einer positiven Lebensbewertung zu finden, erweist sich das als hilfreich für das Erleben des Sterbeprozesses.

Es gibt auch angesichts des Todes eine Lebensqualität, die sich eben nicht nur über den unzureichenden Gesundheitszustand definiert, sondern von persönlichen Bewältigungsmechanismen und Wertvorstellungen sowie einer Hoffnungsfähigkeit geprägt wird.

6.3 Der sterbende Mensch

6.3.1 Sterben als besondere Belastungssituation

„Ein langes Leben macht es nicht unbedingt leichter, vom Leben zu lassen."
(Albers 2005, S. 27)

Die Konfrontation mit Sterben, Tod und Endlichkeit lässt sich als Grenzsituation beschreiben, an der Menschen sowohl scheitern als auch wachsen können. Sterben selbst ist so individuell wie das Leben und der Krankheitsverlauf eines jeden Patienten.

Mit welchen Belastungen und Nöten können terminal Erkrankte konfrontiert werden? Sterbende sind nicht ausschließlich durch die lebensbeendende Krankheit biologisch bedroht, sondern in ihrer ganzen biopsychosozialen Existenz mit physischen, psychischen, sozialen und spirituellen Krisen.

Zur *physischen Not* zählen folgende quälende Symptome, nach ihrer Häufigkeit geordnet, die aus Ergebnissen von zehn Studien mit insgesamt 12 438 Patienten zusammengetragen wurden:

> *„Schmerzen (70,3 %); Mundtrockenheit (67,5 %); Anorexie (60,9 %); Schwäche (46,8 %); Verstopfung (44,7 %); Luftnot (42,3 %); Übelkeit (36,2 %); Schlaflosigkeit (34,2 %); Schwitzen (25,3 %); Schluckbeschwerden (23,2 %); urologische Symptome (21,3 %); neuropsychiatrische Symptome, wie Desorientiertheit, Verwirrtheit, Schwindel, Tremor (18,5 %); Erbrechen (18,5 %); dermatologische Symptome, wie Juckreiz, Infektionen (16,3 %); Dyspepsie (11,3 %) und Diarrhö (7,6 %)."* (Aulbert 2007, S. 24)

Auslöser für *psychische Nöte* können unerledigte Lebensdinge sein, wie ein nicht beigelegter Streit oder Bedenken, die bevorstehende Geburt des Enkelkindes nicht mehr zu erleben. Erikson (1995) spricht hier von Verzweiflung, die vertanes Leben auslösen kann. Dazu gehört, dass man sein eigenes gelebtes Leben nicht annehmen mag sowie die Menschen, die in ihm notwendigerweise da sein mussten, wie Eltern und Geschwister. Dieser Mangel an „Ich-Integration" kann zu unbewusster Todesfurcht führen. Dagegen kann eine Akzeptanz des eigenen gelebten Lebens eine Akzeptanz des eigenen Sterbens nach sich ziehen.

In Sterbeprozessen treten oft depressive Symptome auf, die unter anderem durch die individuelle Zeitperspektive sowie dem Gefühl der Niedergedrücktheit bestimmt werden. Krankheitsbedingte Veränderungen, beispielsweise begrenzte Möglichkeiten von Aktivitäten oder eine veränderte Rollenfunktion, können die Einbuße von Lebenssinn und Lebenszielen zur Folge haben.

Psychische Belastungszustände können des Weiteren durch verschiedene Ängste ausgelöst werden: Die Angst vor dem Unbekannten, der Einsamkeit, dem Verlust der Familie und Freunde, dem Verlust der Selbstkontrolle und Identität, vor Leiden und Schmerzen und vor Regression.

Zudem lässt die kognitive Leistungsfähigkeit zunehmend nach, Abwehrmechanismen kommen stärker zum Vorschein, und es sind zum Teil auffällige Stimmungsschwankungen erkennbar.

Eine *soziale Belastungssituation* kann die Erkrankung des betreuenden Angehörigen sowie die Misshandlung oder Vernachlässigung des Betroffenen durch Angehörige auslösen. Von *spiritueller Krise* spricht man, wenn es zu intensiven religiösen Befürchtungen kommt, wie beispielsweise „Stimmt es wirklich, was ich bis jetzt über Gott und das Danach geglaubt habe?"

Es gilt, die Sterbenden in diesen Belastungssituationen, ihren Ängsten und Nöten ernst zu nehmen und sie begleitend zu unterstützen. Das kann durch eine adäquate medizinische und pflegerische Versorgung, durch das Anbieten praktischer Hilfeleistungen, durch Vermittlung bei der Beilegung unerledigter Konflikte und Zeit für Gespräche geschehen. Unabdingbar bleibt dabei, die Bedürfnisse und Wünsche der final Erkrankten zu erkennen und auf sie entsprechend einzugehen.

6.3.2 Bedürfnisse bzw. Wünsche Sterbender

„*Angesichts des Todes werden kleine Dinge wichtig.*" (Schlömer-Doll 2001, S. 33)

Im Sterben verändern sich die Wünsche an das Leben und folglich an die Begleitenden. Die Würde des Sterbenden zu wahren heißt, seine Wünsche wahr- und ernst zu nehmen. Aus diesem Grund werden Bedürfnisse und Wünsche zur Richtschnur in der Sterbebegleitung. Die meisten Menschen wünschen sich einen „guten Tod". Dazu gehört die Vorstellung, schnell zu sterben, was aber eher auf eine mangelnde Auseinandersetzung mit dem Sterben als auf die tatsächlichen Wünsche schließen lässt. Haben sich Menschen ernsthaft mit dem Sterben befasst, werden Bedürfnisse konkreter. Sie sind allerdings individuell sehr unterschiedlich.

Es existiert indes eine Reihe von Wünschen, die laut Umfragen immer wieder auftauchen. Sie stellen gewissermaßen den Kern aller Wünsche dar und sind vorhersagbar. Nach Student & Zippel (1987) gruppieren sich die Wünsche um alle vier Dimensionen des Sterbens: die soziale, die körperliche, die psychische und die spirituelle.

Die soziale Dimension

Der vordringlichste und bedeutendste Wunsch ist, zu Hause und nicht allein zu sterben, d.h. von nahestehenden vertrauten Menschen umgeben zu sein. Aber auch der Wunsch nach Helfern wird deutlich, die in der Lage sind, mit dem Thema Sterben angstfrei umzugehen und den Sterbeprozess auszuhalten. Eine ununterbrochene Anwesenheit wird hingegen selten erwartet.

Die körperliche Dimension

Der zweithäufigste Wunsch lautet, ohne Schmerzen, möglichst ohne körperliche Belastungen und geistige Beeinträchtigung zu sterben. Die Betroffenen möchten keinen Einsatz invasiver, schmerzhafter oder nicht sicher lebensverlängernder Maßnahmen. Palliative, lindernde und die Lebensqualität verbessernde Bemühungen (im Sinne von Schmerz- und Symptomkontrolle) sind immer willkommen.

Die psychische Dimension

Hier hat der Sterbende das Bedürfnis, noch genügend Zeit und Raum zu haben, um letzte Dinge regeln und Beziehungen klären zu können, um dann schließlich loszulassen und losgelassen zu werden. Er möchte Fähigkeiten entwickeln, den eigenen Tod anzunehmen.

Die spirituelle Dimension

Final Erkrankte haben das Bedürfnis, spirituelle Ressourcen zu finden, denn am Lebensende stellt sich meist die Frage des Seins und nach dem Sinn des Lebens und Sterbens. Wissenschaftler nehmen an, dass religiöser Glaube helfen kann, eine Bedeutung im Leiden und an der Erkrankung zu finden, die sich positiv auf die Verarbeitung von schweren Erkrankungen auswirkt. Verschiedene Untersuchungen demonstrieren, dass spirituelles Wohlbefinden ein wichtiger Protektivfaktor gegen Depressionen und Hoffnungslosigkeit darstellt (vgl. Murillo, Kissane & Mehnert 2006). Der Sterbende wünscht sich einen Austausch über religiöse Fragen und Menschen, die dazu bereit sind.

Es wird erkennbar, dass sich aus den beschriebenen Ängsten und Belastungen der Sterbenden entsprechende Wünsche und Bedürfnisse entwickeln. Wird auf diese Bedürfnisse eingegangen, kommt es zum Abbau von Ängsten und Sorgen.

Viele der bisher aufgezeigten Schlussfolgerungen bzw. die Gestaltung würdevoller Begleitung am Ende des Lebens von Sterbenden werden bereits in Einrichtungen der palliativen Pflege und Medizin umgesetzt, beispielsweise in Hospizeinrichtungen. Ihr Augenmerk liegt auf einem Betreuungskonzept, das Finalerkrankte mit ihren Bedürfnissen und Wünschen, Ängsten und Hoffnungen ins Zentrum aller Bemühungen stellt.

Welche Grundsätze beinhaltet die Hospizidee, wie ist sie entstanden? Wie gelingt es hospizlichen Einrichtungen, Sterbende in Würde zu betreuen und ganz auf sie einzugehen?

6.4 Hospiz und Palliative Care

6.4.1 Die Hospizbewegung

„Wenn man nichts mehr machen kann, ist noch alles zu tun." (Mettner 2004, S. 649)

Das Wort „Hospiz" leitet sich aus dem lateinischen Wort „hospitium" – Gastfreundschaft/Herberge ab und bezeichnete im Mittelalter Herbergen bzw. Gasthäuser, die von Ordensgemeinschaften geleitet wurden. Hier fanden reisende Pilger, Arme und Kranke Aufnahme, Ruhe und Pflege.

Das erste moderne Hospiz, das Christopher's Hospice, gründete Cicely Saunders 1967 in London. Als Ärztin, Krankenschwester und Sozialarbeiterin setzte sie sich engagiert für Sterbende ein, die in Krankenhäusern inadäquat betreut wurden, und beschäftigte sich intensiv mit Schmerzforschung und Schmerzkontrolle, da Patienten aufgrund unzureichender und nicht individualisierter Schmerzmittelgabe unerträglichen Qualen ausgesetzt waren. „We will do all we can, not only to die peacefully, but also to live until you die" (Saunders 1993, S. 123), war eine ihrer Aussagen, die zu einem Leitmotiv für die moderne Hospizbewegung wurde.

Anfangs ernteten diese stationären Einrichtungen viel Kritik, denn sie wurden als reine „Sterbekliniken" für Menschen am Lebensende missverstanden. Aber bald nahm die Hospizidee ihren Weg von Großbritannien in die USA und ab Mitte der 1970er Jahre auch im übrigen Europa.

Die Hospizbewegung ist heute zu einer breiten Bürgerbewegung geworden, in der sich Tausende Menschen einbringen. Noch immer entstehen Hospizgruppen, -initiativen und -vereine.

Betont werden muss, dass die Hospizidee und hospizliches Handeln keineswegs an ein Haus oder eine Institution gebunden sind, wie an stationäre Hospize oder Palliativstationen. Die Hospizbewegung möchte ausdrücklich eine Institutionalisierung vermeiden und versteht sich als Idee oder Konzept im angemessenen Umgang mit Sterben, Tod und Trauer. Sie vertritt die Position, dass überall da wo gestorben wird, Hospizlichkeit gelebt werden kann, sei es in Krankenhäusern, Alten- und Pflegeeinrichtungen oder zu Hause.

> *„Es macht schutzbedürftige Menschen so verletzlich, dass sie glauben, sie wären eine Last für die anderen. Die Antwort ist eine bessere Betreuung der Sterbenden, um sie zu überzeugen, dass sie immer noch ein wichtiger Teil unserer Gesellschaft sind."* (Cicely Saunders, Internetquelle 85)

Die Hospizidee beinhaltet ein ganzheitliches Unterstützungs- und Betreuungskonzept für Sterbende und deren Angehörige. Dieses Konzept gilt für Menschen, die an einer chronischen, unheilbaren und fortschreitenden Krankheit leiden. Dazu zählen Krebskrankheiten, Erkrankungen des Nervensystems mit unaufhaltsam fortschreitenden Lähmungen, Endzustand von chronischen Nieren-, Leber-, Herz-, oder Lungenerkrankungen sowie das Vollbild der Infektionskrankheit AIDS. Alle diese Patientengruppen sind geprägt von dem Faktum, dass sie keine Aussicht mehr auf Heilung haben.

Palliative Care bezeichnet einen Oberbegriff und umfasst Palliativmedizin (spezialisiertes ärztliches Handeln zur Symptomkontrolle und Schmerztherapie), Palliativpflege (pflegerischer Teilaspekt) und Hospizarbeit (psychosozialer und spiritueller Teilaspekt). Diese drei Bereiche sollten gleichwertig und in einem verbundenen Miteinander angesehen werden. Palliative Care richtet sich nicht nur an Sterbende im Sinne von End-of-life-Care, sondern auch an Patienten mit langsam fortschreitenden Krankheiten, die noch Monate und sogar Jahre leben können.

Der Betroffene und seine Familie erkennen das vom Hospiz vertretende Prinzip der lindernden Pflege und Therapie an und wünschen dementsprechend keine eingreifenden Untersuchungen oder Therapieversuche mehr. Das heißt, dass weder eine forcierte Ernährung sowie künstliche Beatmung noch kontinuierliche Infusionstherapien eingeleitet, sondern Formen der passiven Sterbehilfe akzeptiert werden. Dagegen schließt die lebensbejahende Grundhaltung der Hospizbewegung Formen der aktiven Sterbehilfe und Suizidbeihilfe strikt aus. Hospizarbeit kümmert sich aber nicht ausschließlich um die Sterbenden, sondern ebenso selbstverständlich um die Angehörigen mit ihren Nöten, Belastungen, Überforderungen und Krisen, denn gerade die Nahestehenden können sich der Konfrontation mit dem unweigerlichen Sterben nicht entziehen. Ferner werden die hinterbliebenen Angehörigen in der Zeit ihrer Trauer weiter begleitet.

Die Hospizidee wird in Deutschland in verschiedenen Organisationsformen realisiert. Dazu zählen ambulante Hospizdienste, stationäre Hospize, Palliativstationen, Tageshospize (teilstationäre Hospize) und Kinderhospize.

6.4.2 Konzept der vier Säulen hospizlich – palliativer Arbeit

In einem konstruktiven Miteinander von Ehren- und Hauptamtlichkeit werden die Belange Schwerst- und Sterbenskranker in pflegerischer, seelsorglicher, medizinischer und psycho-sozialer Hinsicht abgedeckt. Dies wird auch als zentrales Grundkonzept der modernen Hospiz- und Palliativeinrichtungen bezeichnet, das Konzept der vier Säulen der Hospizarbeit:

Psychosoziale Begleitung

Die psychosoziale Begleitung, auch als Thanatotherapie bezeichnet, umfasst den emotionalen Beistand des Sterbenden und seiner Angehörigen und hilft bei der Auseinandersetzung mit dem bevorstehenden Tod. Das bedeutet, dass soziale Bedürfnisse berücksichtigt, Ängste reduziert, aber auch Verdrängung als wichtige Schutzfunktion akzeptiert werden. Als bedeutsam gilt das Erkennen begrenzter Ressourcen und individueller Verarbeitungsstrategien des Patienten. Mit den Gefühlen des Sterbenden und seiner Angehörigen wird behutsam und wertschätzend umgegangen. Wichtig ist das Angebot von Gesprächen, Zeit und Zuwendung. Vielfach reicht einfach nur Zuhören und Da-Sein. Begleitung umfasst gewissermaßen alle Versuche dem anderen Menschen nahe zu sein, dessen eigene Möglichkeiten zu wecken und zu verstärken. Psychosoziale Begleitung bedeutet allerdings nicht, die Probleme für den anderen zu lösen, sondern ihn so zu unterstützen, dass er sein eigenes Leben leben und seinen eigenen Tod sterben kann.

Oftmals brauchen Angehörige viel mehr Zeit und Unterstützung als der Sterbende selber, deshalb werden die Belastungsgrenzen der Familien erfasst und Entlastungen erarbeitet. Einen wichtigen Aspekt der psychosozialen Betreuung bildet die Unterstützung bei der Klärung unerledigter Probleme.

Spirituelle Begleitung

Obwohl die Wurzeln der Hospizbewegung im christlichen Glauben liegen, hat sie den Anspruch, Sterbende unabhängig von ihrer religiösen Überzeugung zu begleiten. Diese Unabhängigkeit von Ideologien und Glaubensrichtungen ermöglicht ein unvoreingenommenes Zugehen auf die Betroffenen. Befragungen verdeutlichen, dass es große Unterschiede bezüglich der Wünsche und Bedürfnisse spiritueller Begleitung gibt. Dafür ein Empfinden zu entwickeln und die entsprechende Unterstützung anzubieten, bleibt eine Herausforderung der spirituellen Begleitung. „… spirituelle Begleitung kann somit auch keinesfalls meinen, den Menschen ‚von außen' mit religiösen Sinn- und Wertfragen zu konfrontieren, sondern vielmehr zu sehen, was ihm seinem Wesen nach, von ‚innen her' entspricht", so Höver und Schaeffer (2009, S. 8).

Sterbende werden bei ihrer subjektiven Suche nach Sinn, Transzendenz, Quellen und Ziel ihres Daseins sowie bei ihrer Sehnsucht nach Identität, Ganzheit und Erfüllung unterstützt. Der spirituelle Begleiter öffnet sich ihren Fragen nach dem Sinn von Tod und Sterben und dem Danach. Mit diesen letzten Fragen soll niemand allein bleiben.

Palliative Pflege

In der Pflege von sterbenden Menschen bestimmen die individuellen Bedürfnisse das pflegerische Geschehen, steht die Lebensqualität im Vordergrund. Pflegende passen ihr Handeln dem Rhythmus des Betroffenen an und stellen sich der Herausforderung, Vorlieben und Wünsche zu erkennen. So werden Maßnahmen der Körperhygiene dann durchgeführt, wenn sie am wenigsten belastend sind. Dazu gehört, verschiedene Schritte miteinander zu verbinden, wie etwa Körperpflege und Lagewechsel, sowie den Betroffenen für solche Maßnahmen nicht extra aus dem Schlaf zu holen.

Zur unverzichtbaren „Basisbetreuung", die sich von einer medizinischen Behandlung abgrenzt, gehören unter anderen Körperpflege, Linderung von Schmerzen, Atemnot und Übelkeit sowie Stillen von Hunger und Durst. Da Sterbende kaum noch Appetit und Durst verspüren, reicht eine gute Mundpflege und die Verabreichung ganz kleiner Bissen (etwa sechs Portionen am Tag) völlig als Basisversorgung aus; kann bei Wunsch des Patienten auf eine hochkalorische Ernährungslösung als medizinische Maßnahme verzichtet werden.

Die Aufgaben der palliativen Pflege reichen des Weiteren von der Hilfe beim Waschen, sofortigem Entfernen von Verunreinigungen, häufigem Wäschewechsel, Mundhygiene bis zur Verringerung von Atemnot durch eine fast sitzende Lagerung des Patienten. Auch die Kommunikation (verbal oder nonverbal) wird zur Basis der Palliativpflege gerechnet. Nonverbal geschieht sie taktil über die Haut, dabei wird auf Sensibilität und Respekt des Pflegenden ein erheblicher Wert gelegt. Zudem findet das Konzept der Basalen Stimulation mit seiner gezielten Reizung aller Sinne (Riechen, Schmecken, Hören, Sehen, Spüren) hier Anwendung.

Palliative Medizin

Ein charakteristischer Ansatz von Palliative Care ist die Verlagerung des Schwerpunktes von Heilung auf Linderung, von kurativ auf palliativ. So möchte die Palliativmedizin nicht mehr heilen wie die kurative Medizin; sie hat das Ziel der

186 Soziale Arbeit am Lebensende

Behandlung gewechselt. Es geht darum, die verbleibende Lebenszeit erträglich zu gestalten und so die Lebensqualität der unheilbar Kranken zu verbessern. Das Interesse der Ärzte galt lange Zeit der Bekämpfung einer Krankheit. Wenn das nicht mehr möglich war, hörte gewöhnlich die Behandlung auf, mit der Bemerkung, dass leider nichts mehr zu machen wäre. Die palliative Medizin zeigt hier, dass trotz Unheilbarkeit durchaus zu helfen ist, beispielsweise durch eine angepasste Schmerztherapie.

Die wirksame und konsequente Behandlung quälender Symptome ist eine zwingende Voraussetzung für Lebensqualität auch im Sterben. Es hat sich herausgestellt, dass ungenügend behandelte Schmerzen und Symptome die Krankheitsverarbeitung behindern und die Akzeptanz des schwächer werdenden Lebens und des Sterbens blockieren können. „Symptomkontrolle" wird vom englischen Begriff „symptom control" abgeleitet und bedeutet die symptomatische Linderung von Beschwerden, wobei die Ursache der Symptome, z. B. die Krebskrankheit, nicht beeinflusst wird. In der Präterminalphase können die Symptome (wie Schmerzen, Übelkeit, Erbrechen, Obstipation (Verstopfung), Atemnot) medikamentös, aber auch mittels chirurgischer Verfahren behandelt werden, z. B. zur Erschließung von Ernährungswegen und zur Sicherstellung der Ausscheidungen. In der Terminalphase erfolgt die Symptomkontrolle fast ausschließlich medikamentös. Um alles zu vermeiden, was den Sterbenden zusätzlich belasten könnte, empfiehlt sich in den letzten Tagen nach genauer Prüfung die Dauermedikation auf wenige Pharmaka einzuschränken, die als ausreichend erscheinen (vgl. Schmid & Kränzle 2010).

6.4.3 Multidisziplinäres Arbeiten im Team

„Sterben gehört zum Leben; es ist der letzte, entscheidende Lebensakt, der gelebt und durchlebt werden will. Begleitung im Sterben ist daher Lebensbegleitung intensivster Art." (Höver & Schaeffer 2009, S. 5)

Das Ziel des multidisziplinären Teams ist die bedürfnisorientierte Suche nach Erhalt und Verbesserung der Lebensqualität des Sterbenden und seiner Familie. Dafür werden umfassende Kompetenzen benötigt, die durch verschiedene Teilnehmer eingebracht werden:

Der Patient selbst und seine Familie

Sie stehen im Mittelpunkt des multidisziplinären Teams. Die Angehörigen sind mit eingebunden in Betreuung und Pflege, fungieren als Ansprechpartner für den Informationsaustausch über das familiäre Gefüge und die Biografie des Kranken. Außerdem stellen sie für den Betroffenen selbst eine unersetzbare Stütze dar: „Die Lebensbegleiter des Sterbenden sind auch die wichtigsten Sterbebegleiter. Daran ändern Spezialausbildungen des professionellen oder ehrenamtlichen Personals nichts" (Albrecht, Orth & Schmidt 2002, S. 117).

Pflegepersonal

Krankenschwestern und Pfleger besitzen durch den sehr intensiven Kontakt die größte Nähe zum sterbenden Patienten. Durch die Körperpflege, Überwachung der Nahrungsaufnahme, Hilfestellungen bei Alltagsverrichtungen etc. werden wichtige Bereiche abgedeckt, zusätzlich beziehen sie die Angehörigen in die Handlungen mit ein und sind wichtige Ansprechpartner für Ärzte.

Ärzte

Der Hausarzt, als langjähriger Begleiter seines Patienten, kennt die Familie und das Umfeld bestens und ist der ideale ärztliche Sterbebegleiter. Zusätzlich benötigt das Team aber palliativmedizinisch-schmerztherapeutisch weitergebildete Ärzte, die bei schwierigen Entscheidungen im Krankheitsverlauf sowie in Fragen der Symptomkontrolle und Schmerztherapie vor den Hausärzten und allen Mitgliedern des interdisziplinären Teams zu Rate gezogen werden. Der Arzt informiert außerdem Patienten und Angehörige über das Fortschreiten der Erkrankung und über die Prognose und führt einen Konsens bei ethischen und rechtlichen Entscheidungsfindungen herbei.

Seelsorger

Er verfügt über besondere Kompetenzen für religiöse und spirituelle Fragestellungen. Unabhängig vom Glauben bzw. der Religion des Sterbenden und seiner Angehörigen steht der Seelsorger zum Zuhören und Trösten, für Gespräche und Rituale, wie Krankensalbung und Abendmahl, zur Verfügung.

Psychologen und Psychotherapeuten

Ihre Dienste dienen der Unterstützung in der Krankheitsbewältigung sowie der Mitbehandlung von Depressions- und Angstzuständen von Patienten. Sie kümmern sich intensiv um die Angehörigen und stellen die Supervision innerhalb des Teams sicher.

Therapeuten

In der palliativen Betreuung finden verschiedene Therapieformen Anwendung, wie Kunst-, Musik-, Körper- und Atemtherapie. Sie tragen zur emotionalen Entlastung bei, fördern die nonverbalen Ausdrucksmöglichkeiten des Kranken, entspannen und lösen Ängste. Die motorischen Möglichkeiten werden durch Krankengymnasten erhalten oder sogar verbessert.

Ehrenamtliche Helfer

Freiwillige Hospizhelfer bringen wichtige Erfahrungen und Fähigkeiten aus der Praxis der Sterbebegleitung in das Team ein. Sie werden auch als Bindeglied zur „Normalität" des Alltags bezeichnet. Mit ihrer eingebrachten Zeit ermöglichen sie eine große Entlastung insbesondere der Angehörigen. Sie werden in speziellen Ausbildungskursen, die mindestens ein halbes Jahr mit Gruppenabenden und Praktika dauern, auf die Sterbebegleitung vorbereitet.

Sozialarbeiter/Sozialpädagogen

Sozialarbeiter unterstützen die gesamte Familie, vermitteln Pflegedienste und Trauerbegleitung und unterstützen bei Behördenkontakten. Sie beraten in sozialrechtlichen Fragen. Sie nehmen insgesamt eine zentrale Rolle bei der Entlastung der Betroffenen ein.

Alle genannten Professionen haben im Konzept der vernetzten Sterbebegleitung ihre Berechtigung. Akzeptanz, Wertschätzung und gegenseitiger Respekt voreinander stellen wichtige Voraussetzungen dar, um im Team arbeiten und somit Optimales für die Betroffenen leisten zu können. Hierarchische Unterschiede zwischen den vertretenden Berufsgruppen sollten zurücktreten. Kritik- und Konfliktfähigkeit des Teams können durch Supervision und Teambesprechungen eingeübt werden. Außerdem sind angemessene Fort- und Weiterbildungen jedes Einzelnen unabdingbar.

6.4.4 Palliative Sozialarbeit

Soziale Arbeit stellt neben genannten Berufsgruppen und dem Ehrenamt einen essentiellen Bestandteil der professionellen Begleitung von Sterbenden und ihren Angehörigen dar. Als besondere Fähigkeit Sozialer Arbeit gilt ihre hohe Netzwerkkompetenz, die als unerlässlich in der Hospizarbeit zu betrachten ist. Da die Bedürfnisse und Probleme der Betroffenen ganzheitlich und komplex sind, können hier Sozialarbeiter mit ihrem generalistischen Berufsverständnis (psychologische, soziologische, rechtliche, erziehungswissenschaftliche, sozialmedizinische, methodische Kenntnisse) insbesondere die Schnittstellenfunktion zwischen den Betroffenen und allen am Hilfe- und Versorgungsprozess beteiligten Personen und Systemen wahrnehmen.

Soziale Arbeit erscheint in ihrem Auftrag und Selbstverständnis als geradewegs zugeschnitten auf die Bedürfnisse sterbender und trauernder Menschen und ihre besondere Lebenslage. Sie verhindert Ausgrenzung und stärkt Inklusion. Hierbei setzt sie sich mit Ausstattungs-, Austausch- und Machtproblemen auseinander. Soziale Arbeit konzentriert sich eher auf Kompetenzen als auf Defizite und fördert die Bewältigung von gesundheitlichen Einbußen (Salutogenese), betrachtet hierbei den Menschen auch in seiner Biografie, wobei eine besondere Aufmerksamkeit den Lebensübergängen gilt. Eine Leitperspektive der Sozialen Arbeit ist das Empowerment.

Jedoch findet die berufliche Sozialarbeit trotz aufgezeigter Notwendigkeit im deutschen Hospizbereich erst seit kurzer Zeit Anwendung. Dieses relativ neue Handlungsfeld der Sozialarbeit/Sozialpädagogik steht vor fachlichen Herausforderungen, wie dem Erwerb von Grundkenntnissen in Palliativmedizin sowie Theorie und Praxis von Palliativpflege. Der Arbeitskreis „Soziale Arbeit" der Deutschen Gesellschaft für Palliativmedizin (DGP) vermittelt spezielle Basiscurricula für Sozialarbeiter in Palliativmedizin.

Außerdem bietet der Verein für Fort- und Weiterbildung Psychosoziale Onkologie entsprechende Grundkurse (125 Stunden über ein Jahr) und Aufbaukurse (100 Stunden über ein halbes Jahr) an (vgl. Lang et al. 2006).

Tätigkeitsprofil

Die Aufgaben der Sozialarbeit im hospizlichen Bereich unterteilen sich in patienten- sowie angehörigennahe und entsprechend -ferne Tätigkeiten. Die Schwerpunkte liegen dabei in der Beratung, Information und der psychosozialen Begleitung von Patienten und Angehörigen, in der Netzwerkarbeit und im Case Management. Durch Ressourcenmanagement und Empowerment soll die Handlungsfähigkeit der Betroffenen gestärkt werden. Sozialarbeiter fördern die Kommunikation unter allen Beteiligten: Patienten, Angehörigen sowie beruflich Handelnden. Folglich können auftretende Konflikte durch eine entsprechende Krisenintervention bewältigt werden. Sie bieten ergänzend Unterstützungsangebote für Trauernde an, führen aber auch Vermittlungstätigkeiten aus und sind immens bedeutsam für die Koordination von ehrenamtlichen Diensten (vgl. Student, Mühlum & Student 2007). Hauptamtliche Koordinatoren müssen zusätzlich zum Diplom (oder Bachelor) in Sozialarbeit und einer Weiterbildung in Palliative Care einen Kurs für Leitungskräfte und Koordination erbringen, um dieser Aufgabe ausreichend gerecht zu werden.

Wie die Aufgaben der Palliativsozialarbeit im Einzelnen aussehen, wird nachfolgend in einem kurzen Abriss dargestellt.

Dienstleistungen für Palliativ-Patienten und ihre Angehörigen

- Sozialarbeiterisches Assessment (Sozialanamnese)
- Information, Beratung und Vermittlung
- Anwaltschaft/Interessenvertretung für den Sterbenden (weitgehende Selbstbestimmung ermöglichen)
- Krisenintervention, psychosoziale Begleitung und Beratung
- Emotionale Unterstützung des Sterbenden (Angstverarbeitung)
- Situative, prozessorientierte und vorausschauende Einschätzung des Belastungsgrades
- Frühzeitiges Erkennen einer drohenden Überforderung und darüber hinaus die Entwicklung möglicher hilfreicher Umgangsstrategien
- Brückenfunktion und Vermittlung zwischen Patienten und Angehörigen sowie beteiligte Professionen und Institutionen
- Angebote von Meditations- und Entspannungsübungen für Betroffene und ihre Bezugspersonen.

Dienstleistungen für Trauernde

- Beratung und Information über Angebote zur Unterstützung Trauernder
- Aktive psychosoziale Begleitung von Angehörigen über den Tod des Patienten hinaus, Sicherstellung der Kontinuität in der Begleitung
- Nachgehende Betreuung und Begleitung (telefonisch, Hausbesuche, Einzel- und Gruppengespräche)
- Vermittlung von Ressourcen, Vernetzung, Selbsthilfegruppen
- Bei Bedarf: Leitung von Trauergruppen, Vermittlung von ehrenamtlicher Begleitung.

Dienstleistungen für das interdisziplinäre Team

- Aufzeigen der psychosozialen Dimension in Behandlung und Betreuung sowie von Lösungsansätzen für aktuelle psychosoziale Fragestellungen; Mitwirkung bei der Erstellung des Behandlungs- und Betreuungsplans
- Organisation von Teamsitzungen, Schnittstellenkoordination
- Unterstützung und Entlastung des Teams im Hinblick auf systemische Zusammenhänge, Gefühls- und Kommunikationsblockaden in der Betreuungssituation
- Supervision, Burn-Out Prophylaxe für das betreuende Personal
- Ansprechpartner für alle Teammitglieder für psychosoziale Fragestellungen und bei der Reflexion aktueller Probleme.

Optional kommen eine Reihe weiterer Leistungsfelder für eine palliative Sozialarbeit hinzu:

Dienstleistungen für das interdisziplinäre Team

- Gewinnung, Auswahl, Qualifizierung und Begleitung von Ehrenamtlichen
- Einsatzkoordination: Abklären von Hospizeinsätzen, fachliche und organisatorische Verantwortung für diese Einsätze, Qualitätskontrolle, regelmäßige Praxisbegleitung
- Leitung des ehrenamtlichen Teams
- Vernetzung von Haupt- und Ehrenamt; Vernetzung mit anderen Anbietern der palliativen Versorgung; Koordinationstätigkeiten
- Dokumentation der Leistungen; Administration.

Öffentlichkeitsarbeit

- Initiieren und Mitgestalten von Veranstaltungen, die Themen und Einrichtungen einer breiten Öffentlichkeit bekannt machen
- Mitarbeit an der Gestaltung einer menschenwürdigen Sterbekultur und
- mit institutionellen Bedingungen des Sterbens
- Aufklären, sensibilisieren, informieren durch diverse Medienarbeit (Artikel in Zeitschriften, Erstellen von Broschüren, Informationsmaterial)
- Teilnahme an (Fach-)Tagungen (aktiv und passiv).

Fundraising und Gremienarbeit

- Erschließung finanzieller Möglichkeiten
- Vertretung und Mitarbeit in Gremien, wie Landesarbeitsgemeinschaft Hospiz und Deutsche Gesellschaft für Palliativmedizin sowie regionalen Gremien.

Es wird bei diesem immensen Aufgabenspektrum deutlich, dass die hospizliche Sozialarbeit eine nicht zu unterschätzende Rolle im multidisziplinären Team spielt. Die Hauptverbündeten der Sozialarbeit sind die Ehrenamtlichen, die als Experten für das Alltägliche den Generalisten nahe stehen. Hierbei ist es unumgänglich, mögliche Konkurrenzen zwischen beiden abzubauen.

Fachliche Kompetenz
Das komplexe und komplizierte Handlungsfeld der Hospiz- und Palliativsozialarbeit benötigt eine hohe fachliche Kompetenz. So benennt der Arbeitskreis Soziale Arbeit der DGP grundlegendes Basiswissen für eine professionelle psychosoziale Arbeit:
- Kenntnisse im Sozialrecht und in Psychologie (Gesprächsführung, Entwicklungspsychologie, Klinische Psychologie, Persönlichkeitspsychologie);
- Kenntnisse der Lebenswelt des sozialen Nahraumes und der Beratung;
- Wissen über Einzelfallhilfe, Case Management und Empowermentstrategien;
- Einblick in die Arbeit mit dem System Familie;
- Grundlagen der Trauerarbeit;
- Grundkenntnisse in Palliativmedizin und Palliativpflege;
- Organisatorisches- und institutionelles Wissen (Öffentlichkeits-, Gremien- und Vernetzungsarbeit) (Internetquelle 86).

Dieses Wissen können Sozialpädagogen in den diversen Tätigkeitsfeldern der Hospiz- und Palliativarbeit anwenden, wie in ambulanten Hospiz- und Palliativberatungsdiensten für Kinder und Erwachsene, Stationären Hospizen, Palliativstationen und Palliative Care Netzwerken.

Gut zu wissen – gut zu merken

Palliative Care ist eine notwendige Antwort auf unsere gesellschaftliche Entwicklung. Sie trägt dazu bei, den Sterbenden wieder Räume des Lebens zu öffnen und an die Lebenden die Realität des Sterbens und der Endlichkeit zurückzugeben.

Zusammenfassend möchte ich betonen, dass Ansprüche und Forderungen, die an Palliative Care gestellt werden, sich durch eine zunehmende Differenzierung auszeichnen und Soziale Arbeit hier unverzichtbare Dienste leistet. Es gilt daher die Sozialarbeit besser in der Hospizarbeit zu etablieren respektive ihren vermehrten Einsatz und ihre Weiterentwicklung in diesem Arbeitsfeld zu forcieren.

Dazu gehört selbstverständlich, Sie bereits während des Studiums auf dieses neue Handlungsfeld aufmerksam zu machen. Es ist mein Wunsch, dass Kranke und Gesunde, Sterbende und mitten im Leben Stehende, Lebensmüde und Lebensfrohe von der Hospizidee erfahren, getragen oder angerührt werden und im Nehmen und Geben ein Stück ihres Lebens miteinander verbringen.

Weiterführende Literatur

Deutscher Hospiz- und Palliativ Verband e.V.: http://www.dhpv.de/
Everding, G., Westrich, A. (Hrsg.) (2003): Würdig leben bis zum letzten Augenblick. (3. Aufl.) München
Kränzle, S., Schmid, U. & Seeger, C. (Hrsg.) (2010): Palliative Care. (3. überarb. und erweiterte Aufl.) Heidelberg
Lamp, I. (Hrsg.) (2001): Hospiz-Arbeit konkret. Gütersloh
Student, J.-C., Mühlum, A. & Student, U. (2007): Soziale Arbeit in der Hospiz und Palliative Care. (2. überarb. Aufl.) München
Wilkening, K. & Kunz, R. (2003): Sterben im Pflegeheim. Perspektiven und Praxis einer neuen Abschiedskultur. Göttingen

7 Vierzehn Thesen zum Schluss

1 In der Sozialen Arbeit (im Gesundheitswesen) spielt die Fähigkeit, den besonderen Einzelfall zu verstehen, eine wichtige Rolle

So bedeutsam standardisierte, evidenzbasierte (auf Beweismaterial gestützte) Interventionen im Gesundheitswesen auch sind, so wichtig ist es andererseits auch, subjektive Sichtweisen und Reaktionen von Menschen zu berücksichtigen, die Ausnahmen vom „durchschnittlichen Fall" darstellen. Richtschnur für die Interventionen der Sozialen Arbeit sind die Wünsche, Vorstellungen und Ziele des Klienten, insofern ihr Verhalten nicht zur gefährlichen Selbstschädigung führt oder andere Menschen beeinträchtigt.

2 Soziale Arbeit orientiert sich an der Lebenswelt der Klienten

Sozialarbeiter begegnen den Auffassungen ihrer Klienten mit Respekt und unterstützen deren Problembewältigung. Sie verstehen die sozialen Einflüsse, die im Umfeld ihrer Klienten wirksam werden, versuchen, die Deutungsmuster und Handlungsentwürfe aus dem Alltag der Klienten nachzuvollziehen und zugleich Unterstützung bei einer gelingenden Alltagsbewältigung zu leisten. Neue Interventionen werden gemeinsam mit Klienten entwickelt. Soziale Arbeit fördert Beteiligungs- und Mitwirkungsmöglichkeiten und berücksichtigt regionale Besonderheiten.

3 Soziale Arbeit rekonstruiert biografische Entwicklungen und sucht einen verstehenden Zugang zu biografisch geprägten subjektiven Wirklichkeitskonstruktionen ihrer Klienten

Soziale Wirklichkeit ist nicht objektiv gegeben. Jeder Mensch hat seine eigene Geschichte mit bedeutsamen Erfahrungen und wichtigen Bezugspersonen. Aus dieser Geschichte heraus entstehen subjektive Weltbilder und eigene Theorien von Gesundheit und Krankheit. Hierbei sind auch unterschiedliche Erfahrungen verschiedener Alterskohorten und kollektive und persönliche Krisen zu berücksichtigen. Nicht immer sind wissenschaftlich begründete Interventionen für den Klienten nachvollziehbar. Nicht immer werden zur Verfügung stehende Hilfsangebote angenommen. Soziale Arbeit kann hier verständnisvoll vermitteln.

4 Soziale Arbeit bleibt einer ganzheitlichen Perspektive im Umgang mit Krankheit und Gesundheit verpflichtet

Weil für die Soziale Arbeit die Individuen in ihrem biografischen und gesellschaftlichen Bezügen im Zentrum stehen, wirkt sie der fortschreitenden medizinischen Spezialisierung und institutionellen Aufsplitterung entgegen. Sozialer Arbeit kommt die Aufgabe zu, die Lebenswirklichkeit der Kranken im medizinischen Versorgungssystem zur Geltung zu bringen. Ihre Aufgabe besteht gleichermaßen in der aufklärenden Hilfestellung gegenüber Kranken und ihren Angehörigen wie in der Vernetzung unterschiedlicher Einrichtungen und Trägern im Einzelfall.

5 Gesundheitsförderung, Prävention und Wiedereingliederung sind für die Soziale Arbeit ebenso wichtige Themen wie die Behandlung

Soziale Arbeit fördert die Entwicklung von Gesundheitskompetenzen und von Kompetenzen zur Lebensbewältigung. Bereits von Geburt an hilft sie, tragfähige Beziehungen zu stabilisieren und Familien zu stärken. Sie trägt zur Bildung und Stabilisierung gesundheitsfördernder Lebensräume in Nachbarschaften, Schulen, Gemeinden und an Arbeitsplätzen bei und unterstützt Gemeinschaftsbildung und solidarisches Handeln. Sie tritt der Ausgrenzung benachteiligter Menschen entgegen und fördert Verständigung und Inklusion.

6 Es ist eine wichtige Aufgabe der Sozialen Arbeit, Benachteiligungen und Diskriminierungen deutlich zu machen

Die Klienten der Sozialen Arbeit sind nicht selten von ineinander greifenden Benachteiligungen geprägt, bei denen ungünstige Startchancen zur Diskriminierung und zu weiteren erschwerten Entwicklungsbedingungen führen. So setzt sich Soziale Arbeit dafür ein, zu verhindern, dass gerade denjenigen eine besondere Eigenverantwortung zugeschrieben wird, die unter den meisten Beeinträchtigungen und Benachteiligungen zu leiden haben. Soziale Arbeit unterstützt Menschen bei der Durchsetzung ihrer Ansprüche, z. B. gegenüber Sozialleistungsträgern. Andererseits gilt es auch, Selbstwirksamkeitserwartungen zu stärken und mögliche Eigenverantwortung zu unterstützen.

7 Soziale Arbeit sieht nicht nur den einzelnen Klienten mit seinen gesundheitlichen Beeinträchtigungen, sondern betrachtet auch die Auswirkungen auf Familien und Netzwerke

Gesundheitliche Beeinträchtigungen sind nicht selten familiär geprägt. Durch genetische oder psychosoziale Faktoren betreffen Gesundheitsstörungen oftmals Familienmitglieder mehrerer Generationen. Zugleich haben gesundheitliche Einbußen in der Regel Auswirkungen auf andere Familienmitglieder, so dass die Angehörigenarbeit im Gesundheitswesen eine wichtige Rolle spielt. Familien bieten bei gesundheitlichen Einbußen soziale Unterstützung, zugleich können Familiensysteme aber auch aus dem Gleichgewicht geraten, so dass Gesundheitsprobleme an Familienmitglieder weiter gegeben werden können. Pflegende Angehörige geraten nicht selten in Überlastungsspiralen.

8 Soziale Arbeit ist sozialraumorientiert

Nachbarschaftliche Hilfe und freiwilliges Engagement in überschaubaren Sozialräumen sind unverzichtbar für ein Gemeinwesen, in dem kranke und behinderte Menschen nicht ausgegrenzt und in Institutionen abgeschoben werden. Soziale Arbeit fördert bürgerschaftliches Engagement, stärkt Selbsthilfegruppen, unterstützt Partizipation und Mitbestimmung und gestaltet wertschätzende Kooperationen zwischen Professionellen und Ehrenamtlichen. Soziale Arbeit reflektiert die Definitionsmacht von Trägern und Institutionen kritisch und hinterfragt deren Bedarfsplanungen: So kann zum Beispiel die Planung und Errichtung neuer Altersheime zu Gunsten von selbstbestimmteren Wohn- und Lebensformen verhindert werden. Soziale Arbeit fördert trägerübergreifende, bedürfnisorientierte und sozialraumbezogene Finanzierungsmodelle.

9 Soziale Arbeit reflektiert gesundheitliche Fragen im Kontext gesellschaftlicher Entwicklungen

Wenn soziale Unterschiede wachsen und für immer mehr Menschen anhaltend hohe Belastungen mit mangelnder Entlohnung und Wertschätzung gepaart sind, dann braucht es solidarisches Handeln und politisches Engagement. Wenn Konkurrenz und Individualisierung geteilte Erfahrungen und Solidarität unterwandern, dann braucht es Gegenbewegungen hin zu mehr Gemeinschaftsaktionen und wechselseitiger Unterstützung. Hier liegen wichtige Aufgaben der Sozialen Arbeit.

10 SozialarbeiterInnen müssen sich immer wieder selber kritisch reflektieren und brauchen kollegialen Austausch und Supervision

Die Arbeit mit Menschen, die eher am Rand der Gesellschaft stehen, fordert in besonderer Weise heraus. Eigene Sichtweisen kritisch zu beleuchten und eigene Tendenzen zu verstehen, etablierte Machtverhältnisse zu stabilisieren, ist eine wichtige Voraussetzung für die Arbeit mit Randgruppen. Soziale Arbeit ist einerseits dem Klienten verpflichtet, übt aber auch soziale Kontrolle aus (doppeltes Mandat). Fachkräfte verstehen die prekären Lebensbedingungen ihrer Klienten ohne zugleich selber in gleicher Weise davon betroffen zu sein. Dies kann Schuldgefühle und Selbstzweifel wecken. Auch können Klienten problembelastete Erfahrungen mit wesentlichen Bezugspersonen auf ihre Helfer übertragen und diese so in einem negativen Licht sehen. Bei aller Solidarität und bei dem gebotenen Verständnis für verzerrte Sichtweisen von Klienten sind jedoch eine gesunde Selbstsorge und die Wahrung von Grenzen bedeutsam.

11 Soziale Arbeit ist offen für den interdisziplinären Dialog und vertritt zugleich die eigene Perspektive selbstbewusst

Teamarbeit spielt in fast allen Arbeitsfeldern eine wichtige Rolle. Respekt für die Sichtweisen anderer Berufsgruppen bei gleichzeitiger Wahrung der eigenen Grundposition/Haltung und Verdeutlichung der eigenen Arbeitsweise sind hier gleichermaßen bedeutsam. Soziale Arbeit vernetzt sich darüber hinaus mit anderen Akteuren und Einrichtungen und vertritt die eigenen Institutionen in der Öffentlichkeit. Sie trägt bei zur Überwindung von Schnittstellenproblemen und klärt Zuständigkeiten und Grenzen. Sie plant Interventionen unter Beteiligung unterschiedlicher Akteure (Case Management) und koordiniert verschiedene Hilfsangebote. Soziale Arbeit selber unterliegt politischen und finanziellen Rahmenbedingungen. Es gilt, das eigene Selbstverständnis nach außen zu vertreten und Ziele und Aufgaben der Sozialen Arbeit – nicht nur im Gesundheitswesen – gegenüber Kosten- und Entscheidungsträgern deutlich zu machen.

12 Soziale Arbeit ist ressourcenorientiert

Im Umgang mit gesundheitlich beeinträchtigten Menschen ist es hilfreich, gerade nicht vorrangig ihre Defizite und Probleme in den Blick zu nehmen, sondern ihre besonderen Stärken und Ressourcen zu erkennen. Es gilt, Klienten zu ermutigen, ihre persönliche Vision zu entwickeln und sie dann zu unterstützen, ihre eigenen Kraftquellen zu entdecken, die verfügbaren Unterstützungsangebote aus der Umgebung zu nutzen und auf die eigenen Fähigkeiten zu vertrauen.

13 SozialarbeiterInnen stärken Gesundheitsbildung

Gesundheitsarbeit und Bildungsarbeit sind eng miteinander verzahnt. Sozialpädagogen besitzen auf Grund ihres Studiums gute Voraussetzungen, gesundheitliche Bildung zu stärken, Gesundheitsaufklärung zu betreiben und besondere Zielgruppen im Umgang mit und bei der Bewältigung von Krankheiten und Behinderungen zu unterstützen; zugleich aber auch öffentlichkeitswirksam an einer Kultur der kollektiven Verantwortung und Akzeptanz von Vielfalt zu arbeiten. Das Motto „Es ist normal, verschieden zu sein", kann hierbei als Ausgangspunkt einer Anti-Stigma-Arbeit dienen.

14 Gesundheitsarbeit ist nicht nur die Aufgabe eines spezialisierten Sektors, sondern eine gesellschaftliche Querschnittsaufgabe

Sozialarbeiter sind in vielfältigen Arbeitsfeldern tätig und lernen bereits in ihrer Ausbildung verschiedene Handlungsfelder kennen, so dass sie prädestiniert sind, diesen Grundgedanken der Ottawa Charta in ganz unterschiedlichen Bereichen deutlich hervortreten zu lassen.

Abkürzungsverzeichnis

Abs.	Absatz
ACTH	adrenocortikotropes Hormon
ADHS	Aufmerksamkeitsdefizit-Hyperaktivitäts-Syndrom
AIDS	Acquired Immune Deficiency Syndrome
APP	Amyloid Precursor Protein
Art.	Artikel
ASD	Allgemeiner Sozialer Dienst
BEM	Betriebliches Eingliederungsmanagement
BMI	Body Mass Index
BMVBS	Bundesministerium für Verkehr, Bau und Stadtentwicklung
BZgA	Bundeszentrale für gesundheitliche Aufklärung
CRH	Corticotropin-Releasing-Hormon
CSDH	Commission on Social Determinants of Health
DALY	Disability Adjusted Life Year
DBSH	Deutscher Berufsverband für Soziale Arbeit e.V.
DIMDI	Deutsches Institut für medizinische Dokumentation und Information
DSM IV-TR	Diagnostic and Statistical Manual of Mental Disorders IV (Textrevision)
DGP	Deutsche Gesellschaft für Palliativmedizin
DNEbM	Deutsches Netzwerk Evidenzbasierte Medizin
DRG	Diagnosis Releated Groups
DVSK	Deutsche Vereinigung für den Sozialdienst im Krankenhaus e.V.
EAAP	Europäischer Aktionsplan Alkohol
EntGF	Entgeltfortzahlungsgesetz
EStG	Einkommensteuergesetz
ESPAD	European School Survey Project on Alcohol and Other Drugs
FAS	Fetales Alkoholsyndrom
FAE	Fetale Alkoholeffekte
FXS	Fragiles-X-Syndrom
G-BA	Gemeinsamer Bundesausschuss
GdB	Grad der Behinderung
GdS	Grad der Schädigungsfolge
GG	Grundgesetz
GKV	Gesetzliche Krankenversicherung
HADS	Hospital Anxiety and Depression
HaLT	Hart am LimiT, Alkoholprävention bei Kindern und Jugendlichen
HIV	Humanes Immundefizienz-Virus
HTA	Health Technology Assessment
ICD 10	International Classification of Diseases 10th Revision
ICF	International Classification of Functioning, Disability and Health
Ig	Immunglobulin
IQ	Intelligenzquotient
IQWiG	Institut für Qualität und Wirtschaftlichkeit im Gesundheitswesen
KDA	Kuratorium Deutsche Altenhilfe
KBV	Kassenärztliche Bundesvereinigung
KIGGS	Studie zur Gesundheit von Kindern und Jugendlichen in Deutschland
KV	Kassenärztliche Vereinigung
NZFH	Nationales Zentrum Frühe Hilfen
MBI	Maslach Burnout Inventory

MDK	Medizinischer Dienst der Krankenversicherung
ÖGD	Öffentlicher Gesundheitsdienst
PKV	Private Krankenversicherung
PWLS	Prader-Willi-Labhart-Syndrom
Rdnr.	Randnummer
RKI	Robert Koch-Institut
PEI	Paul Ehrlich-Institut
PET	Positronen-Emissions-Tomographie
SCOFF	Sick Control One stone Fat Food
SGB	Sozialgesetzbuch
StGB	Strafgesetzbuch
WHO	World Health Organization (Weltgesundheitsorganisation)

Literaturverzeichnis

Bücher und Fachzeitschriften

Abbruzzese, E. (2011): Chronobiologie des Hormon- und des Immunsystems. In: Ehlert, U. & v. Kähnel, R. (Hrsg.) Psychoendokrinologie und Psychoimmunologie. Berlin, Heidelberg, S. 129–149

Albers, W. (2005): Sterben ist harte Arbeit. Pro Alter 28 (2) S. 25–27

Albrecht, E., Orth, C., Schmidt, H. (2002, 4. neu bearb. Aufl.): Hospizpraxis. Freiburg

Anderson, P. & Heinlein, M. (2002): Nun hat er es endlich hinter sich – über den Umgang mit dem Sterben im Altenheim. Theorie und Praxis der Sozialen Arbeit 53 (3) S. 184–189

Ansen, H. (2001): Tätigkeitsprofil der Sozialarbeit im Krankenhaus. In: Reinicke, P. (Hrsg.) Soziale Arbeit im Krankenhaus – Vergangenheit und Zukunft. Freiburg im Breisgau, S. 63–69

Ansen, H., Gödecker-Geenen, N. & Nau, H. (2004): Soziale Arbeit im Krankenhaus. München, Basel

Antonovsky, A. (1997): Salutogenese: Zur Entmystifizierung der Gesundheit. Tübingen

Aulbert, E. (2007): Lebensqualität bei inkurablen Krankheiten. In: Aulbert, E., Nauck, F. & Radbruch, L. (Hrsg.) Lehrbuch der Palliativmedizin (2. vollständig überarb. u. erweiterte Aufl.). Stuttgart, New York, S. 15–35

Bäcker, G., Naegele, G., Bispinck, R., Hofemann, K. & Neubauer, J. (2010): Sozialpolitik und soziale Lage in Deutschland. Band 2: Gesundheit, Familie, Alter und Soziale Dienste (5., durchgesehene Aufl.). Wiesbaden

Bandelow, N. C. (2004): Akteure und Interessen in der Gesundheitspolitik: Vom Korporatismus zum Pluralismus. In: Politische Bildung 37 (2), S. 49–63

Bandura, A. (1997): Self-efficacy. The exercise of control. New York

Barth, T. & Schmitz, Chr. (2001): Soziale Arbeit im Krankenhaus und die Zusammenarbeit mit den Krankenkassen – Gedanken, Ideen zur Gestaltung. In: Reinicke, P. (Hrsg.) Soziale Arbeit im Krankenhaus – Vergangenheit und Zukunft. Freiburg im Breisgau, S. 107–115

Bergmann, R.L., Richter, R., Milto, C., Michel, B. & Dudenhausen, J.W. (2006): Epidemiologie des Alkoholkonsums in der Schwangerschaft. In: Bergmann, R.L., Spohr, H.-L. & V Dudenhausen, J.W. (Hrsg.) Alkohol in der Schwangerschaft – Häufigkeit und Folgen. München, S. 19–32

Berth, H., Förster, P., Brähler, E., Zenger, M. & Stöbel-Richter, Y. (2011): Arbeitslosigkeit und Gesundheit – Ergebnisse der Sächsischen Längsschnittstudie. In: Mühlpfordt, S., Mohr, G. & Richter, P. (Hrsg.) Erwerbslosigkeit: Handlungsansätze zur Gesundheitsförderung. Lengerich, S. 35–53

Bienz, B. & Reinmann, A. (2004): Sozialarbeit im Krankenhaus. Aufgaben, Methoden, Ziele. Bern, Stuttgart, Wien

Brand, T. & Jungmann, T. (2010): Zugang zu sozial benachteiligten Familien. Ergebnisse einer Multiplikatorenbefragung im Rahmen des Modellprojektes „Pro Kind". Prävention & Gesundheitsförderung (5), S. 109–114

Brand, H., Schmacke, N. & Brand, A. (2003) Der öffentliche Gesundheitsdienst. In: Schwartz, F.W., Badura, B., Busse, R., Leidl, R., Raspe, H., Siegrist, J. & Walter, U. (Hrsg.) Public Health. Gesundheit und Gesundheitswesen (2., völlig neu bearbeitete und erweiterte Auflage). München, Jena 2003, S. 367–375

Brendel, K. & Wagenblast R. (2011): Praktische Hilfen für Familien nach der Geburt. Ein Bericht über ehrenamtliche Arbeit im Feld der Frühen Hilfen. Soziale Arbeit (2) S. 49–55

Brieskorn-Zinke, M. (2011): Professionelle Gesundheitskompetenz und Selbstpflege. Auf die eigene Wahrnehmung achten. Pflegezeitschrift (2), S. 80–83

Bürgermeister, U., Jost, A. & Fliegner, S. (2009): Kinder schizophrener Mütter – ein Rückblick auf 14 Jahre Gruppenarbeit und ein Einblick in die Netzwerkarbeit im Landkreis Oberspreewald-Lausitz. Sozialpsychiatrische Informationen 39 (2), S. 33–35

BZgA (Bundeszentrale für gesundheitliche Aufklärung) (2010): Kriterien guter Praxis in der Gesundheitsförderung bei sozial Benachteiligten. Gesundheitsförderung konkret Bd. 5. Köln

Crittenden, P. M. (2005): Der CARE-Index als Hilfsmittel für Früherkennung, Intervention und Forschung. Frühförderung interdisziplinär (early interdisciplinary intervention), Specialissue: Bindungsorientierte Ansätze in der Praxis der Frühförderung 24, S. 99–106

Dörner, K. (2007): Leben und sterben, wo ich hingehöre. Dritter Sozialraum und neues Hilfesystem. Neumünster

Dörner, K., Plog, U., Teller, C. & Wendt, F. (2012): Irren ist menschlich. Lehrbuch der Psychiatrie und Psychotherapie (21. Aufl.). Bonn

Ehlert, U. (2011): Das endokrine System. In: Ehlert, U. & v. Kähnel, R. (Hrsg.) Psychoendokrinologie und Psychoimmunologie. Berlin, Heidelberg, S. 3–36

Engel, H. (2011): Sozialpolitische Grundlagen der Sozialen Arbeit. Stuttgart

Epping, V. (Hrsg.) (2009): Beck'scher Online-Kommentar GG, Stand: 1.11.2009. München

Erikson, H. E. (1995): Identität und Lebenszyklus (14. Aufl.). Frankfurt

Faltermaier, T. (2011): Gesundheitsverhalten, Krankheitsverhalten, Gesundheitshandeln. In: BZgA (Hrsg.) Leitbegriffe der Gesundheitsförderung und Prävention. Glossar zu Konzepten, Strategien und Methoden. Köln, S. 311–314

Feldmann, K. (2004): Tod und Gesellschaft. Sozialwissenschaftliche Thanatologie im Überblick. Wiesbaden

Franzkowiak, P., Homfeldt, H. G. & Mühlum, A. (2011): Lehrbuch Gesundheit. Weinheim, Basel

Frevel, B. & Dietz, B. (2008): Sozialpolitik kompakt (2., aktualisierte Aufl.). Wiesbaden

Friedrich, K. (2010): Die Effekte von kalorienrestriktiver fettarmer und kohlenhydratarmer Kost in Kombination mit körperlicher Mehraktivität bei Adipositas. Dissertation zur Erlangung des Doktorgrades der Medizin der Medizinischen Fakultät der Universität Ulm. Ulm

Geiger, A. (2011): Der alte König in seinem Exil. München

Glaser, B. G. & Strauss, A. L. (1965): Awareness of Dying. New York

Göpel, E. (2008): Gesundheitsförderung als systemisches Handlungskonzept für eine nachhaltige Gesamtpolitik im 21. Jahrhundert. In: Göpel, E. (Hrsg.) Systemische Gesundheitsförderung. Gesundheit gemeinsam gestalten-Band 3. Frankfurt a. M.

Goffman, E. (2009): Asyle. Frankfurt a. M.

Grossmann, K. & Grossmann, K. E. (2003): Elternbindung und Entwicklung des Kindes in Beziehungen. In: Herpertz-Dahlmann B., Resch F., Schulte-Markwor M. & Warnke A. (Hrsg.) Entwicklungspsychiatrie. Stuttgart, S. 115–135

Havighurst, R. J. (1982): Developmental tasks and education. (1st ed. 1948). New York

Heim, C. & Miller, A. (2011): Depression. In: Ehlert, U. & v. Kähnel, R. (Hrsg.) Psychoendokrinologie und Psychoimmunologie. Berlin, Heidelberg, S. 365–383

Heimlich, H. & Rother, D. (1995): Wenn's zu Hause nicht mehr geht. Eltern lösen sich von ihrem behinderten Kind. München

Hess, R. (2005): Darstellung der Aufgaben des Gemeinsamen Bundesausschusses. In: MedizinRecht (16), S. 385–389

Heuer, S. (2012): Jugendberufshilfe im Exklusionsmodus. Aktivierungsprozesse als Stufen sozialen Ausschlusses. Sozialmagazin. Die Zeitschrift für Soziale Arbeit 37 (2), S. 17–23

Hiller, G. G. (1997): Ausbruch aus dem Bildungskeller. Pädagogische Provokationen. Aßmannshardt

Höver, G. & Schaeffer, A. (2009): Spiritualität und Menschenwürde in der Begleitung am Lebensende. Die Hospiz-Zeitschrift 11 (4), S. 4–8

Kaminski, A., Nauerth, A. & Pfefferle, P.I. (2008): Gesundheitszustand und gesundheitsverhalten von Auszubildenden im ersten Lehrjahr – erste Ergebnisse einer Befragung in Bielefelder Berufskollegs. In: Gesundheitswesen 70 (1), S. 38–46.

Kalicki, B. (2003): Die Bedeutung subjektiver Elternschaftskonzepte für Erziehungsverhalten und Partnerschaft. Ein Überblick über neuere Forschungsergebnisse. In: Zeitschrift für Pädagogik 48 (4), S. 499–512

Klein-Lange, M. & Schwartz, F.W. (2003): Zur Entwicklung anderer Gesundheitsdienstleistungsberufe. In: Schwartz, F.W., Badura, B., Busse, R., Leidl, R., Raspe, H., Siegrist, J. & Walter, U. (Hrsg.) Public Health. Gesundheit und Gesundheitswesen (2., völlig neu bearbeitete und erweiterte Auflage). München, Jena 2003, S. 274f.

Klemperer, D. (2010): Sozialmedizin – Public Health. Lehrbuch Sozialmedizin und Public Health für Gesundheits- und Sozialberufe. Bern

Klie, T. (2005): Würdekonzept für Menschen mit Behinderung und Pflegebedarf, Balance zwischen Autonomie und Sorgekultur. In: Zeitschrift für Gerontologie und Geriatrie 38 (4), S. 268–272

Kobi, E.E. (2004): Grundfragen der Heilpädagogik. Eine Einführung in heilpädagogisches Denken (6., bearbeitete und ergänzte Auflage). Stuttgart, Wien

Kolip, P. (2011): Lebenslagen und Lebensphasen. In: Bundeszentrale für gesundheitliche Aufklärung (Hrsg.) Leitbegriffe der Gesundheitsförderung und Prävention. Glossar zu Konzepten, Strategien und Methoden. Köln, S. 361–364

Krüger-Brand, H.E. (2012): Patientenpartizipation – Informiert entscheiden können. Deutsches Ärzteblatt 109 (13), S. C 543

Kruke, A. (2009): Historische Entwicklungspfade deutscher Sozialstaatlichkeit. In: Gawrich, A., Knelangen, W. & Windwehr, J. (Hrsg.) Sozialer Staat – soziale Gesellschaft. Stand und Perspektiven deutscher und europäischer Sozialstaatlichkeit. Opladen & Farmington Hills, MI, S. 19–38

Kruse, U. & Kruse, S. (2011): Möglichkeiten und Grenzen der Kostendämpfung durch Einflussnahme auf die Anspruchshaltung der Versicherten. In: Wege der Sozialversicherung 65 (6), S. 167–173

Kuntz, B. (2011): Bildung und Gesundheit. In: Die Gesellschaft und ihre Gesundheit. 20 Jahre Public Health in Deutschland: Bilanz und Ausdruck einer Wissenschaft. Wiesbaden, S. 311–328

Lang, K., Puhlmann, K., Falckenberg, M. (2006): Aus-, Fort- und Weiterbildung in der Palliativversorgung. In: Bundesgesundheitsblatt 49 (11) S. 1149–1154

Lauth, G.W. & Schlottke, P. (2005): Lernbehinderte Kinder und Jugendliche. In: Schlottke, P.F., Silbereisen, R.K., Schneider, S. & Lauth, G.W. (Hrsg.) Enzyklopädie der Psychologie. Klinische Psychologie, Bd. 6: Störungen im Kindes- und Jugendalter – Verhaltensauffälligkeiten. Göttingen, S. 327–348

Lawton, M.P. (2001): Quality of Life and the End of Life. In: Birren, J.E. & Schaie, K.W. (Hrsg.) Handbook of the Psychology of Aging. (5th ed.) San Diego, S. 592–616

Lenz, A., Riesberg, U., Rothenburg, B. & Sprung, C. (2011): Familie leben trotz intellektueller Beeinträchtigung. Begleitete Elternschaft in der Praxis. Freiburg i.Br.

Lenz, M., Buhse, S., Kasper, J., Kupfer, R., Richter, T. & Mühlhauser, I. (2012): Entscheidungshilfen für Patienten. Deutsches Ärzteblatt 109 (22–23), S. 401–408

Leppin, A. (2010): Konzepte und Strategien der Prävention. In: Hurrelmann, K., Klotz, T. & Haisch, J. (Hrsg.) Lehrbuch Prävention und Gesundheitsförderung. Bern, S. 35–44

Lesermann, J. & Temoshok, L. (2011): HIV und AIDS. In: Ehlert, U. & v. Kähnel, R. (Hrsg.) Psychoendokrinologie und Psychoimmunologie. Berlin, Heidelberg, S. 325–340

Levend, H. (2006): Selbstbestimmtes Sterben – eine Illusion? Psychologie heute 33 (7) S. 42–44

Litau, J. (2011): Risikoidentitäten – Alkohol, Rausch und Identität im Jugendalter. Weinheim, München
Lüdtke, O. (2007): Persönliche Ziele junger Erwachsener. Münster
Lützenkirchen, A. (2005): Soziale Arbeit im Gesundheitswesen. Stuttgart
Mackenbach, J. P. (2006): Health Inequalities: Europe in Profile. London, Rotterdam
Maslach, C. (1976): Burned-out. Human Behavior 5 (9) S. 16–22
Mettner, M. (2004): Kulturelle Interpretation von Sterben, Tod und Endlichkeit. In: Kruse, A. & Martin, M. (Hrsg.) Enzyklopädie der Gerontologie. Bern, Göttingen, S. 643–652
Miller, W. & Rollnick, S. (1999): Motivierende Gesprächsführung. Ein Konzept zur Beratung von Menschen mit Suchtproblemen. Freiburg
Murillo, M., Kissane, D., Mehnert, A. (2006): Psychische Belastungen, ihre Verarbeitung und psychologische Unterstützungsmöglichkeiten bei Patienten mit terminalen Erkrankungen. In: Koch, U., Lang, K., Mehnert, A. & Schmeling-Kludas, C. (Hrsg.) Die Begleitung schwer kranker und sterbender Menschen. Stuttgart, S. 65–78
Nager, F. (2001): Arzt und Tod. In: Mettner, M. (Hrsg.) Wie menschenwürdig sterben? (2. Aufl.) Zürich, S. 147–165
Naidoo, J. & Wills, J. (2010): Lehrbuch der Gesundheitsförderung (herausgegeben von der Bundeszentrale für gesundheitliche Aufklärung). Köln
Neuhaus, R. (1986): Arbeitskämpfe, Ärztestreiks, Sozialreformer. Sozialpolitische Konfliktregelungen 1900 bis 1914, Berlin
Nicklas-Faust, J. (2002): Die medizinische Versorgung von Menschen mit Behinderung in Deutschland. In: Bundesvereinigung Lebenshilfe für Menschen mit geistiger Behinderung e.V. Eine behinderte Medizin? Zur medizinischen Versorgung von Menschen mit geistiger Behinderung. Marburg, S. 19–29
Nimptsch, J. (2011): Kinderfreundliche Kommune. In: Weiß, P. & Peukert, R. (Hrsg.) Aktion Psychisch Kranke. Seelische Gesundheit und Teilhabe von Kindern und Jugendlichen braucht Hilfe! Bonn, S. 63–67
Orthmann, D. (2000): Nachschulische Lebensperspektiven lernbehinderter Mädchen. Zeitschrift für Heilpädagogik 51 (3), S. 108–114
Pudel, V. (2003): Multimodale Prävention. In: Petermann F. & Pudel, V. (Hrsg.): Übergewicht und Adipositas. Göttingen, S. 167–181
Rensch, K. (2012): Pflegende und betreuende Angehörige demenzkranker Menschen. In: Schmid, M., Tetzer, M., Rensch, K. & Schlüter-Müller, S. (Hrsg.) Handbuch Psychiatriebezogene Sozialpädagogik. Göttingen, S. 544–555
Richter, M. & Hurrelmann, K. (2009): Gesundheitliche Ungleichheit: Ausgangsfragen und Herausforderungen. In: Richter, M. & Hurrelmann, K. (Hrsg.) Gesundheitliche Ungleichheit. Grundlagen, Probleme, Perspektiven. Wiesbaden, S. 13–33
Sagan, L. A. (1992): Die Gesundheit der Nationen. Reinbeck bei Hamburg
Saunders, C. (1993): Wenn Patienten sagen, dass sie sterben wollen. In: Saunders, C. (Hrsg.) Hospiz und Begleitung im Schmerz. Freiburg, Basel, Wien, S. 117–124
Schlaud, M., Atzpodien, K. & Thierfelder, W. (2007): Allergische Erkrankungen – Ergebnisse aus dem Kinder- und Jugendsurvey (KIGGS). Bundesgesundheitsbl – Gesundheitsforsch – Gesundheitsschutz 50, S. 701–710
Schlömer-Doll, U. (2001): Gespräche mit Sterbenden. In: Reiners, H., Klaschik, E. & Rest, F. (Hrsg.) Leben bis zuletzt-Finalversorgung von Tumorkranken. Berlin, New York, S. 27–35
Schmid, M., Grieb, J. & Kölch, M. (2011): Die psychosoziale Versorgung von Kindern stationär behandelter psychiatrischer Patienten – Realität und Wünsche. In: Wiegand-Grefe, S., Mattejat, F. & Lenz, A. (Hrsg.): Kinder mit psychisch kranken Eltern. Klinik und Forschung. Göttingen, S. 180–205
Schmid, U. & Kränzle, S. (2010): Symptomlinderung. In: Kränzle, S., Schmid, U. & Seeger, C. (Hrsg.) Palliative Care. (3. überarb. und erweiterte Aufl.) Heidelberg, S. 253–295

Schröder, U. (2005): Lernbehindertenpädagogik. Grundlagen und Perspektiven sonderpädagogischer Lernhilfen. Stuttgart
Schwarz, R. & Singer, S. (2008): Einführung Psychosoziale Onkologie. München
Schwartz, F.W., Badura, B., Busse, R., Leidl, R.,Raspe, H., Siegrist, J. & Walter, U. (Hrsg.) (2003): Public Health – Gesundheit und Gesundheitswesen. München
Seibt, A.C. (2011): Sozial-Kognitives Prozessmodell des Gesundheitsverhaltens. In: Bundeszentrale für gesundheitliche Aufklärung (Hrsg.) Leitbegriffe der Gesundheitsförderung und Prävention. Glossar zu Konzepten, Strategien und Methoden. Köln, S. 521–523
Selkoe, D.J. (1992): Amyloid-Protein und Alzheimersche Krankheit. Spektrum der Wissenschaft 1992 (1), S. 56–65
Sens, B., Wenzlaff, P., Pommer, G. & Hardt, H. v.d. (2010): Auswirkungen der DRG-Einführung: die Qualität hat nicht gelitten. In: Deutsches Ärzteblatt 107 (1–2): A 25–7
Shell Deutschland Holding (Hrsg.) (2010): Jugend 2010. Eine pragmatische Generation behauptet sich. Frankfurt a.M.
Shield, K.D., Rehm, M., Patra, J., Sornpaisarn, B. & Rehm, J. (2011) Global and Country Specific Adult per capita Consumption of Alcohol, 2008. In: SUCHT 57 (2) S. 99–117
Siebert, B. (2005): Ansätze für eine kulturhistorische Theorie der Intelligenz. In: Behindertenpädagogik 44 (2), S. 159–169
Smith, G.D. (2008): Die Bedeutung einer Lebenslaufperspektive für die Erklärung von gesundheitlicher Ungleichheit. In: Bauer, U., Bittlingmayer, U.H. & Richter, M. (Hrsg.) Health Inequalities. Wiesbaden, S. 291–330
Sommerhalder, K. & Abel, T. (2007): Gesundheitskompetenz: Eine konzeptionelle Einordnung. Bern
Soellner, R., Hubert, S., Lenartz, N. & Rudinger, G. (2010): Facetten der Gesundheitskompetenz – eine Expertenbefragung. Projekt Gesundheitskompetenz. In: Zeitschrift für Pädagogik 56 (Beiheft), S. 104–114
Sørensen, K., van den Broucke, S., Fullam, J. Doyle, G., Pelikan, J., Slonska, S. &. Brand, H. (2012): Health literacy and public health: A systematic review and integration of definitions and models. In: BMC Public Health. 12 (80), S. 1–13
Stauber, B. (2007): zwischen Abhängigkeit und Autonomie: Junge Erwachsene und ihre Familien. In: Subjektorientierte Übergangsforschung. Rekonstruktion und Unterstützung biografischer Übergänge junger Erwachsener. Weinheim, München, S. 129–154
Stauber, B., Pohle, A. & Walther, A. (Hrsg.) (2007): Subjektorientierte Übergangsforschung. Rekonstruktion und Unterstützung biografischer Übergänge junger Erwachsener. Weinheim, München
Stein, M. (2003): Die kognitive Leistungsfähigkeit beim Prader-Willi-Labhart-Syndrom: Eine empirische Untersuchung. In: Sonderpädagogik (2), S. 96–105
Student, J.-C. & Zippel, S. (1987): AIDS und Sterben. In: Jäger, H. (Hrsg.) AIDS. Psychosoziale Betreuung von AIDS- und AIDS-Vorfeldpatienten. Stuttgart, New York, S. 213–237
Student, J.-C., Mühlum, A. & Student, U. (2007): Soziale Arbeit in der Hospiz und Palliative Care. (2. überarb. Aufl.) München
Tausch, A.M. (1993): Gespräche gegen die Angst. Reinbek
Tennstedt, F. (1977): Geschichte der Selbstverwaltung in der Krankenversicherung von der Mitte des 19. Jahrhunderts bis zur Gründung der Bundesrepublik Deutschland. Bonn
Tomasello, M. (2006): Die kulturelle Entwicklung des menschlichen Denkens. Frankfurt
Tomasello, M. (2010): Warum wir kooperieren. Berlin
Uexküll, T. & Wesiack, W. (1988): Theorie der Humanmedizin. München
Wallner, H. (2002): Gesundheitswissenschaft. Göttingen
Waller, H. (2002): Sozialmedizin. Stuttgart
Wiese, B.S. (2000): Berufliche und familiäre Zielstrukturen. Münster
Wilkening, K. (1997): Wir leben endlich. Zum Umgang mit Sterben, Tod und Trauer. Göttingen

Wilkening, K. & Kunz, R. (2003): Sterben im Pflegeheim. Perspektiven und Praxis einer neuen Abschiedskultur. Göttingen

Wurmser, H. & Papousek, M. (2004): Zahlen und Fakten zu frühkindlichen Regulationsstörungen: Datenbasis aus der Münchener Spezialambulanz. In: Papousek, M., Schieche, M. & Wurmser, H. (Hrsg.) Regulationsstörungen der frühen Kindheit. Bern, S. 49–76

Ziegenhain, U., Fries, M., Bütow, B. & Derksen, B. (2006): Entwicklungspsychologische Beratung für junge Eltern. Weinheim und München

Vorträge

Brühlmann,T. (2012): Burnout: Macht die Zeit uns krank? Gesellschaftskritische und therapeutische Überlegungen. Tagungsvortrag Symposium 2012: Vom Umgang mit der Zeit – zwischen Burnout und gelingendem Leben. Privatklinik Hohenegg, Meilen (CH)

Feldmann, R. (2012): Aktuelles aus der Münsteraner Forschung. 14. FASD Fachtagung, Erfurt

Hüther, G. (2011): Kein Gesundheitswesen der Welt kann darauf verzichten, dass die Menschen selbst Verantwortung für ihre Gesundheit übernehmen- Anmerkungen eines Hirnforschers. Vortrag auf dem Hauptstadtkongress 2011 Medizin und Gesundheit. Berlin

LeShan, L. & Büntig, W. (2011): Die Melodie des eigenen Lebens finden. Diagnose Krebs – Wendepunkt und Neubeginn. Auditorium Netzwerk Originalvorträge (DVD). Müllheim/Baden

Internetquellen

(Zugriffsdatum 5.11.2012)

Internetquelle 1: Statistisches Bundesamt: Bevölkerung: Geburten und Sterbefälle: Tabellen (http://www.destatis.de)

Internetquelle 2: Ottawa Charta (http://www.fgoe.org/hidden/downloads/Ottawa_Charta.pdf)

Internetquelle 3: ICD 10 (http://www.dimdi.de/static/de/klassi/index.htm)

Internetquelle 4: ICF (http://www.dimdi.de/static/de/klassi/icf/index.htm)

Internetquelle 5: Robert Koch-Institut (www.rki.de)

Internetquelle 6: Grenzwerte und Rechengrößen der Sozialversicherung 2012 (http://www.sozialpolitik-aktuell.de/tl_files/sozialpolitik-aktuell/_Politikfelder/Sozialstaat/Datensammlung/PDF-Dateien/tabIII15.pdf)

Internetquelle 7: Übersicht über die gesetzlichen Krankenkassen 2012 (http://www.gkv-spitzenverband.de/krankenkassenliste.pdf)

Internetquelle 8: Kassenärztliche Bundesvereinigung (http://www.kbv.de)

Internetquelle 9: Vertragsärzte und -psychotherapeuten nach Arztgruppen zum 31.12.2010 (http://daris.kbv.de/daris/doccontent.dll?LibraryName=EXTDARIS^DMSSLAVE&SystemType=2&LogonId=a46cbe107eb422ec2bff874167b64423&DocId=003765077&Page=1)

Internetquelle 10: Ausgewählte Indikatoren in Krankenhäusern 1991-2010 (http://daris.kbv.de/daris/doccontent.dll?LibraryName=EXTDARIS^DMSSLAVE&SystemType=2&LogonId=a46cbe107eb422ec2bff874167b64423&DocId=003765154&Page=1)

Internetquelle 11: Selbstverwaltung in der GKV (http://www.gkv-spitzenverband.de/gkv_spitzenverband/selbstverwaltung/selbstverwaltung.jsp)

Internetquelle 12: Kassenärztliche Bundesvereinigung (http://www.kbv.de/)

Internetquelle 13: Hilfsmittel-Richtlinie des Gemeinsamen Bundesausschusses (http://www.g-ba.de/downloads/39-261-735/2008-10-16-Hilfsmittel-Anpassung_BAnz.pdf)

Internetquelle 14: Der Patientenbeauftragte der Bundesregierung (http://www.patientenbeauftragter.de/)

Internetquelle 15: Behörden im Geschäftsbereich des Bundesministeriums für Gesundheit (http://www.bmg.bund.de/ministerium/behoerden-im-geschaeftsbereich.html)
Internetquelle 16: Gesundheitsbericht für Deutschland 1998, Kapitel Öffentlicher Gesundheitsdienst (http://www.gbe-bund.de/gbe10/ergebnisse.prc_pruef_verweise?p_uid=gast&p_aid=75344487&p_fid=1105&p_ftyp=TXT&p_pspkz=D&p_sspkz=&p_wsp=&p_vtrau=4&p_hlp_nr=2&sprache=D&p_sprachkz=D&p_lfd_nr=75&p_news=&p_modus=2&p_window=&p_janein=J)
Internetquelle 17: FAS World Deutschland (http://www.fasworld.eu/)
Internetquelle 18: John grows up (http://www.come-over.to/FAS/JohnGrowsUp.htm und http://www.fasstar.com/)
Internetquelle 19: Nationale Zentrum Frühe Hilfen (NZFH) (http://www.fruehehilfen.de/nationales-zentrum-fruehe-hilfen-nzfh/)
Internetquelle 20: BMG: Früherkennung und Vorsorge (http://www.bmg.bund.de/praevention/frueherkennung-und-vorsorge/kinder-jugend.html)
Internetquelle 21: Institut für Therapieforschung (www.ift.de)
Internetquelle 22: Bundeszentrale für gesundheitliche Aufklärung BZgA: Thema Suchtprävention (www.bzga.de)
Internetquelle 23: ESPAD (http://www.espad.org/)
Internetquelle 24: Papilio (http://www.papilio.de/)
Internetquelle 25: HaLT (http://www.halt-projekt.de/)
Internetquelle 26: Handbuch HaLT (http://www.halt-projekt.de/images/stories/pdf/handbuch_halt_2009.pdf)
Internetquelle 27: drugcom.de (http://www.drugcom.de/)
Internetquelle 28: Jordan, S.: Die Förderung von Resilienz und Schutzfaktoren bei Kindern suchtkranker Eltern (http://edoc.rki.de/oa/articles/reGjL9tROGAxw/PDF/24G0ABaWOBZo.pdf)
Internetquelle 29: Deutscher Gehörlosen-Bund (http://www.gehoerlosen-bund.de/dgb/)
Internetquelle 30: Familien-Selbsthilfe Psychiatrie (www.kipsy.net)
Internetquelle 31: BzgA: BMI Perzentilen Jungen (http://www.bzga-essstoerungen.de/fileadmin/user_upload/medien/PDFs/Wachstumskurve_Jungen.pdf)
Internetquelle 32: BzgA: Qualitätssicherung in der Versorgung von übergewichtigen und adipösen Kindern und Jugendlichen. (http://www.bzga-kinderuebergewicht.de/adipo_mtp/)
Internetquelle 33: WHO Strategien zur Bekämpfung der Adipositas (http://www.euro.who.int/__data/assets/pdf_file/0003/98247/E89858G.pdf)
Internetquelle 34: Nationaler Aktionsplan „in Form" (http://www.in-form.de/)
Internetquelle 35: Deutsche Krebshilfe (http://www.krebshilfe.de/)
Internetquelle 36: Aktionsplan gegen Allergien des BMELV (http://www.aktionsplan-allergien.de)
Internetquelle 37: Ich weiß was ich tu – Kampagne der Deutschen AIDS-Hilfe (http://www.iwwit.de/)
Internetquelle 38: Intelligenzminderungen (http://www.dgspj.de)
Internetquelle 39: Kinder und Jugendliche aus alkoholbelasteten Familien; Auswirkungen auf das Leben der erwachsenen Kinder (www.heilpaedagogik-info.de)
Internetquelle 40: Health Inequalities: Europe in Profile (Mackenbach 2006) (www.healthinequalities.eu)
Internetquelle 41: Bundesministerium für Bildung und Forschung, Berufsbildungsbericht 2012 (http://www.bmbf.de)
Internetquelle 42: Gesundheit Erwachsener in Deutschland (www.rki.de)
Internetquelle 43: Wohlbefinden, Belastungen und Gesundheitsverhalten bei jungen Erwachsenen: Eine Längsschnitt-Studie (http://www.bag.admin.ch)
Internetquelle 44: Plattform „Gesundheitsförderung bei sozial Benachteiligten" (www.gesundheitliche-chancengleichheit.de)

Literaturverzeichnis 205

Internetquelle 45: The European Health Literacy Survey (www.health-literacy.eu/)
Internetquelle 46: Engelmann, F. & Halkow, A. (2008). Der Setting-Ansatz der Gesundheitsförderung
Genealogie, Konzeption, Praxis, Evidenzbasierung. (www.bibliothek.wzb.eu/)
Internetquelle 47: Regeln für leichte Sprache (www.leichtesprache.org/)
Internetquelle 48: Ministerium in leichter Sprache (http://www.bmg.bund.de)
Internetquelle 49: Lebenshilfe leichte Sprache (www.lebenshilfe.de)
Internetquelle 50: Pass der deutschen Gesundheitshilfe (www.gesundheitshilfe.de/)
Internetquelle 51: Veröffentlichung aus Projekt Babybedenkzeit In: Menschen. Das Magazin. (www.babybedenkzeit.de)
Internetquelle 52: Geisel, L. (2002) Das Fragile X-Syndrom. Landstuhl (http://www.philosophie-sgl.de/)
Internetquelle 53: Vlasak, A. (2006) Untersuchung zu Möglichkeiten und Grenzen des Zusammenlebens von Eltern mit geistiger Behinderung und ihren Kindern in Einrichtungen der Eingliederungshilfe/Jugendhilfe im Land Brandenburg. Elterliche Kompetenz und Kindeswohl. (www.lja.brandenburg.de/)
Internetquelle 54: Landesarbeitsgemeinschaft begleitete Elternschaft (www.begleitete-elternschaft-bb.de)
Internetquelle 55: Schulungsprogramm Epilepsie (www.pepe-bethel.de)
Internetquelle 56: Die Fachverbände für Menschen mit Behinderungen. Gemeindenahe Gesundheitsversorgung für Menschen mit einer geistigen oder mehrfachen Behinderung (www.lebenshilfe.de)
Internetquelle 57: Drogen- und Suchtbericht 2011 (www.drogenbeauftragte.de/)
Internetquelle 58: Sozialdienst im Krankenhaus in Bremen (http://www.soziales.bremen.de/sixcms/media.php/13/5-2 %20Sozialdienst %20im %20Krankenhaus.pdf)
Internetquelle 59: Musterstellen-, Aufgaben- und Arbeitsplatzbeschreibung für die Sozialarbeit im Krankenhaus (http://www.reinhardt-verlag.de/_pdf_media/material2561_1.pdf, S. 10–14)
Internetquelle 60: Soziale Arbeit in den Landeskrankenhausgesetzen (http://www.reinhardt-verlag.de/_pdf_media/material2561_2.pdf)
Internetquelle 61: Entlassmanagement Universitätsklinikum Heidelberg (http://www.klinikum.uni-heidelberg.de/fileadmin/klinische_sozialarbeit/PDF/070913Konzept SAundEntl.pdf)
Internetquelle 62: Wegweiser Rehabilitationsträger (http://www.lvr.de/app/publi/PDF/568-zo_info_Rehatr%C3%A4ger.pdf)
Internetquelle 63: Landesverband Rheinland-Integrationsamt: Leistungen zur Teilhabe am Arbeits- und Berufsleben und Nachteilsausgleiche für (schwer)behinderte Menschen (http://www.lvr.de/app/publi/PDF/494-LVR_Teilhabe2011_Broschuere_barrierefrei.pdf)
Internetquelle 64: Bundesministerium für Arbeit und Soziales: Erwerbsminderunsrente (http://www.bmas.de/SharedDocs/Downloads/DE/PDF-Gesetze/a261-erwerbsminderungsrente-767.pdf?__blob=publicationFile)
Internetquelle 65: Richtlinien des Gemeinsamen Bundesausschusses zur Arbeitsunfähigkeit und stufenweisen Wiedereingliederung (http://www.g-ba.de/downloads/62-492-56/RL_Arbeitsunfaehigkeit-2006-09-19.pdf)
Internetquelle 66: Das ärztliche Gutachten für die Rentenversicherung (http://www.deutsche-rentenversicherung.de/cae/servlet/contentblob/208286/publicationFile/2121/aerzliches_gutachten_hinweise_begutachtung_pdf.pdf)
Internetquelle 67: M. Jost: Die neuen Renten wegen verminderter Erwerbsfähigkeit – Konsequenzen für die Begutachtung (2001) (http://www.sozialmediziner.de/fortbildung/mat/2001-10-Jost.pdf)
Internetquelle 68: Bundesarbeitsgemeinschaft für Rehabilitation: Arbeitshilfe für die stufenweise Wiedereingliederung in den Arbeitsprozess (2004) (http://www.dnbgf.de/

fileadmin/texte/Downloads/uploads/dokumente/psyGA/Arbeitshilfe_Wiedereingliederung_222.pdf)

Internetquelle 69: BMAS: Stufenweise Wiedereingliederung (Hamburger Modell) (http://www.einfach-teilhaben.de/DE/StdS/Ausb_Arbeit/ArbPl_sichern/Wiedereingliedern/wiedereingliedern_inhalt.html?nn=277242)

Internetquelle 70: Versorgungsmedizinische Grundsätze (Anlage zur Versorgungsmedizin-Verordnung) (http://www.versorgungsmedizinische-grundsaetze.de/)

Internetquelle 71: Maslach Burnout Inventory (MBI) (http://hilfe-bei-burnout.de/messung/mbi/)

Internetquelle 72: Commission on Social Determinants of Health: Final Report (http://whqlibdoc.who.int/publications/2008/9789241563703_eng.pdf)

Internetquelle 73: KIGGS (http://www.kiggs.de/)

Internetquelle 74: Bundesarbeitsgemeinschaft Kinder psychisch erkrankter Eltern (*www.bag-kipe.de*)

Internetquelle 75: KDA Studie Wohnen im Alter (http://www.bmvbs.de/cae/servlet/contentblob/67012/publicationFile/38380/wohnen-im-alter-forschungen-heft-147.pdf)

Internetquelle 76: Deutsche Alzheimer Gesellschaft (http://www.deutsche-alzheimer.de/)

Internetquelle 77: Impact of late diagnosis and treatment on life expectancy in people with HIV-1: UK Collaborative HIV Cohort (UK CHIC) Study (http://www.bmj.com/content/343/bmj.d6016)

Internetquelle 78: Soziale Sicherung im Überblick (Bundesministerium für Arbeit und Soziales) (http://www.bmas.de/DE/Service/Publikationen/a721-soziale-sicherung-ueberblick.html)

Internetquelle 79: Online Datenbank Essstörungen (BZgA) (http://www.bzga-essstoerungen.de/index.php?id=144)

Internetquelle 80: Kenn dein Limit (http://www.kenn-dein-limit.info/)

Internetquelle 81: Das Deutsche Netzwerk Evidenzbasierte Medizin (DNEbM) e.V. (http://www.ebm-netzwerk.de/)

Internetquelle 82: Wegweiser Psychosoziale Krebsberatungsstellen des Deutschen Krebsforschungszentrums (dkfz) (http://www.krebsinformationsdienst.de/wegweiser/adressen/krebsberatungsstellen.php)

Internetquelle 83: HTA –Bericht 112: Prävention des Alkoholmissbrauchs von Kindern, Jugendlichen und jungen Erwachsenen (downloadbar bei DIMDI) (http://portal.dimdi.de/de/hta/hta_berichte/hta309_bericht_de.pdf)

Internetquelle 84: Statistisches Bundesamt: Statistisches Jahrbuch 2011, Kapitel 2 Bevölkerung (http://www.destatis.de)

Internetquelle 85: Arbeitsgemeinschaft Elisabeth Kübler-Ross (www.hospiz.org/cicely.htm)

Internetquelle 86: Arbeitskreis Soziale Arbeit der Deutschen Gesellschaft für Palliativmedizin (http://www.dgpalliativmedizin.de/)

Internetquelle 87: CSDH Commission on Social Determinants of Health (http://www.who.int/social_determinants/en/)

Internetquelle 88: Reha-Servicestellen (http://www.reha-servicestellen.de)

Internetquelle 89: Integrationsämter (http://www.integrationsaemter.de)

Internetquelle 90: Gemeinsame Rahmenempfehlung für ambulante und stationäre Vorsorge- und Rehabilitationsleistungen auf der Grundlage des § 111a SGB V v. 15.05.1999 (http://www.vdek.com/vertragspartner/vorsorge-rehabilitation/grundsatzpapiere/rahmenempfehlung/111A_120599_31.pdf)

Die Autoren

Annemarie Jost, Jahrgang 1959, ist Ärztin für Psychiatrie und Psychotherapie und seit 1994 als Professorin für Sozialpsychiatrie an der Hochschule Lausitz tätig. Sie lehrt vorwiegend im Bachelor- und Masterstudiengang Soziale Arbeit in Cottbus.

Birgit Frahnow, Jahrgang 1967, ist als Diplom-Sozialpädagogin seit 2011 in der Aufsicht für unterstützende Wohnformen (ehemals Heimaufsicht) des Landes Brandenburg tätig. Sie begleitet und berät Einrichtungen der Altenpflege und Eingliederungshilfe sowie Hospize.

Marina Ney, Jahrgang 1960, ist Sonderpädagogin und seit 1993 als Professorin für Heil- und Rehabilitationspädagogik an der Hochschule Lausitz tätig. Sie lehrt vorwiegend im Bachelor- und Masterstudiengang Soziale Arbeit in Cottbus.

Norbert Pütter, Jahrgang 1956, ist Politikwissenschaftler, Privatdozent am Otto-Suhr-Institut der Freien Universität Berlin und seit 2010 als Professor für Sozialpolitik an der Hochschule Lausitz tätig. Er lehrt vorwiegend im Bachelor- und Masterstudiengang Soziale Arbeit in Cottbus.

Stichwortverzeichnis

Abhängigkeitssyndrom 60
adäquate Ansprache 83
AIDS (Acquired Immune Deficiency Syndrome) 79, 81
AIDS-Behandlung 82
AIDS Related Complex (ARC) 81
Akkumulationsmodell 87
Aktionsplan gegen Allergien 80
Akutbehandlung 142, 162
Alkoholabhängige 61
Alkoholkonsum 61
Allergene 80
Allergien 77
allergisches Kontaktekzem 80
altersgerechtes Wohnen 163
Amyloid-Ablagerungen 169
Amyloid Precursor Protein 167
Angehörige 58, 70, 73, 77, 128 ff., 133, 136 ff., 142, 159, 163 ff., 168 ff., 174 ff., 181 ff., 193
Anorexia nervosa 72, 73
Anschlussheilbehandlung 142, 161
Antibiotika 80
Antigene 78
Antikörper 78
Anwaltschaft („advocacy") 102
Aphasie 126
Arbeitsbedingungen 156
Arbeitsbewältigungsfähigkeit 99
Arbeitsunfähigkeit 143
Arteriosklerose 123 ff., 152, 166
Arzneimittel 36
Asthma bronchiale 79
atopische Krankheitsbilder 77
Aufmerksamkeitsdefizit-/Hyperaktivitätsstörung 90
Ausgrenzung alter Menschen 159
Auskunfts- und Servicestellen 149
Autoregulation 72

barrierefreie Bauweise 163
Basale Stimulation 185
begleitete Elternschaft 115
Begleitkinder 70
Behinderung 89
Bereiche der Gesundheitskompetenz 103
Betreuer 170

betreutes Seniorenwohnen 164
betreute Wohngemeinschaften 164
Bewältigungsstrategien 20, 68, 138, 150
Bewegungsanreize 76
Bindungsforschung 153
Bindungstheorie 50
Binge Drinking 60
Binge Eating Disorder 73
Biografiesensibilität 96, 102
Bluthochdruck 123 f., 152, 156
Body Mass Index (BMI) 46, 74
Brustkrebs 140
Brustkrebsfrüherkennungsuntersuchung 141
Brustkrebsgene 140
Brustkrebsrisiko 140
Bulimie 72, 73
Burnout 154
BZgA 63, 77, 82, 100, 119

CARE Index 50
Case Management 189, 191
CD4+-T-Zellen 79
Chemotherapie 141
Cholesterinspiegel 124
Compliance 90, 106
Corticoidhormone 151
Craving 61

Demenz 158 ff., 165 ff.
Demenz mit Lewy-Körperchen 166, 169
Demenz vom Alzheimertyp 167
demografischer Wandel 158
Depression 28, 54, 91, 98, 124, 126, 138, 152 ff., 182 ff., 187
depressive Störungen 166
Deutsche AIDS-Hilfe 83
Deutschen Alzheimer Gesellschaft 167
Deutsche Vereinigung für den Sozialdienst im Krankenhaus e.V. (DVSK) 129
Diabetes mellitus 74, 124
Diagnosegruppen (DRGs) 160
Diagnosen 27
Diagnostik 169
Dimensionen der Gesundheitskompetenz 103
durchschnittlicher Alkoholkonsum 59

Stichwortverzeichnis 209

Einzelfallhilfe 191
Embryonalentwicklung 45
Empowerment 102, 188, 189, 191
Entlassmanagement 130
Entspannungsverfahren 152
Entwicklungspsychologische Beratung 55
Epilepsie 90
Erfolg von Interventionen gegen Übergewicht 76
Ernährung 74
Erwerbsfähigkeit 144
Erwerbsminderung 144
ESPAD Studie 60
Essstörungen 72
Europäische Charta Alkohol 63
Europäischer Aktionsplan Alkohol (EAAP) 63
Evidenzbasierte Medizin 135
exzessives Schreien 53

Familienbildung 55
Familienpaten 52
feinfühlige Eltern 50
fetale Alkoholeffekte 46
Fetalentwicklung 45
fetales Alkoholsyndrom 46, 92
föderale Struktur 40
Förderung der Erziehung in der Familie 55
Frauenhaus 48
frontotemporale Demenz 166, 167, 169
Frühberentung 27
frühe Regulationsstörungen 53
Früherkennungsuntersuchungen 52
Frühförderstellen 55
Frühförderung 56
Frührehabilitation 161
Funktionale Kompetenz 103

Geburtenrate 45
Gedächtnis 158, 165
Gehirnblutung 126
gehörlose Kinder 57
Gemeinsamer Ausschuss 38
gemeinschaftliche Wohnformen 164
Gemeinschaftsaktionen 20, 23, 76, 137, 194
Gemeinwesenarbeit 44
genetische Dispositionen 68
geriatrische Fachabteilungen 162
Gesetzliche Krankenversicherung 31 ff.

Gesundheit in Deutschland 26
Gesundheitsämter 42
Gesundheitsförderung 13, 19 f., 23, 42, 61, 63 f., 88, 99 ff., 107, 119 ff., 136, 159, 193
Gesundheitshandeln 101
Gesundheitskompetenz 101
Gesundheitsverhalten 99
Gesundheitswissen 136
Grad der Behinderung 147
Grad der Schädigungsfolge 147
Grundbedürfnisse 159
Grundsicherung für Erwerbstätige 149

Halbseitenlähmungen 126
HaLT Projekt 65
Hamburger Modell 145
Health Action Process Approach 102
Health Inequalities 97
Health Literacy 101
Herzinfarkt 27, 123 ff.
Herzinsuffizienz 125
Herz-Kreislauf-Erkrankungen 27, 123
Heuschnupfen 79
Hippocampus 51, 150, 167
HIV (Humanes Immundefekt Virus) 27, 81
Hospiz 182
Hospizarbeit 183
Hospizeinrichtungen 182
hospizliche Sozialarbeit 190
Hypophyse 151
Hypothalamus 150

Identität 86, 93 f., 155, 180, 185
illegaler Drogenmissbrauch 61
Immunsystem 78
Impfungen 53
indizierte Prävention 63
Infektionskrankheiten 80
Institutionalisierung des Sterbens 175
Intelligenzminderung 87
Intentionale Akteure 50
Interaktive Kompetenz 103
internationale Aktionspläne 62
ischaemischer Hirninfarkt 126

Kinder aus suchtbelasteten Familien 70
Kindesmisshandlung 54
kindgerechte Informationen 70
Kohärenzgefühl 138

Kohärenzgefühl bei Menschen mit Intelligenzminderung 94
Komorbidität 90
Komplexleistung 56
Kontaktdermatitis 80
koronare Herzkrankheit 125
Körperbild 72
körpereigene Rhythmen 152
körperliche Risikofaktoren 124
Kostenentwicklung 33
Krankengeld 144
Krankenhaus 34, 35, 127
Krankenhauskeime 27
Krankenhaussozialarbeit 139
Krankenhaussozialdienst 130, 138
Krankheitsbewältigung 136
Krankheitsspektrum 27
Krebs 27, 140 ff.
Krebsinformationsdienst 142
Kritische Kompetenz 103

Landeskrankenhausgesetze 128
Lebenserwartung 26, 173
Lebensqualität 177, 179, 186
Lebenswelt 192
Leistungen aus der Pflegeversicherung 170
Leitkonzepte 63
Leitlinien 141
Lernbehinderung 89
Liegezeiten im Krankenhaus 160
literacy 105
Lymphadenopathie-Syndrom 81
Lymphödem 141

Magersucht 73
Makuladegeneration 160
Mammakarzinom 140
Mastektomie 141
Medikamentenabhängige 61
Medizinischen Dienst (MDK) 170
Medizinischer Dienst der Krankenversicherung 145
medizinische Rehabilitation 161, 162
Menschenwürde 177, 178
Metastasen 140
Migranten 139
Migrationshintergrund 78
mittleres Erwachsenenalter 122
Modell der kritischen Perioden 86
Motivation 65
motivierende Gesprächsführung 48

multidisziplinäres Team 186
Multimorbidität 90, 159
multipler Defekt 91
Muskelschwäche 90
Mutter- bzw. Vater-Kind-Kuren 56
Mutter-Kind-Behandlungen 70

Nachbestrahlung 141
Nachteilsausgleiche 148
Nationales Zentrum Frühe Hilfen 52
Nebennierenrinde 151
negative Rückkopplungsschleifen 151
Neglect-Syndrom 126
Netzwerk 189
Neurodermitis 79
Nickel 80
niedergelassene Ärzte 34
niedrigschwellige Betreuungsangebote 171
Nikotin 46
Nikotinabhängige 61
nonverbal 185, 187
Normativ-regulatorische Verfahren 62
Notfallpläne 70
numeracy 105

offen-kreisförmiges Modell der Entwicklung 91
Öffentlicher Gesundheitsdienst 42, 47
ökonomische Anreiz- und Bestrafungssysteme 62
Oxytocin 153

Palliative Care 183, 185, 189
palliative Medizin 186
palliative Pflege 182, 185
Palliativmedizin 183, 185, 188
Palliativpflege 183, 188
Palliativsozialarbeit 191
Palliativstationen 183, 191
Papilio-Projekt 64
Parentifizierung 70
Partizipation 137
Patientenaufklärung 135
Patienteninformationen 135
Patientenschulungen 136
Peergroup 66
Pepe 117
Persönliches Budget 56
Perzentilenkurve 74
Pflege 170 ff., 185

Stichwortverzeichnis

Pflegebedürftigkeit 161
Pflegeeltern 55
Pflegeheim 162, 164, 167, 175 ff.
Pflegeleistungen 133
pflegende Angehörige 166
Pflegestufen 170
Pflegeversicherung 134, 170
Pflegezeitgesetz 171
Plazenta 45
Prader-Willi-Labhart-Syndrom 92
Präfrontaler Cortex 51
Private Krankenversicherung 33
Pro Kind 116
Protektivfaktor 182
Psychiatrie-Enquête 162
psychisch kranke Eltern 68
Psychoedukation 136
Psycho-edukative Verfahren 62
psychosomatische Einflüsse 124
psychosoziale Begleitung 184
psychosoziale Krebsberatungsstellen 142

Rauchen 124, 137
Raucher 61
Rehabilitation 131
relative Überlebensrate 26
Relativität von Behinderung 89
Renteninformation 148
Rentenversicherung 145
Resilienz 68, 95
Rezidive 142
Risikofaktoren 140
Risikofaktorenmodell 124
Risikowahrnehmung 66
Riskanter Konsum 60
Rituale 175, 187

Salutogenese 137, 188
Säuglinge 49
Schädlicher Gebrauch 60
Schlaf-Wach-Regulation 53
Schlaf-Wachrhythmus 152
Schlaganfall 123, 125
Schmerztherapie 187
Schütteltrauma 51
Schutzfaktoren 69
Schwangerschaft 44, 153
Schwerbehindertenrechts 146
sekundäre Demenzformen 166
Selbstbestimmung 164, 169
Selbstbestimmungsrecht 142, 172

Selbsthilfegruppen 45, 57, 117, 129, 134 f., 143, 172, 189, 193
Selbstverwaltung 36, 37
Selbstwirksamkeitserwartungen 68, 95, 123, 124
selektive Prävention 63
Serokonversion 81
SGB II 149
SGB V 37 ff., 56, 128 ff., 146 f.
SGB VI 144 ff.
SGB VIII 55, 116
SGB IX 56, 146 ff.
SGB XI 161, 170
SGB XII 56, 148, 169
Sicherstellungauftrag 37
Sinnkrise 155
Sozialarbeit im Krankenhaus 129 ff., 142 ff.
Sozialdienst 128, 129, 133
sozial-emotionale Kompetenzen 64
Sozialer Tod 175
Soziale Unterstützung 124
Sozialpädiatrische Zentren 54, 56
Sozialpsychiatrie 162
sozialraumorientiert 193
Sozialversicherung 30, 41
Sozio-edukative Aktivitäten 62
sozio-kultureller Wandel 174
spirituelle Begleitung 184
Sprachentwicklung 57
stadtteilorientierte Aktivitäten zur Gesundheitsförderung 159
Sterbebegleitung 176
Sterben 173, 174
Stigmamanagement 115
Stimmungsveränderungen 126
Stress 149
Stresshormonspiegel 153
subjektives Elternschaftskonzept 113
subjektives Gesundheitskonzept 100
Substanzgebrauchsstörungen 61
suchtkranke Eltern 67
Suchtprävention 59
Supervision 156, 187, 188, 190
Sympathicus 151
Symptomkontrolle 186, 187

T-Lymphozyten 78
Tod 173
totale Institution 162
transitorisch ischaemische Attacke 126

Trauer 174, 184
Trauerbegleitung 188
Traumatisierungen 51
Tumortyp 141

Übergewicht 72, 74, 124
universelle Prävention 63
universelle Suchtprävention 63

vasculäre Demenz 166
vegetatives Nervensystem 150
Verantwortungsübernahme 102
Verhaltensprävention 61
Verhältnisprävention 62
Verletzlichkeit für Depressionen 153
Verrichtungen des täglichen Lebens 165

Viruslast 82
Vorsorgeuntersuchungen 47, 136
Vulnerabilität 68, 153

Warnzeichen für einen Schlaganfall 134
Whitehall I und II Studie 124
WHO-Strategie zur Reduktion des schädlichen Alkoholkonsums 62
Wirksamkeit von Präventionsmaßnahmen 66
Wohnen im Alter 162
Würde 177
würdevolle Sterbebegleitung 177

Ziele der Suchtprävention 62
Zielstruktur 108